バリ宗教と人類学

解釈学的認識の冒険

吉田竹也 *Takeya Yoshida*

風媒社

南山大学学術叢書

本書は 2002 ～ 2004 年度の南山大学パッヘ研究奨励金 I -A-2 の研究助成にもとづく。

刊行にあたって

この本は、バリ宗教と人類学的研究との関係性について論じた論考である。出版にあたって、分量を当初の六割程度にまで圧縮したため、人類学や関連する学問領域の基礎的事項についての補足説明は大幅に省略することにした。ただ、学術論文でありながらも、一般向けの書物としての簡潔さ、ポイントの明瞭さはできるだけ確保しようとつとめたつもりである。文化人類学だけでなく、異文化、バリ、ギアツなどに関心のある方々にこの本を読んでもらえれば、と願っている。

本書は、私の人類学的バリ研究の「はじまりのおわり」を画すものである。大塚は、異文化理解としての人類学的研究が、ひとつの完成された論考の刊行によって終了するものというより、暫定的な議論の提示、その批判、修正のおわりない動的な過程の中に存するものだ、ということを述べている［大塚 1989:20］。本書もまた、こうした暫定的な議論のひとつにほかならない。ただ、それを現段階でまとめたおもな理由は、民族誌的資料の賞味期限にある。本書の議論は、私が一九九〇年代にバリ島のウブド周辺で見聞し収集したデータを基盤としている。二十一世紀に入ったいま、できるだけ早くさしあたりの総括をおこない、今後の研究の展望を得たいと考えたのである。

私は、一九九二年二月から七月までの半年間、バリの州都デンパサール市にある国立ウダヤノ大学文学部人類学科に聴講生として在学した。この在学期間をふくむ一九九二年九月から一九九三年十一月末までの間に、バリ島中部のウブド周辺において継続的に参与観察をおこなった。その後も二年に一度以上のペースで一〜二週間程度ずつバリに短期滞在

ウブドの風景

し、ウブド周辺にて補足的な観察をおこなった。ウダヤノ大学の教官からはインタヴューすることについて口頭で許可をもらったが、政府当局から正式な調査許可を得てはいない。したがってこの論考が依拠する資料は、正確な意味での「調査」活動によるデータではない。

私が滞在し、参与観察と聞き取りをおこなったウブド地域は、バリ島内陸部の観光の一センターである。もっとも、この本はウブドについての民族誌を意図したものではない。本書の民族誌的記述はウブド周辺の事情をてがかりとしたものであるが、私はむしろ、他地域においてもおおむね妥当する——ただしその外延を明確に画定することはなかなか困難である——今日のバリ宗教の基本的な特徴を素描したつもりであり、さらにこの記述を、バリ文化の研究というよりも人類学の一般的な問題に、あるいはバリ文化研究についての研究という論点に、接続しようとしたつもりである。

実をいうと、私はウブドに長期滞在した当初、バリ人の宗教実践、とくに儀礼と供物の体系に関する詳細なデータを収集したいと考えていた。その種の民族誌的研究が希薄であると感じていたからである。しかし半年後には、それが私の能力をこえた作業だということがわかった。結局一年をこえる滞在で、私はウブド地域の儀礼の解明どころか、これに代わる何らかの洞察を得ることもかなわず、その後の調査研究の見通しを立てられないまま日本に帰った。しかし、中途半端なかたちで集めた資料を整理しながら数年が経過したころから、私の焦燥感に変化が生じてきた。当初企てたような儀礼研究や、特定地域の集約的民族誌を志向する私自身の視線に沈殿している、既存の人類学的バリ研究に内在する一種の偏向を、反省的に捉えようとするようになったのである。本書は、こうした私の視点の転換を直接の契機として生まれたものである。

こうした点もあり、また紙幅の制限もあって、本書は民族誌としては不十分なものにとどまる。ただ、べつに自己正当化をおこなうつもりはないが、私は今日のバリ宗教を理解する上で、儀礼や供物の細部に注目しこれを記述する作業の前に、まずはそうした宗教実践をふくめたところにあるバリ宗教というものをバリの人々がどのように理解しているのか、つまりはバリ人の宗教観ないし宗教解釈を把握しようとすること、そしてそうした議論に連関する認識についてリフレクシヴに省察することが、手続き上優先されるべき課題であろうと考えている。むろん、このような視点の妥当性や、本書が意図した議論をなしえているのかどうかは、別の研究による指摘を待たなくてはいけないが。

踊り前の少女

次に民俗語彙の表記について触れる。バリ人は公的な場面ではおもにインドネシア語を、日常的にはバリ語をもちいる。ただ、いまバリ人が交わすバリ語の中にはかなりインドネシア語の語彙が入りこんでいる。バリ語にはかなり複雑な敬語の体系があるので［cf. Howe 2001:84-93］、誤った言葉遣いをして恥をかいたり不敬を招いたりすることをおそれ、単純なインドネシア語の語彙をかわりにつかって穏便に会話をすまそうとする傾向もある。ある意味で、バリ語とインドネシア語とは異なる二つの言語体系であるというよりも、むしろバリ人の言語体系を構成する二つの言語範疇として理解されうる余地があると私は考えている。そこで、本書ではバリ語とインドネシア語をはじめから区別した表記をしないことにした。なお、敬意に差異がある語彙を記載する場合は、敬意の低いものから高いものへと「／」をはさんで上から下へならべた。もっとも、ある概念をあらわす語彙が複数ある場合、かならずしもつねに敬意に差があるというわけではないし、そもそもそうした語彙のヴァリエーションの採取に私はきちんと取り組んでいない。したがって、語彙について本書はかならずしも厳密な書き方をしていない。

頻出する語については、できるかぎりその語にちかい日本語の表記を記すようにした。バリ語には地域による語彙や発音の差があるが、本書ではウブドにおいて聞きとったものを中心に記載した。なお、バリ語にはいわゆる曖昧音があり、とくに単語の最後にくる母音〝a〟は、日本語の「ア」よりも「オ」と「ウ」の中間音にちかい音となるが、日本語で書かれた既存の書物のおおくは、これをインドネシア語よみしてか、「ア」とよませている。本書では、たとえば神を意味するdewaは「デワ」ではなく、「デウォ」と記載した。

写真について触れる。場所の記載がない写真は、すべてウブドで撮影したものである。とくに時代差を考慮する必要がない場合、できるだけ新しい写真（二〇〇四年撮影）をつかうことにした。おもな儀礼については写真に説明を付した。

この場をかりて、これまでとくにお世話になった方々に感謝申し上げたい。バリ在住の伊藤博さん、ユミさん、榎修さんと一美さん、Cok Agungとオカさん（ジェロ）、南山大学の先輩および同僚の方々、風媒社の林桂吾さん、そして参与観察とインタヴューとおしゃべりに快く応じてくれたウブド在住の方々、ウブドに働きにきている方々、当地に長期滞在する日本人の方々、本当にありがとうございました。今後とも、私とおつきあいいただきますよう、よろしくお願いいたします。

そしてロシ、健人、安里、父母に。これまで本当にありがとう。これからもよろしく。

バリ宗教と人類学——解釈学的認識の冒険

目次

序　論

問題としてのバリ宗教

私はこれまで十数年間、人類学の立場からバリの文化や社会について勉強してきた。実をいうと、それはもともと私がバリに強い関心をもっていたからではない。むしろ、私がバリについて勉強しはじめたのは、バリという世界でも有数の、質量ともに豊かな人類学的研究の蓄積をもつフィールドについての集約的な議論の中から、人類学という学問にとっての何らかの一般的な問題を追求していけるのではないか、という漠然とした考えをもっていたからである。当初それは、クリフォード＝ギアツの解釈人類学をあらためて再検討する——解釈人類学を解釈人類学する——というモティーフであったが、バリでの長期滞在後、次第に私はギアツのバリ研究だけでなく、ギアツの研究にある意味で圧縮されている、人類学的バリ研究の既存の成果の総体にたいして、ある種の違和感をもつようになった。すでにいくつかの論考において、私は自身が感じたこの違和感を具体的なトピックとの関わりにおいて言語化しようと試みてはきたが［ex. 吉田竹 1994a, 1994b, 1994c, 1995, 1996, 1997, 1998, 1999, 2000a, 2001b］、必要なのは、そうした個々の問題関心を総合しつつ、いわば創発的な視点に立って、議論をあらためて組み立てることだと思うようになった。ギアツのバリ解釈の再解釈をふくむところの、人類学的バリ研究の再解釈。これが本書を書くにあたってのモティーフである。

もっとも、バリ研究といってもその蓄積は膨大なものがある［cf. Stuart-Fox 1992a］。本書は、その中でバリ宗教に焦点をあてることにする。後述の議論（とくに第Ⅱ章）で言及するように、宗教こそ戦前以来の人類学的バリ研究の中心的なテーマであったといえるからである〔ex. Belo 1949, 1953, 1960, (ed.)1970; Covarrubias 1937; Weltheim et al (ed.) 1960; van Baal et al (ed.) 1969; C. Geertz 1973a; Howe 1983, 1984, 1989, 2001; A. Hobart 1987, 2003; Ramseyer 1987; 永渕 1988a, 1988b; Stuart-Fox 1982, 1992b, 2002; Connor, Asch & Asch 1986; Danandjaya 1989; 吉田禎（編）1992, 1994; Bakker 1993; Suryani & Jensen 1993; Hauser-Schaublin 1997; Herbest 1997; Bakan 1999; Rubinstein & Connor (ed.) 1999a; Ottino 2000; Ramstedt (ed.) 2004〕。

ところで、ここでいう「バリ宗教」とは何を指すのだろうか。実は、本書のパースペクティヴを明確にする上で、もっとも幸便なのが、この問題視角について語ることなのである。そこでまず、ここから議論をはじめよう。「バリ宗教」とは、もちろん「バリ人」の「宗教」を指している。ではこの「バリ人」とは誰なのか。

最近のいわゆるポストモダニズムの議論に詳しい読者なら、このように「バリ人」を一般化して表象することに多大な問題があることをよく知っているはずである。つまり、私は（歴史上存在した）すべてのバリ人を知っているわけではない。そもそも「バリ人」がどういった人々を指すのかについても、さまざまな議論があるだろう。たとえば私の何人かの友人のように、バリ人と結婚し、インドネシア人国籍を取得してバリで生活し、バリ人になろうとしている元日本人は、バリ人なのか日本人なのか。誰もが妥当だと納得する「バリ人」概念は存在しないかもしれないし、あまりに安易に「バリ人」を一般化することは一種の暴力につながる。第I章の議論を参照してもらえばわかるように、私はこのような表象の一般化・本質化に内在する問題に無関心ではない。ただ、一部のポストモダン人類学とは異なり、私はそのような一般化された表象形式のはらむ問題群を単に否定的に主題化するだけでは、何らかのポジティヴな議論を生産していくことはできないだろうとも考えている。そもそも人類学は、本質性・暴力性をともなうその種の表象に満ちた言説と実践から成り立っている現実世界を相手にする学問だということもいえる。ここでは、ポストモダン人類学からの批判を承知で、可能なかぎり慎重な手続きを踏みながら、私が知りあった何百人かのバリ人――核となるのは何十人かであり、そこには通常日本人と表象されるかもしれない数名の人々もふくむことになる――からの／についてのデータをもとに、あえて「バリ人」という表象をもちいながら、批判のための批判とは別種の議論を組み立てていきたいと思う。

次に「宗教」である。この「バリ人」とおなじことだが、私は宗教という概念を、何らかの一般化による定義づけをした上でもちいるわけではない。人類学や社会学などでは、「宗教」の定義をめぐる議論がそれこそ山のようにあるが、私は理論の上で「宗教」を一義的に定義しようとすることはナンセンスだと考えるし、特定の定義をもちいた宗教論がある種の恣意性をともなった実践につながる可能性をつねにもっていることを踏まえておくことが必要だとも思っている。「宗教」が何であるかは、「バリ人」が誰であるのかとおなじように、それを認識／解釈する主体（集団や個人）と切り離せない問題である。具体的にいえば、現在のバリ人にとっての「宗教」と現在の日本人にとっての「宗教」とはずれるかもしれないし、バリ人といっても、また特定の主体によってその意味するところはずれるかもしれない。そして人類学がまずなすべき作業のひとつは、いかなる主体にとって「宗教」が具体的にいかなるものなのかを記述的に明らかにし、宗教の主体による、あるいは文化（意味や価値観）による差異を明らかにしていくことだとも考えている。

このように、私が本書の出発点に据えたいのは、あることについて語る主体との関連でその「あること」——さしあたり「バリ宗教」だが、もちろん「人類学」もそうである——を主題化しようとする認識である。ここではこれをとりあえず解釈学的認識といっておこう。

ところでこうした認識に立つ場合、ただちにもうひとつの問題が立ちあらわれてくる。それは、さしあたりバリ人と表象しうる特定の主体にとっての宗教の意味を問おうとする私の認識、あるいは人類学的な認識それ自体が、もうひとつの解釈の立場にほかならないという点である。(1) 解釈学的な認識に立てば、こうしたいわば解釈ゲームのフィールドの外部に何らかの客観的な立場を想定することはできない。すべてがひとつの（他でもありうる）解釈であり、解釈についての解釈もひとつの解釈にほかならないのである。ただし、これを解釈の堂々めぐりとして捉えるべきではない。むしろここでは、人間の解釈や理解というものがつねにその解釈の外を見ようとすることができるという機序にこそ、注目すべきであろう。これを現象学や哲学的解釈学は「超越」と呼んでいる。ルーマンが社会システムの「第二次的観察」（セカンド・

オーダーの観察）について語るとき、第二次観察者が自身を相対化し、自身が見ることのできないものを見ることができないということを見ることはできるのだ、と述べるのも［Luhmann 1989:334; クニール&ナセヒ 1995:118-120］、おなじ機序を指している。この解釈ゲームのフィールドの中において、その限定された視野から、しかし自身にとっての外を見ようとすることができるのだという点こそ、解釈学的認識にとってもっとも基底的な問題、あるいは問題からの脱出だといえる。

私にとって、バリ宗教について解釈学的に検討するということは、こうしたことを含意する。つまり、バリ人にとっての宗教の意味を問う（という人類学的バリ宗教論について論じる）この私の人類学的な解釈が限定的なものであることを自覚しながらも、しかしその限定性の外へとこえ出でようとしつつ、考察するということである。

さて、私はこうした認識を、それ以上的確な表現が見当たらないのでさしあたり解釈学的認識と呼んだが、当然ながらこの認識が、一九七〇年代前後にクリフォード＝ギアツが提起した「解釈人類学」とおなじなのか異なるのかが、ひとつの論点になる。本書は、ギアツの解釈人類学との差異をいささか強調する立場に立っている。焦点は次の点にある。つまり、ギアツは対象社会の人々の解釈の間の相互作用を主題化するものの、彼らの解釈とギアツ自身の解釈との間の相互作用性や相対性、そして反転可能性といった問題については、ほとんど実質的な論及をしていない、という点である。ギアツは、当事者の相互主観的な意味の脈絡から遊離したところで意味の探究をおこなう構造人類学や認識人類学を批判しつつ、解釈人類学という認識を提示した［C. Geertz 1973b, 1973g］。そしてその解釈人類学の実践ともいえるバリ闘鶏論では、バリ人によるバリ人の生に関する解釈、あるいはこの社会自身が内包している解釈を、彼らの肩越しに読みとろうとすることこそ、解釈人類学の主題だと明確に述べてもいた［C. Geertz 1973i:452, 453］。だが、ギアツは解釈人類学の理念について語る次元をこえて、具体的な議論に即して、当事者の解釈をいかに人類学的解釈に繰りこむのかという問題を主題化しなかった。それは、最終的にギアツが、現地の人々の解釈と人類学者の解釈との関係を、詩人が自身の詩についてもつ解釈と評論家による解釈との関係と、基本的におなじとみなしたからかもしれない。ギアツにとっては、それゆえこの二つの解釈が一致するとはかぎらないし、両者がずれているからといってそれを問題とする必要もない、ということになるのだろう。しかし私は、研究対象たる人々の解釈や表象と人類学者の解釈や表象との関係性こそ、解釈学的認識において決定的に重要な問題だと考える。ギアツは解釈学的視点を広めることにおおきな貢献を果たしたが、彼の解釈人類学の中にこの問題についての洞察の鍵を得ることは難しい。むしろこの問題への関心は、彼の解釈人類学を批判的に消化するとともに、デリダやフーコーらの影響を受けた脱構築的文学評論におおくを学んだ、ポストモダン人類学に看取しうるのである［cf. Sewell Jr. 1999:35］。先に「解釈学的認識」という表現をしたのは、つきつめた検討が必要となる「解釈人類学」との混同を避けるためでもある。

ここまで、バリ宗教に関する人類学的理解の再解釈、という一言に縮約した含意について簡単に説明を加えてきた。あらためていえば、本書は、私の参与観察をもとにして一九九〇年代のバリ人の宗教理解の特徴を明らかにするとともに、バリ宗教（にたいするバリ人の理解）にたいする人類学的理解をもひとつの解釈とみなして検討を加え、この二つの解釈の間の関係性について論じることから、人類学的研究のあり方について反省的に考察しようとする研究である。あらかじめいうと、今日のバリ人のバリ宗教解釈と、既存の人類学的バリ宗教解釈との間には、第Ⅱ章以下に記述するように、看過しえないずれがある。本書は、この二つの解釈ないし表象の系の関係性を、このずれに焦点をあてつつ主題化していく。そしてこの二つの表象系の関係を主題化しようとする視線を保持する点において、本書は、ギアツにおおくを寄りかかりつつも、彼の解釈人類学に批判的なものとなる。

さて、以下では、まず解釈学的認識について整理することから、議論をおこしていきたいと思う。ただ、単にギアツの解釈人類学を再検討しつつ、本書の認識基盤を提示するというよりも、ギアツ前後の人類学の諸潮流を踏まえた上で、人類学的な解釈学がいかにあるべきかを明確にする方がよいであろう。これが第Ⅰ章の議論となる。

ところで、ギアツの解釈人類学は理論的考察に終始したものではなく、逆に具体的で個別的な民族誌データとの関連においての成り立っている。また彼自身そうした姿勢をとることが人類学的研究のあるべきスタイルだと考えてもいる。この点は私も同感である。それゆえ、可能なかぎり彼がどのような解釈人類学の実践をおこなったかにまで踏みこんで、彼の議論の可能性と限界を整理しておく方がよいであろう。第Ⅱ章では、ギアツの諸論の中で、とくに本書の主題に関係するバリ関連の主要な議論を検討する。

この第Ⅱ章の議論は、単に第Ⅰ章の理論的検討を裏づけるためのものではなく、本書の議論構成の中でもうひとつの重要な役割を担っている。それは、ギアツのバリ研究の再検討を通して、既存のバリ宗教研究の基本的な理解枠組のあり方を確認しておくことである。ギアツのバリ研究は、二十世紀後半のバリ研究を牽引する主導者的役割を果たすものだった。ギアツの一連の研究を、依存的にせよ批判的にせよ、参照しないバリ研究はまずありえない。戦後のバリ研究はギアツの著作を中心として展開してきたといっても過言ではないほど、彼の議論はバリ研究の中でおおきな影響力をもっている。それゆえギアツの議論の整理のいわば副産物として、そこから既存の研究がもっているバリ宗教理解の基本的な枠組を抽出することが可能なのである。[2] この作業は、人類学が保持するバリ宗教解釈を解釈学的に検討するために必要な手続きでもある。

次に、第Ⅲ章では、私の観察と見聞によるデータをおもな資料としながら、バリ宗教の現状をバリ人の表象の枠組に沿って記述していく。私はそこで安易な一般化をすることは慎むつもりだが、ただその記述からは次の点を導くことができる。つまり、ギアツに代表される主要な民族誌的研究が提示するバリ宗教にたいする理解枠組が、私の知るバリ人のもつバリ宗教にたいする理解枠組と、対照的ともいえるほど乖離しているという点である。

それゆえ第Ⅳ章では、こうした乖離の起源を探るために、バリ宗教が植民地時代以降の歴史においてどのような過程を経て構築されてきたのかを輪郭づけようとする。そこでは、植民地支配者、欧米人観光客、そしてこれらに部分的に重なる立場にもあった人類学者らのバリにたいする諸表象が、バリの宗教文化の実体をどのようなものに仕立てていったか、そして他方ではこうした西欧側のバリ表象をずらせたかたちで、バリ人エリートがいかにバリ宗教を再構築しようとしたのかを、断片的な資料をもとにしながら素描することになる。そして、この二つの表象系が相互にずれあいながらも、他方では偶有的（contingent）かつ部分的とはいえ影響関係をもちながら、「バリ宗教」とこれを論じる「人類学」的研究が成立したといえることを明らかにしようとする。

以上、本書の導入部分として、問題の端緒とおおまかな議論構成について触れた。それでは次に、あらためて本書の認識や理論枠組を、既存の人類学的研究のリヴューを通して明確にすることにしたい。

註

（1）本書では、私の認識をつくりあげている人類学やその周辺領域の成果にたいするリフレクシヴな議論の必要性を指摘するにとどめ、私という個人の問題に立ち入ることは避けている。それは、本書の議論が私の私性、つまり個人史に論及する必要のないところで成立すると考えたからである。ただ私は、主題如何ではこの書き手の私性がきわめて重要な問題契機になると考えている。私が、たとえば浄土真宗高田派の一檀家に生まれ、カトリックの大学で人類学を学び、ジャカルタのスンダ人のムスリム女性と結婚し、日本で生活しているといった点（あるいはその他の点）を、バリ宗教についての議論に不可避に関わる問題として主題化すべき必要が、今後は生じるかもしれない。

（2）以下では、学術的なバリ宗教表象に関する言及は、第Ⅰ章・第Ⅱ章および第Ⅳ章の各所に散在するかたちになるが、紙幅の制限もあって、この学術的なバリ宗教表象をあらためて一箇所にまとめて整理する作業は割愛する。ただ、バリの村落、古典国家、親族やカスト、宗教変容、社会の近代化、伝統的なバリ宗教、文化統合など、さまざまなトピックに関する議論を提起し、戦前の諸研究を戦後とくに一九七〇年代以降におおきく開花する人類学的バリ研究へと媒介したのが、クリフォード＝ギアツであるということは、ここで触れておきたい。彼の研究は、民族誌的データの面でも、理論や方法の面でも、バリ研究そしてインドネシア研究をまさに牽引するものだった。それゆえ本書では第Ⅱ章で、学術的な表象をギアツのバリ研究に代表させつつ整理するのである。

第Ⅰ章

解釈学的認識をめぐって

ここでは、序論で簡単に触れた解釈学的認識をより明確なかたちに定式化することを試みる。まず第1節では、人類学の理論や方法、とくにギアツの解釈人類学と、これを批判的に継承したポストモダン人類学や構築主義（constructionism）の議論に言及しながら、本書の基本認識（解釈学的認識）を位置づける。次に第2節では、文化や宗教といった概念について議論を進めていく中で、この解釈学的認識や、バリ宗教にたいする具体的なアプローチのあり方を明確にしていく。

第1節　近代人類学の隘路

人類学とは何か

人類学という学問固有の性質とは何だろうか。私が学生だったころは、既存の実証的な学問分野がそれぞれ別個に論じてしまう問題を、ひとつの視野からトータルに議論しようとする学際的な性質こそ、人類学の特徴だとされた［Kluckholn 1950; 祖父江 1990］。しかしながらすくなくとも現在、これは人類学の特権的な特徴とはいえない。現代の社会学や歴史学、あるいは場合によっては文学なども、おなじく人間とその文化・社会に関する総合的な学問として存在するからである。しかも、たとえばフェミニズム論が従来の人類学的研究に潜む男性中心主義を糾弾するように、人類学がはたしてどの程度トータルな人間理解をおこなってきたかについては留保しなくてはいけないところもある。さらに、いまや人類学を標榜する研究の中には、実証研究に傾く議論から文芸評論や現代思想とほとんどかわらない議論までがある。ギアツがかつて論じたように［C. Geertz 1983b］、学問全体の趨勢として、学問分野相互の境界が、そして学問研究とその外側との境界が、ぼやけてきているのが現状である。十九世紀におけるディシプリン間の分業体制は、二十世紀後半以降の知や社会の状況と合致しなくなっている。

こうした状況の中で、人類学という学問の際立った特徴をあえて探せば、それは「何を研究の対象とするか」よりも、「いかなる視点から」研究するかにあるということになろう。フィールドワークをおこない、現地の人々の生のあり方を、人類学者自身の身体的経験の次元、メルロ＝ポンティ流にいえば間身体性のレベルから議論を立ち上げ、把握することをめざす。これが近代人類学――大雑把にマリノフスキー［Malinowski 1922］以降の人類学をこう呼ぼう――の特徴であり、民族誌とはそうした作業の成果を、ヴィンデルバントのいう個性記述的（idiographisch）な方法で著したものにほかならない。ディルタイやリッケルト以降の哲学的解釈学の議論を敷衍していえば、人類学は精神科学ないし歴史科学として、社会文化事象の特殊性や固有性の了解／理解（Verstehen）――哲学では「了解」と訳すようだが、社会学や人類学では「理解」と訳すことがおおいので、以下では「理解」と表現する――をもとめるディシプリンなのである［木田 1983, 1984, 2000; 丸山高 1997］。

人類学の学問的特徴が、身体的経験の次元から、自己自身ではなく自己以外の人間存在に関わる文化的・社会的事象を理解しようとするという意味での「異文化理解」にある、という点に同意しない人類学者はおそらくほとんどいないだろう。しかしそれと同時に、おそらくほとんどの人類学者は、こうした異文化理解ないし他者理解が現実にどの程度可能なのかについて、きわめて悲観的な見方をするだろう。人類学は近代西洋が世界の辺境に見出した小規模な社会の文化、いわば異文化の中の異文化を研究する学問として出発したがゆえに、異文化理解の難しさをつきつめて省察してきたように思われる。人類学の理論的・方法的な立場の変遷は、人類学の異文化理解がもつ自文化中心主義性を自己批判していく過程でもあった。ここでは本書の出発点として、今日の人類学の隘路といってよい状況について論じながら、解釈学的認識について明確にしていきたい。

二十世紀人類学のパラダイム

人類学（当時の名称では民族学）は十九世紀の半ばに成立した学問である。十九世紀の人類学は、進化論、とくにハーバード＝スペンサーの一系的で楽観的な進歩主義的進化論におおきく影響されたものだった。ヨーロッパがもっとも発展した社会・文化・人間であり、その次点に中国・インド・イスラム圏など、東洋学が対象としていたようないわば中進的地域が来る。そして遅い早いの差はあれ、いずれどの社会もおなじような発展を遂げていく。こうした認識にもとづく議論において問題となったのは、その発展の前段階をいかに再構成するか、つまり空白になっている人類進化の初期状態をいかに穴埋めするかであった。人類学は、そのために原始的な時代の人類文化のなごりをとどめていると考えられた「未開人」「野蛮人」——この表現が差別的なニュアンスをもつこともあって、いまではこうした表現はしない——を研究する学問として出発した。[1]

二十世紀前半には、この進化論や古代の文化伝播を論じる歴史民族学を否定し、人類学の理論と方法を一新する立場があらわれた。英国社会人類学の機能主義であり、その先陣を切ったのが先に触れたマリノフスキーである。機能主義者は、それら先行するパラダイムが推測にもとづく史的再構成しかなしえないことを批判し、実証主義的観点から、小規模な「未開社会」の伝統文化や社会組織の内的な機能連関を論じる、共時的分析の有効性を唱えた。重要なのは、こうした小規模社会の共時分析に適合的な機能主義という理論が、人類学者のフィールドワークによる資料収集と不即不離のものだったという点である。人類学者自らがデータを収集し、それにもとづいて民族誌を記述し、その資料をもとに理論研究をおこなうことで、そうした知の体系に信頼性が生まれるというわけである。このような考え方は、機能主義ほど明確な理論根拠はもっていなかったが、ボアズが主導したアメリカの文化人類学の基本認識でもあった。そして、比較的ちいさな社会範囲での集約的なフィールドワークと、これにもとづく民族誌の記述という方法スタイルは、機能主義という理論自体に一定の限界が指摘され、修正がほどこされ、またレヴィ＝ストロース的な構造主義が興隆し、さらに構造主義とは異なる意味論的立場にたつ認識人類学や解釈人類学が提唱され、あるいは「未開社会」ではなく都市や移民を研究対象とするようになっても、人類学の方法的基盤でありつづけた。私は、これを二十世紀人類学のパラダイムと呼びたいと思う。このパラダイムは、理論的立場の如何を問わず、実証的な研究に奉仕するための資料を、人類学者が比較的長期にわたる集約的な現地調査によって獲得し、これを民族誌の記述なり、この民族誌的資料を援用した比較研究・理論分析なりにもちいるという方法ないし技法の体系である。

さて、解釈人類学は、こうした機能主義者が確立し着床させた、いわば実証研究への意志に貫かれた人類学に、根本的な疑念とまったく対照的な認識をもちこむものだった。もっとも、この解釈人類学を提唱したクリフォード＝ギアツ自身は、すくなくともある時期までは、この認識のもついわば革命的な意味を十分に理解してはいなかったように思われる。そしてその革命的な意味を理解し、それを明確に主張するようになるのは、大雑把にいえばギアツの次世代の人類学者で、解釈人類学を消化するとともに文芸評論や社会学など人類学の外の議論や動向にシンパシーを感じ、そこから多大な影響を受けた、いわゆるポストモダン人類学者や文化構築主義者たちなのである。

急いで話を進めてきたようだが、そろそろ腰を据えた議論に入ろう。二十世紀人類学のパラダイムにたいして、解釈人類学のどこが革命的だったのか、正確にいえば、解釈人類学のどこにそうした革命的な意味あいが胚胎していたのか、それをポストモダン人類学や構築主義がどのように主題化したのか、こうした点について議論することにしよう。なお、あらかじめいっておくと、本書の立場、つまり序論でも触れた解釈学的認識は、これらの議論を踏まえた上で、それをいわばもう一度ひっくりかえそうというものである。

解釈人類学の登場

クリフォード＝ギアツの解釈人類学は、一九六〇年代前後のさまざまな知的潮流の交差の中に花開いたものだといえる。ウェーバー、パーソンズ、シュッツらの社会学をはじめ、ヴィトゲンシュタインやリクール、そして意味論や認知科学の知見など、さまざまな知的素材が人類学の議論の中にちりばめられており、またそれゆえギアツの議論は、人類学にかぎらず広く人文社会科学において、持続的な影響力をもつものとなった［小泉 1984, 1998, 2002］。

ただ解釈人類学は、特定の理論や方法をあらたに提唱したものではないし、何らかの論文や著作において体系的に説かれた研究成果なのでもない。むしろ解釈人類学は、人類学的研究とりわけ民族誌が、本質的に解釈的な構築物である、つまり研究対象である人々の解釈（にたいする彼らの解釈）にたいする人類学者の解釈である、という認識から、対象に関する客観的な説明——機能主義や構造主義はそれを志向する——ではなく、むしろウェーバーのいう意味での理解や解釈こそ、人類学の主題だと考える立場だといえる［C. Geertz 1973a; Clifford 1988:38-39］。人類学的作業の根底にあるのは、他者の文化世界における事柄を、われわれの言語や価値体系において理解可能なものへと翻訳する作業であり、ただ人類学は、伝統的な解釈学のように文字や発話によって書かれたテクストではなく、行為によって書かれたテクストをもっぱら相手にする、というのである。

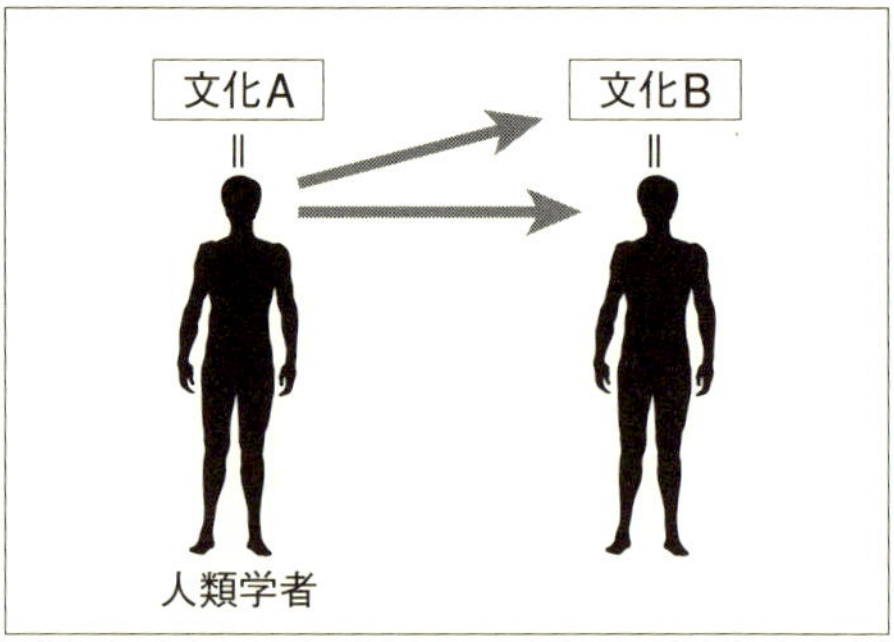

解釈人類学の枠組

解釈人類学に関しておそらくもっとも重要な点は、人類学的研究が個別文化と個別文化との関係の中で捉えられているという点にある。ギアツを敷衍していえば、人類学者はAという特定文化に属しており、Bという特定の異文化をAという自文化に照らし限定的な理解を得ようとするにすぎない。このように解釈人類学の認識においては、個別文化の特定的な意味世界の外部に、超越的で客観的な視点を想定できない構図となっているのである。これは哲学的解釈学の基本的な認識を、異文化理解という議論にもちこんだ場合に得られる必然的な帰結といえよう。

ここで予想される反論にたいして議論をしておく。それぞれが個別文化の内部において、この「自文化」に支えられつつ生きているのだとすれば、いかにして「異文化」を理解できるのか、個別と個別の関係においてはそうした文化間理解の機序がそもそもありえないのではないか、という問題である。しかしながら解釈学的認識はそうした議論の構えに与しない。逆に解釈学、とくにハイデガー以降の解釈学は、そもそも人間とは自己の保持する文化の枠をこえてその外部を認識し理解しうるのであり、このことこそ人間の生の本質的な契機なのだ、という考え方に立つ。ハイデガーがいう「世界—内—存在」とは、こうした彼のいう「超越」の機序を本質的な契機とする存在の構えにほかならない。人間とは存在者のただ中において存在者を超越するのである〔丸山高 1997:181-185〕。この場合の「超越」は、ある理解の立場から別の特定の理解の立場へと移動するという意味でののりこえ——そうした実体的に措定されたある外部への転出の機序を「超越的」(transcendent) と呼んでおこう——ではなく、むしろその立場の内部にとどまりつつこれをこえ出でようとする機序——現象学・解釈学にならって、これを「超越論的」(transcendental) と呼ぼう〔柄谷 1989a:190〕——を指す。客観的で超越的な立場を想定しなくても、個別特定の文化に依存する人間存在がその外にある異文化を理解しうる可能性を本来的にもっていると考えることが、解釈学的認識のきわめて重要なポイントなのである。

もっともギアツは、序論でも述べたこのような認識上の基底的問題を論じていない。彼は単に「意味」という議論対象の社会的公共性を主張するのみで、この文化間理解をめぐる問題を通過している。それは、彼の解釈人類学における解釈学的な認識の不徹底さを示しているといえよう。

解釈人類学の可能性と限界

では、ギアツは解釈人類学をどのように定式化しているのだろうか。ギアツの解釈人類学の基本的な考え方は「厚い記述」という論点に集約されるといってよい。これを理解するには、有名なウィンクについての議論をとりあげれば十分であろう。ギルバート＝ライルの議論を引用したギアツの議論〔C. Geertz 1973b:6-7〕を、私なりに整理しよう。

ある少年は、とくに何も意図せず、ただ彼のまぶたを閉じただけである。別の少年は、友人に悪さをするための合図としてウィンクしている。この二名の少年のまぶたの動きは、たとえばカメラがなすような観察によっては区別しがたい。

つまり客観主義的な観察にこだわると、当事者が何を意図しているのか、あるいは何も意図していないのか、どういう状況でいかなるメッセージをもってある行為がおこなわれるのか、といった点が詳述されないので、両者の行為は表面上おなじものとして記述されてしまう。さらにここに第三の少年が加わる。彼は第一の少年の動作がおかしかったので、この少年のまばたきを真似してみせる。この場合彼は無意識にまばたきをしたのではないし、何かを意図してメッセージを送るためにウィンクしたわけでもなく、からかってみせただけである。また、まばたきを真似するために家に帰って鏡の前で練習するとなると、これも別の行為である。さらにいろいろなケース——ある少年は相手に自分が気があると誤解させる悪質ないたずらをしているかもしれないし、目にごみが入っただけかもしれない——を付け加えていくこともできるだろう。いずれにせよ民族誌の意義は、これら（無意識のまばたきと、目配せする者と、それをおどけて真似る者と、練習する者と…）の行為がもつ意味の差異を記述することにある。単に観察される事柄（片目をつぶる）を客観的にしかし表面的に記述するだけではなく、それが当該の社会的相互行為の脈絡においていかなる相互主観的な意味をもつのかにまで踏みこみつつ記述すること、これが「厚い記述」の含意である。

人類学の中心的主題は民族誌の記述であり、民族誌の記述とは「厚い記述」の実践にある。これがギアツの解釈人類学の基本的なテーゼである。こうしてみると、ギアツの主張の本質自体は彼以前にも十分認識されていたことであって、ギアツの主張の中身にとくに目新しいものがあるわけではないことがわかる。ただギアツは、それまでの人類学的研究が客観主義的な分析を志向し、それゆえ人類学者の調査やこれにもとづく民族誌の記述にともなう主観的性質にネガティヴな態度をとっていたのにたいして、逆に人類学者自身による一歩踏みこんだ重厚な記述があってこそ、民族誌は豊穣な知の源泉となるのだ、という発想の転換をおこなったのである。「厚い記述」は、そのことを端的に示すキャッチフレーズだったといえる。

別のいい方をすれば、ギアツは人類学を、英国社会人類学が志向した実証主義的な社会科学としてではなく、歴史学・文学・評論・思想などとおなじく「解釈」に関わる人文学の一領域として、あらためて位置づけなおしたことになる。ただし、この点をめぐるギアツ自身の態度はかならずしも明瞭ではない。たとえば、彼は解釈人類学を名乗ってからもなおこれを「科学」とみなす視点を保持していたし［Barrett 1996:159］、もともと構造機能主義者（ただしパーソンズ的議論にウェーバー的議論を再融合しようとした）として出発したこともあって、解釈人類学を標榜する研究の中にも構造機能主義的な理論や認識は残存している。また、民族誌的データを「テクスト」という概念に即してあつかうこと自体に、調査時点での体験性や状況性を剥奪し匿名化して表象する機序が内在しているのではないかという問題もある［Clifford 1988:39］。クリフォードのこの指摘を敷衍していえば、たとえ「厚い記述」を志向したとしても、実際の民族誌の記述には何がしかの還元論的性格がつきまとうことになる。しかも、第Ⅱ章で検討するように、ギアツ自身の民族誌的記述、つまり解釈人類学の実践は、かならずしも「厚い記述」の理念を体現したものにはなっていないという問題もある［吉田竹 2001b］。そして、ギアツにはマルクス主義的な認識が希薄であり［Barnard 1993(1990)］、人類学者の立場につきまとう権威性や政治性の問題が明確に論じられていないという点もある［cf. Linnekin 1992:256］。ギアツは、晩年には気づいていたとはいえ、すくなくとも具体的な民族誌的記述に即したかたちでは、人類学者と現地の人々との間の社会関係につきまとう差異を、人類学的解釈学の考慮すべき問題として十分捉えていなかったといえる。

このように、解釈人類学の認識および実践には、いくつかの看過しえない問題がある。そしてこれら解釈人類学が開示しながらもつきつめることを怠った論点、すなわち科学主義・実証主義からの最終的な決別、民族誌的記述ないし表象のもつ還元論的性格、理念と実践との乖離、調査する側とされる側／民族誌を記述する側とされる側の社会関係ないし生産関係などを、より明確に主題化しようとした代表格が、ポストモダン人類学だったのである。

もっとも、ポストモダン人類学にも問題がないわけではない。ひとつは、この立場が人類学の再構築ないし再創造を、文学や文芸評論に過度によりかかることによって果たそうとした点である。先に人文学としてひと括りにしたが、実際のところ文学や評論と、歴史記述との間には看過できない差異もまたある。私は、エヴァンス＝プリチャードのいうように［Evans-Pritchard 1962(1970)］、人類学は歴史学にもっとも近いと考えるが、ポストモダン人類学者は歴史学への再接近という方向性——この方向性は、歴史人類学と総括しうる諸研究によって追及された——を選択しようとはしなかったのである。

もうひとつはより根本的な問題である。ギアツの解釈人類学がウェーバーやシュッツの成果をとりこんだものだということはすでに触れたが、ポストモダン人類学者は（そしておそらくある程度ギアツも）、ウェーバーの「主観的意味の理解」というシンプルな認識と、シュッツの「相互主観的な意味構成」という認識との間にある、微妙ではあるが決定的なちがいに十分意識的でなかったと考えられることである。「相互主観性」は、主観と客観との差異をいわば微分していき、人間の意味了解の社会的磁場を脱構築した——煎じつめれば、脱構築とは現象学的還元の一亜種なのだ——結果として獲得された概念である。ところが、解釈人類学という発想に内在しているはずのそうした社会論的契機が十分省みられることなく、ギアツの議論は、人類学的研究のもつ「主観的」性質を明確にしたものとして捉えられるようになってしまうのである。ポストモダン人類学は、民族誌的記述に潜むこうした「主観的」性質を暴き、むしろそうした主観性にもとづいた民族誌のあり方を賞揚する議論を展開するが、それは解釈学的な人類学が本来追求しなくてはいけない相互主観性にたいする省察を忘却するものだったといってもよいのである。

やや議論を先取りしたかたちになってしまった。ここでさしあたり確認しておきたいのは、解釈人類学には二十世紀人類学のパラダイムにほぼ貫徹されていた実証主義的志向性からの決別を意味する認識がふくまれていたこと、しかしながらギアツの議論はむしろ既存の人類学のパラダイムとの曖昧な結びつきの中にあったことである。そして、こうしたギアツの両義的態度、つまり一方では実証的・科学主義的な人類学になおいくばくかの期待を抱き、他方では文学や思想にシンパシーを示し、解釈学的認識を前面に立ててそうしたガチガチの議論からの脱却をはかろうとしたこの態度が、彼の華麗な文体と相まって、実証主義の立場をとる者にもそうした立場に否定的な者にも、人類学的研究の魅力を伝えるものとなったという点も指摘できる。ギアツは、エヴァンス=プリチャードとおなじように、社会科学的な実証主義への志向性と人文主義的な解釈学的志向性との間を巧みに接合し、人類学の興隆に貢献した。ギアツ自身は既存の人類学的研究に内在する矛盾や非一貫性を誰よりも強く指摘していた。しかしその指摘は、同時代の実証主義的な人類学者の胸には、かならずしも十分こだましなかったのである。

ポストモダン人類学の関心

ギアツが唱えた解釈人類学に内在する可能性（そして限界）が、人類学の中で消化されるようになるころ、具体的には一九八〇年前後は、二十世紀人類学パラダイムが内部からも、また社会情勢の面からも、くずれはじめる時期に重なる［cf. Ortner 1994(1984)］。ポストモダン人類学あるいは文化構築主義は、そうした社会情勢の中から生まれた、いわば時代の申し子である。

「ポストモダン人類学」がいかなる立場なのか、そもそも「ポストモダン」とは何を意味するのか、といった問題は、きちんと論じようとすると難しい問題である［柄谷 1989b］。またポストモダン人類学というラベリングには違和感を示すが、（文化）構築主義と呼ばれることは否定しない研究者もいる［Linnekin 1992］。ギアツやルーマンも、自身を構築主義者であると考えている。ただ本書では、ポストモダンをモダン的構造からのたえざるずらしを試みる立場と考え、ポストモダン人類学を大雑把に、近代人類学、つまり本書がいう二十世紀人類学のパラダイムにラディカルな批判を加えようとする立場であると捉えておく［cf. Denzin 1997; Gupta & Ferguson (ed.) 1997］。

ポストモダン人類学の議論、あるいは文化構築主義の特徴に触れる前に、まずこの一九八〇年あたりを境として、どのような変化があったのかを簡単に整理しておくことにしたい。

第一に、人類学者が調査地の人々とどのように関わるべきかという問題に、人類学が直面せざるをえなくなってきた。現地に何の利益も還元しようとしない人類学者を非難し、調査の受け入れを拒む、逆に自分たちに役立つ（ようにみえる）人類学者を受け入れ、その学術的な成果を自身の利害のために積極的に運用しようとする動きが、世界のあちこちでみられるようになってきた［太田 1998, 2001］。たとえば、人類学者はある社会の伝統文化がどの程度過去まで遡るのかを論じることもあれば、逆に現地で「伝統」とされるものが最近つくられたものだということを論じることもある。現地の人々が政府に伝統文化の保護やそのための援助を訴えている場合、後者の議論は現地の人々の運動に水をさすことになり、そうした調査研究は拒否される可能性がある。あるいは、より身近なケースでいえば、いくら学術的に価値があるからといって、ある種の病気や差別などを主題とした調査研究の対象となることを拒否する人々はすくなくない。それは調査する側とされる側を入れ替えて考えれば容易に理解できることである。当然、人類学者は調査対象となる人々の意向を最大限尊重しなくてはいけない。しかしそれは、場合によっては研究活動の停止を甘受することにもつながる。この問題に一般的な解決策はありえない。個々の人類学者が自身の直面する個別の状況について、自らの倫理に即して暫定的な判断をしているのが現状である。ただひとついえるのは、従来の人類学がそうした調査される側の人間の尊厳に配慮するメカニズムを欠いていたのではないかということである。二十世紀人類学のパラダイムは、基本的に調査する側の論理で成り立っていたのである。

第二に、世界のグローバルな結びつきがますます強まる中で、小規模社会の内的機能連関に焦点をあててきた従来の視点から、当該社会がその外部との間にもっている複合的な連関をむしろ重視する視点への切り替えが要請されるようになった。孤立した変化のない「未開社会」はもう存在しない。そもそも十九世紀の時点で、どの程度そうした社会があったのかも実は疑わしい。かたちの上で植民地主義（コロニアリズム）はおわっても、実質的に世界はその延長線上に不均衡な構図を保ちつづけている（ポストコロニアリズム）。グローバル化は、アメリカを代表とする先進国への一層の従属と搾取強化の過程でもある。そうした中において、たとえば近代化に翻弄される個人の生や、国家の政策に何とか対応し伝統文化を再生させアイデンティティをつなぎとめあるいは再構築する少数民族、あるいは観光産業の伸長の中で「未開」を演じるようになった人々の戦略が、人類学者の関心にのぼってくるようになる。機能主義が省みなかった通時的視点を再導入し、こうした政治・経済的諸条件に即して文化現象を捉えようとする方向に、人類学がおおきく舵を切ったのである。ポリティカル＝エコノミー論や、ミクロ・マクロの歴史過程の記述を主題とする実証的な歴史人類学の興隆は、そのあらわれである［cf. Ortner 1994:386］。

第三に、民族誌の著述のもつ実証主義的ならざる特徴が、次第に明らかになってきた。たとえば、大半の民族誌は間接話法を主たる著述のスタイルとしている。しかし間接話法は、記述の中に人類学者の意図する文脈をそれと明示することなく織りこむ方法でもある。しかもほとんどの民族誌は、ところどころに直接話法の記述箇所を設けている。直接話法は、現地の人々の語りをそのまま再現した――むろん実際にはその語りを丸ごとそのまま記述することはありえず、人類学者による編集が介在している――かのような印象を与えるのに効果的である。こうして、直接話法と間接話法の組みあわせが有機的なものになればなるほど、民族誌のいわば物語性は豊かなものとなるが、しかしそれは一方で、記述する人類学者の解釈が現地の人々の言説の中に滑りこむことを意味し、記述されている現地の人々の語りや思考のどこまでがどの程度人類学者の整序によるものなのかを曖昧にする結果を招くことになる［cf. Clifford 198847-48; 杉島 1995］。

「民族誌的現在」についても触れておこう。マリノフスキー以来の民族誌は基本的に現在時制で記述する特徴をもつ。この時制法によって、記述に臨場感があふれ、読者はあたかも人類学者とおなじ時空間を共有して対象社会を観察し分析しているかのような雰囲気を味わうことができる。こうしたレトリック効果自体、実証主義の志向性とは相容れないものだが、さらにここにはもっと根深い問題が潜んでいる。つまり、民族誌に記述されているのは、調査時点での「現在」のありのままの姿ではなく、そこから植民地支配や近代化などの影響を除去したあとに残る、人類学者がその社会の伝統的な文化や社会のあり方だと判断したものだったという点である。つまり、彼らの記述は正確な意味では共時分析ではなく、変化する直前の状況と想定されるものを、現実の時系列から抽象化したところで描くという補正操作をおこなったものだったのである［清水 1992:425-434; 古谷 2001:32-33］。

レナート＝ロザルドは、この従来の人類学者の態度に潜む特徴を「帝国主義的ノスタルジア」と呼ぶ。人類学者だけでなく、行政官や宣教師ら帝国主義的植民地化の進む現地に滞在する西欧人は、自らが変化をもたらす直接・間接の執行者であるにもかかわらず、あるいはむしろそうであるがゆえに、変わる前の現地の伝統文化に無邪気な憧れや郷愁を抱き、変わっていくことに無念さを感じていたというのである。ロザルドはこれを、自分が誰かを殺しておきながら、その犠牲者の死を悼むという逆説とおなじものだとする［Rosaldo 1989］。こうした二十世紀人類学の特徴は、滅亡しつつある伝統文化をすくいあげて記述するという点で、「サルベージ人類学」とも呼ばれる。

ポストモダン人類学、あるいはそのラベリングを否定しない研究者たちの関心は、とりわけこうした民族誌的記述に内在する矛盾を主題化することに向けられていた。次にその主要な論点をみておくことにしよう。

民族誌的リアリズム批判

ポストモダン人類学は、人類学者がフィールドワークにおいて獲得する個人的で部分的な知識のあり方と、民族誌的記述における客観的で全体化された表象との間にあるギャップが、近代人類学において見過ごされてきたことを批判する。人類学者は、自身のデータがかぎられた範囲の調査によるものであることや、調査する側とされる側の不均衡な関係──それは（ポスト）コロニアルな世界の不均衡関係の反映でもある──の中で得られるものだといった点に、十分自覚的なはずである。それゆえに現地の人々との親密な関係や信頼関係の醸成につとめもするのである。ところが、いったんフィールドワークの脈絡から離れて民族誌的記述をおこなう段になると、人類学者はあたかもその社会についての自己の記述が客観的で全体的なものであるかのように表象する。ポストモダン人類学者は、こうした全体化・本質化・客体化を「民族誌的リアリズム」と呼んで批判する。そして、それまでの人類学者が薄々気づきながらも「まえがき」や「あとがき」でしか触れなかった、人類学の政治性や権威性と表象の限定性を、人類学の中心的な問題として主題化すべきだとする。それをしなければ、人類学はオリエンタリスティックで帝国主義的な学問にとどまりつづけるというわけである。

彼らは、サイードのオリエンタリズム批判［Said 1985］に同意するが、サイードがオリエンタリズムの表象にとってかわるべきあらたな表象の形式を提示しない点を批判する。そして民族誌におけるあらたな表象の形式を模索する。それが「対話主義」という方法であり、「実験的民族誌」と呼ばれる一連の著作である。対話主義とは、フィールドにおける対話や肉声の相互性を重視し、それを民族誌の記述の中にできるかぎり詳細なかたちで再現しようという主張である。著者たる人類学者によるモノローグ的記述――この著述のスタイルが民族誌の権威性の源泉である――にかえて、二者のダイアローグや、多数の人々のポリフォニーといったスタイルへと民族誌的記述を投げかえすことによって、いいかえればテクスト化された民族誌的記述にあらためてディスクールの息吹をふきこむことによって、民族誌を記述する人類学者の「単声」的な権威をくずし、テクストの中に人々の「多声」的な声を回復させようとするのである［ex. Crapanzano 1980］。

しかしながら、こうした対話主義やポリフォニック民族誌はやはり実験でしかない。クリフォードが「それらは対話の表象にとどまっている」というように［Clifford 1988:41-44］、その種の試みは調査時点の相互主観的で対等的なやりとりを形式的に再現するだけだといえるからである。フーコーの指摘を待つまでもなく、およそいかなるディスクールあるいはエクリチュールの形式にも、語る主体の権威や権力性を隠蔽する機序はつねに働いているはずである［cf. 内田 1996:50］。したがって、かたちの上だけ現地の人々の声を再現前させることは、より隠蔽の度合いを高めることにさえなりかねない。そもそも、民族誌の記述に内在する広い意味でのレトリックにたいして批判的検討を加えるという点では、よりシンプルでコンパクトな（しかし中身は濃い）記述スタイルを模索すべきなのに、ポストモダン人類学者の中には、逆に難解なジャーゴンをつかった文体を好む者がすくなくない。それは自らの言説に権威性を付与する行為だと受けとめざるをえない面がある。ポストモダン人類学は、民族誌的言説の権威性を批判し否定しようとするのであるから、これは自家撞着以外のなにものでもない。

さらに、彼らの議論には根本的といってよい限界もある。彼らはテクストとしての民族誌的記述がもつさまざまな意味でのコンテクスト性を暴きたてようとするのだが、その手法はテクストを具体的に規定不能な外部へとずらすことを戦術とする脱構築主義の文芸評論を真似たものなので、そうしたコンテクストの中身を具体的な議論として明示できないのである。それにはある種の社会分析を必要とするはずだが［南山大学大学院の山崎剛君の指摘による］、これは彼らが距離をとろうとする実証主義的な議論にふたたび接近することによってしか果たしえない。それゆえ彼らはそこまで踏みこもうとはしないのである。彼らの民族誌的リアリズム批判が人類学に強いインパクトを与えた一方で、その実験的民族誌という試みが人類学において支配的な運動を形成するにいたらなかった原因は、ここにあるといってよい。

私は、彼らが開示した民族誌的リアリズム批判は、人類学的民族誌にかぎらず、むしろ文化の表象／記述一般にたいする批判として、真摯に受けとめるべき問題だと考える。ただここで注意すべき点がある。彼らの好む表現をつかえば、たしかに民族誌の記述は、書き手がつくったものだという意味においてフィクショナルなものである。しかしながら、この論点を、民族誌が人類学者の主観によって成り立っているから客観的なものではない、という主張と混同してはいけないという点である。すでに触れたように、主観と客観という二項対立的な構図による整理は一種の還元論である。厚い記述を志向するということの中には、書き手である人類学者と書かれる側の現地の人々との間の相互主観的なやりとりが含意されているはずであり、必要なのはこうした対話性を記述の形式ではなく中身において可能なかぎり確保すること、そしてその対話性の確保にたいしてつねにリフレクシヴな視線を保持することであろう。それは民族誌の記述のスタイルをどう変えるかということとは、また別の次元の問題である。この点で、私は二十世紀人類学のリアリズムとは別の視点から、あらためて民族誌的リアリズムのあるべきあり方を検討する余地があると考えている［吉田竹 2003］。

構築主義とは何か

さて、次に文化構築主義（以下では単に構築主義と呼ぶ）について触れることにしよう。ごく大雑把にいえば、ポストモダン人類学と構築主義はおなじ認識を共有している。つまり、人類学者が紡ぎだす学術的な言説は、客観的で公正中立的な言明というよりも、むしろ（相互）主観的なひとつの解釈であり、現実の錯綜した政治的・社会的脈絡の中に存在している、近代人類学はある意味で自明のことともいえるこうした点を学術的な問題の背後に置き去りにしてきたが、これこそ人類学の論ずべき中心的な主題にほかならない、というものである。

ポストモダン人類学は、こうした認識を民族誌の記述に内在する諸問題に焦点をあてて主題化し、対話主義や実験的民族誌といった具体的な提言を提示するが、構築主義はかならずしもそうした特定の議論や主題化に結晶しない、むしろ文化を構築主義的に捉えることを認識の第一の基盤に据える、ひとつの立場だといえる。あるいは、構築主義は特定の立場というよりも、ひとつの認識のスタイルであるという方がよいかもしれない。このように、構築主義は特定の議論や言明に即して明確に語ることができないタイプのものである。

ほかにも構築主義について語ることには困難がつきまとう。まず、日本では constructionism にたいして構築主義／構成主義という二つの訳があり、その訳し分けが意味あるものかどうかについて議論の決着をみていない。『構築主義とは何か』というタイトルを掲げた論集［上野（編）2001］も、構成主義／構築主義についての共通見解を構築することを回避し、それぞれの論者によって微妙に異なる視点からの議論を提示するにとどまっている。端的にいって、構築主義（本書ではこの表現で統一する）はまだ十分整理のついていない認識なのである。しかもあとに論じるように、構築主義に内在するある独特の特徴が、そもそも明快な論理的整理を拒む要因として作用しているということもいえる。

以下、構築主義の特徴について論じていこう。まず、構築主義はいくつかの異なる認識上の背景をもつ。たとえば現象学的社会学の日常世界の構成論［Berger & Luckman 1966］であり、これに依拠するものは「構成主義」を名乗る。ほかに社会問題論やラベリング論、デリダの脱構築、脱構築的文芸評論などがあり、これらに依拠するものは「構築主義」を名乗る。ほかにサイードのオリエンタリズム論や、カルチュラル・スタディーズ、ポストコロニアル批評、サバルタン研究などの影響を受けている。この中で、とくにデリダの脱構築のアイディアと手法が重要な貢献をなしているようである。ポストモダン人類学のところでも触れた点だが、人類学や社会学における構築主義は、このように文芸評論や思想において有効だった方法をもちこんだものである。

次に、構築主義は客観主義や実証主義そして本質主義にたいする批判をその生命線としている。端的にいって、これらの立場は文化事象を一意的に規定しようとする／しうるとする立場だといえる。そうした規定を可能にする要素や特徴（＝本質）を想定するのが本質主義であり、そうした要素や特徴を確定しうるとするのが客観主義や実証主義である。このようにこれらの立場は、特定のカテゴリーや実体を持続的で固定的なまとまりをもったものとして表象する技法を支えあっている。構築主義は、それが（おおくの場合へゲモニックな立場に与する）ひとつの表象、あるいはイデオロギーにすぎないと考える。いかなる表象も特定のポジションからなされるものであって、ある表象はそのポジションにとっては正しく妥当なものであっても、万人にとって妥当なものとはおそらくいえない。一般論としていえば、文化や社会は不断の構築と変容の過程にあるものであって、単一の起源も本質もないし、立場や脈絡を超越してそうしたものを同定しうる客観的な立場もないと考えるべきだ、というのが構築主義の認識である。したがってその議論には、特定の表象や言説を脱本質化し、それが構築されたものであることを断片的にせよ具体的に描く作業（いわゆる脱構築）がともなうことになる。

一例を挙げよう。「日本人」については膨大な議論がある。しかし「日本人」の定義がどんなものであれ、それはひとつの解釈にすぎず、その定義に当てはまらない自称日本人や、その定義によって捉えられることを拒否する日本人がいるかもしれない。そうした人々にとって意味ある別様の「日本人」表象を考慮せず、特定の表象を一般的に妥当だとすることは、ある種の暴力につながる。しかもそうした特定の日本人表象が現実の政策に生かされ、日本人のあり方を実際に変えていく可能性さえある。たとえば悪名高い戦前・戦中の皇民化政策はまさにそうしたものだった。もともと日本人が存在し、それを表象する言説があったのではなく、ある表象がつくられそれをもとに日本人は不断につくりあげられてきたのである。悠久の過去から「日本人」が存在したかのように語る言説、たとえば「縄文時代の日本人」は転倒している［cf. 吉田竹 2000b］。むろん、それは「日本人」表象に問題があるからつかうべきでない、という単純な話ではない。その主張はむしろ本質主義的なものであろう。問題のない表象などないはずだということを自覚することこそ、さしあたり重要であろう。それは序論で述べた「バリ人」にも当てはまる。

構築主義の認識は、解釈人類学との対比によってさらに明確になるかもしれない。ギアツの解釈人類学は、人類学者の解釈を客観性をまとった超越的な位置におかず、対象社会の人々の解釈とおなじ次元にひきおろし、特定の異文化／異社会をそれとして表象することの主観性・限定性を可視的なものにした。ギアツは、そうした表象がひとつの解釈にすぎないことを十分自覚していたのである。この点で、解釈人類学には構築主義的な認識が内在している。しかしながらギアツは、そのように文化／社会をひとつの独自のまとまりをもった存在であるかのように輪郭づけて表象する――解釈人類学に関する議論箇所に戻っていえば、たとえばBというラベルによって――ことの恣意性を、根本的に問うまで踏みこまなかった。そうした対象社会／文化にたいする独自性・個別性・実体性の付与が、彼らのではなくわれわれの側の表象枠組であること、そこに現実の不均衡な力関係が介在しているかもしれないこと、構築主義はここに敏感なのである。従来の人類学では、人類学者のみが分析し記述する特権的な立場にあったが、現地の人々もおなじく表象の権利をもっているのであり、人類学者はそれを踏まえた上で、それぞれの立場によって異なったかたちで解釈されうる余地をもったものとして、自らの表象（学術的な言説）を提示すべきなのである［Rosaldo 1989］。このように構築主義は、表象する側とされる側の立場の相互置換可能性の確保を問題とする。従来の人類学は、調査する側とされる側／記述する側とされる側の位置関係に何の疑問ももっていなかった。それは人類学の表象枠組が本質主義的なものであったことを意味する。必要なのは、たとえば「バリ人」という表象がはらんでいる恣意性・権威性・暫定性と、現実社会における影響力などを自覚し、これを言及すべき問題の位置においておくことである。

構築主義の背理

さて、構築主義がおよそこうしたものだとするなら、ここには以下のような特徴が存在することになる。第一は、日常生活では客観主義や本質主義こそ自明視された妥当な態度ないし認識であって、構築主義はそうした素朴な自然的態度への異議申し立てとしてはじめて成立するという点である。それゆえ構築主義は、それ自体としては自らの立場／態度をポジティヴに言明することも、その有効性を根拠づけることもできないのである。構築主義は、いわば仮想敵たる本質主義を脱構築することによってしか、その視線の妥当性を明示できないのである［cf. 赤川 2001:64］。そもそもすべてが社会的・歴史的に構築されたものだというポジティヴな主張は、構築主義という名の本質主義にほかならない。通常構築主義は本質主義批判という点で注目されるが、むしろ構築主義の言説は本質主義とのもたれあいの中に存在するといえるのである。

第二に、その脱構築は際限がないだろうという点がある。たとえば「日本人」という常識的な捉え方に潜む本質主義を批判し脱構築することは比較的容易であろうが、その批判の中にもさらなる本質主義的なまなざしが入りこんでいる余地が十分ある。「アイヌ」や「沖縄」をもちだして「日本人」イデオロギーを批判する作業は、次にはその「アイヌ」「沖縄」をめぐるさらなる脱構築を必要とするだろう。あるいは「民族」や「アイデンティティ」といった概念についてもある種の脱構築が必要となる。このように構築主義的言説はさらなる構築主義的（＝脱構築的）批判を惹起し、その作業はおわるところがないものだと想像されよう。文学や思想の領域においてなら、このことはさしあたり議論の豊穣性をもたらすかもしれないが、社会現象に関わる領域においては、これは議論を無限後退に追いやるリスクをもつことになる。

いずれにせよ、構築主義は本質主義批判という運動ないし実践の過程のただ中にしか存在しない。そしてそのおわりのない、あるいはループを描くような道程の中で、特定の構築主義的言説が、誤解をおそれずにいえば、いわば暴力的に立ち上げられるのである。いい方をかえれば、構築主義というネガティヴでポテンシャルにしか保持しえない認識態度から、ポジティヴなものとしての特定の構築主義的言説（脱構築的議論）が立ち上がってくるその契機において、構築主義の首尾一貫性は破綻するしかないのである。この逆説が第三点である。構築主義的議論は、構築主義を一貫して保持したものではない。それはこの立場の原理からして困難である。むしろ、構築主義的態度を途中で抜け出し、いわば本質主義的な言説空間にすりよって、特定の構築主義的言説（正確には、構築主義的な認識をもった本質主義的言説）をこの本質主義的空間の中で組み立て、この空間に抵抗するものなのである。そしてこのように考えれば、構築主義という認識の無限の連鎖を断ち切って特定の構築主義的言説をもたらすものは、構築主義そのものとはちがったところにある何らかの要請であるとみなさざるをえない。

ではこの構築主義の外部にある要請とは、具体的には何であろうか。おそらくそれは、構築主義的言説を提起する主体にとって重要な――それゆえ主観的で、本質主義的といってもよい――倫理としかいいようのないものであろう。これが第四点である。錯綜しせめぎあう権力関係のもとで、ほかではない特定の脱構築をおこなうこと、そしてその脱構築をそこで終え、かつ他の脱構築をおこなわないことに、議論としてあるいは社会実践としてさしあたりの妥当性を付与するのは、現地の人々の主体性や尊厳に向けられた倫理的配慮であると考えざるをえない。単に文化や社会を主体が構築するものとみる視点ならば、それは社会学ではむしろ古典的な見方に属するといってよい。構築主義は、そうした構築主義的認識を、倫理的なものへの固執によって脱構築へと媒介するところに、固有の特徴があるのである。

以上のように、構築主義はネガティヴなかたちでしか示しえない理論的立場（反本質主義）と倫理的な態度（現地の人々へのシンパシー）とが結託したものである。そして具体的な議論においては、構築主義的ならざるものとの接合によって構築主義的な言明をおこなうという背理を抱えている。この背理ゆえに、構築主義について論理的に一貫した整理をおこなうことに困難がともなうのである。

構築主義はこの背理を自覚しつつ、特定の脱構築をおこなうことに賭ける認識＝実践だといえる。しかし私が思うに、人類学や社会学における構築主義者たちは、構築主義が本質的に抱えているこうした特徴についてかならずしも十分な検討を加えていない。おそらくそれは、先に触れたように、構築主義を文学や思想の領域から現実の社会や文化の領域に適応させることにともなう問題についての十分な省察がなされていないことによる。とくに社会や文化を論じる構築主義者自身が特定の文化や社会にすでに帰属しているということが、問題の焦点となる。構築主義（者）の存在論を当の構築主義的な議論に組みこまねばならないことは自明なのだが、それを論理的に徹底して追及できず、個人的な内省や「自己言及性のパラドクス」といった論点に逃れてしまう傾向がある。こうした点についてのいわば創発的な発想転換が今後必要であろう。

構築主義から人類学へ

さて、構築主義一般についてのややこしい整理から、話を人類学についての具体的な議論に戻そう。人類学にひきつけてポイントを整理した場合、構築主義（あるいはポストモダン人類学をふくめて）はどのような論点を提起しているだろうか。ここではそのポイントを、小田の議論［小田 1996］を参照しつつ三点に整理することにする。それらはいずれも、一般的な回答や何らかの解決策を提示できないような問題群だといえる。

第一は知と権力の関係性である。これはサイードやスピヴァクらの主題にほかならない。彼らは、近代西欧に由来する政治支配と認識・知識のシステムとが重層的にもたれあい、世界を規定してきたことを指摘する。日本の人類学においてこうした問題関心は、植民地主義やオリエンタリズムに関する歴史人類学的研究に結実している［ex. 山下・山本（編）1997; 春日（編）1999; 栗本・井野瀬（編）1999; 中生（編）2000］。もっとも、サイードやスピヴァクらの問題の核心は、むしろそうした状況が現在をも規定していること、スピヴァクの好む表現をつかえば歴史の中で重層決定されているということにある。具体的にいえば、それは、欧米や日本の人類学者が海外でフィールドワークをおこないうるというそのことが、彼／彼女の所属する国家や社会の政治的・経済的優位性に依存し、またぐりめぐってその優位性を保証し強化することに貢献しているはずだという点である。欧米や日本を自由にフィールドワークする第三世界の人類学者がきわめてすくないという、この現実の非対称性をみても、人類学的知の偏向やそこに潜む政治性・権威性は、すくなくとも結果として存在するゆがみとして主題化され是正されるべき問題だといえる。

「すくなくとも結果として存在する」不平等を是正すべきだというのは、単に欧米や日本の人類学者の調査地となっている国や地域の人類学者が表象の権利（？）を獲得すればいいということではない、ということが明らかだからである。たとえばそうした国のマジョリティに属する人類学者が自国内のマイノリティを一方的に表象したり、いわゆるネイティヴ人類学者が自身の所属する集団のある一部の側のみに加担し他方を切り捨てた表象をしたりするのであれば、いくらいわゆる第三世界の人類学者が活躍しても、表象の非対称性という問題の構造が解消されたことにはならず、むしろある人々にとっては一層その非対称性が強化されたことになりかねないからである［小田 1996］。さらに、たとえある人類学者が現実社会の偏向や歪みを批判したとしても、彼が人類学者として当の批判の対象となるようなポジションに立っている——たとえば帝国主義的政策をとる国家・自治体や企業から多大な研究費・資金援助を受けつつ、そうした国家・企業に加担するマスコミのチャンネルをつかって、帝国主義的状況を批判する言説を展開する——とすれば、その批判は額面どおり受けとれない、という点もある。スピヴァクがドゥルーズとフーコーを槍玉に挙げながら、サバルタンが語りえないようにしている重層決定された歴史・社会状況に言及するのは、まさにこうした点を告発せんがためである。人類学者にとってこうした問題の解決が困難であるだけでなく、問題を提起すること自体に根本的な困難がつきまとうことは明らかである。事実サイードは、一部の批判的人類学をのぞいて、人類学は帝国主義のヘゲモニーに加担するものにほかならなかったと糾弾している［Said 1989］。サイードの議論に全面的に賛同するわけではないが、彼の人類学にたいする批判のポイントは的を射ているといえるだろう。

第二は、人類学の構築する他者表象はいったい誰のためにあるのかという問題である。サイードは、オリエントにたいする近代西欧の表象が、オリエントにとってではなく、自分たち西欧にとって奉仕するものであったと論じる。サイードがここで自己と他者を本質主義的に想定している点は、批判されるべき問題ではある。ただ、人類学がこれまでどの程度こうした自／他への貢献という問題を、貢献をつねに念頭におくことの是非をふくめて、真摯に検討してきたかは、あらためて問われるべき問題だと考える。たとえば私は、この本を日本語で書き、日本で出版しようとしており、当然日本における何がしかの貢献に関わることを欲している。しかしながらそれだけでおわってしまっていいというわけでないことも明らかである。ではどのように彼らとわれわれが接続されるのか。

この難問に組織的に取り組んでいるのが開発人類学である。開発人類学は、いわゆる第三世界の開発や近代化を円滑に進めるための単なる実用的な研究ではなく、誰にとっての貢献なのかという根本的な問題を、つねに一般論のレベルと特定の状況のレベルとで同時に問いかけながら、現地への具体的な貢献の成果を検討しようとする［足立 1995; 鈴木 1999; 前川 2000］。もっともそれは、そうした開発に関するメタレベルの議論と、オブジェクトレベルにある特定の具体的な開発実践との間で、開発人類学者がつねに引き裂かれることを意味する。開発人類学者がおかれている状況は、今日の人類学者がおかれている隘路の縮図である。人類学を自己に奉仕するものと考えることはもはやできないが、逆に他者に奉仕すべきものといい切ることもできないのである。なぜなら、自己と他者はあらかじめ決まっているものではなく、歴史の中で変容し、視点によっても変わる余地をもったものだからである。しかもここでの他者、つまり「現地の人々」は、決して一枚岩的な存在ではない。単純に図式化していえば、現地には搾取する者／される者、権力を行使する者／される者、自己主張する者／他者の主張に従属し自らは語らない者（いわゆるサバルタン）などがいるはずである。したがって、誰にとってある実践が「援助」となりうるのか、逆に誰にとってはかならずしもそうでないのかを省察せずして、安易に「現地の人々」を一元化して捉え援助することには、認識上および実践上のリスクがあるのである。このように、現地への意味ある関わり方は、個別の状況に即したその都度の検討を必要とする。

第三は、自らの権利を主張し、人類学者の議論を利用したり、人類学者の受け入れを拒否したりする現地の動きにたいして、人類学がどう応えるかという問題である。私は、人類学者は基本的に現地の人々の主体性を支える役割を果たすべきだが、彼らの主張に完全に迎合する必要もないと考える。なぜなら、現地の中にさまざまなポジションがあるだろうからである。たとえば、あるマイノリティの政治的主張として国際社会に受けとめられているものは、彼らの中のエリート集団や、一部の党派が自身の利益のみを見越して提示したものかもしれない。現地社会を一枚岩的存在とみなし、ある主張を彼ら全体の主張として理解することは、彼らの社会の中に存在する弱者を一層苦しめることになる可能性がある。しかもそうした権力関係の布置は状況の変化によって容易に変わりうる。そもそも誰にとっても妥当といえるような状況把握のタイプなどないと考えるべきかもしれない。そうだとすると、人類学者が一定の固定した立場を維持して特定の主体の立場を支持することには、おおきな問題があるといわざるをえない［Linnekin 1992; 小田 1996:843-847］。

しかしながらその一方で、いわゆる戦略的本質主義に立って、あえて特定の（抑圧されている）立場の人々を支持することが必要となることもあるだろう。たとえば太田［太田 1998, 2001］は、人類学者は現地の運動をサポートすべきであって、そうした運動に水をさしたりその運動を不利な方向に導いたりするような介入はおこなうべきではないと主張する。こうした主張にたいして、抑圧する側とされる側とが誰にも明瞭であり、どの主体がどのポジションにいるのかを一義的に評価しうる状況はむしろすくない、錯綜し可変的な権力関係のもとでは現地のどの立場を支持するのか、それをどういう基準で決めるのかといった問題自体が、すでに特定の立場に与することになるのだ、という反論がある［小田 1996:852-854］。たしかに太田は、特定の具体的かつ複合的な脈絡の記述に即していくつもの留保つきではじめて言及しうるはずの「抑圧者」や「被抑圧者」といった存在について、単純化した議論の文脈の中で論じているといわざるをえないところがある。それゆえ太田の議論は、先に触れた構築主義という名の本質主義に滑りこむ危険性を多分にはらんでいる。しかし逆に他方では、その種の反論は、錯綜した権力関係の内部に位置する特定のポジションからの主張にあえて（自己を賭して）コミットしていくべきだという太田の主張を正面から受けとめたものではなく、高見の櫓から一般論を述べたにすぎないという、太田に与する立場からの再批判を免れえないということもいえる。

こうした問題を、リネキンはコンパクトに整理する［Linnekin 1992］。言説というものは、ある主体にとっては正しいものでも、別の主体にとってはおなじ言説が誤りとなることもある。人類学者が自身の議論を（政治的には中立で）学問的に「正しい」客観的な言説として提示しているつもりでも、その議論は現地の複雑な社会的・政治的脈絡におかれれば、また別の価値／負荷をもたずにはいられない。脈絡を超越して客観的で中立的で正しい言説などありえないということに、人類学者はこれまで無自覚的でナイーヴすぎた。こうしてリネキンは暫定的な結論として次のように述べる。「よき人類学の追求のために、脱構築をやめるかどうか、またいつやめるべきかについて、当然ながら地に足のついた対話をそろそろはじめるべきだろう」［ibid:261］。

リネキンの議論は、構築主義が抱えている根本的なディレンマを明確にしている。先に構築主義について触れたとき、この立場が、一般論として文化や社会を何の起源や本質も想定せず、歴史・社会過程の中において構築されたものとみなす認識だと述べた。しかしこの、一般化するならこのように定式化しうる認識自体が、現実の特定の社会的・政治的脈絡においては「正しくない」言説とされ否定される余地があることを、この立場は認めざるをえないのである。この認識を（一般論として）強く打ち出すことは、この（相対主義的な）主張を本質化し、ひいてはそうした主張に与する特定の立場を優遇することになる。しかしながらまたこの認識を逆にあまりにも弱く主張することは、特定の本質主義的な言説やその主体のヘゲモニーを許し強化することにつながるだけでなく、政治的・知的なファシズムを招聘する危険性さえある。必要なのはいわば中庸なる構築主義なのだが――リネキンはそうしたことをいいたかったのだろう――、それを特定の脈絡において一意的に明確化すること自体が困難なのである。このように、構築主義の議論には、つねに誰が誰にたいして何を語るのかを明確にしておくことが必須の条件としてともなうが、それが構築主義の言説をつねに妥当なものとして保証することにはならないのである。構築主義は、文化相対主義とおなじように、[2]認識基盤という点でも実践的な関わりという点でも、脆弱な一面をもっている。

「現地の人々」を支持しないことは、人類学者にとってほとんどとりえない選択肢であろう。人類学者の倫理だけではなく、人類学をつづける必要性からも、現地の声にたいして人類学者が対応しなくてはならないという面もあるかもしれない。しかし一方で、特定の誰かを人類学者の集団や組織が一致団結し一貫して支持することには、政治的かつ倫理的な問題があるという点もおなじく指摘しうる。また、現地の立場がさまざまでありうるように、人類学者の立場も（傍観者は認められないとして）究極的には個人によってさまざまであってもよいという考え方も成り立つだろうが、しかしそれは現状のそのままの肯定にほかならない立場と紙一重である。

このように、いかなる立場も、特定の立場として現実の政治・社会的な関係に巻き込まれてしまい、政治性を帯びざるをえない。こうした問題にたいして正面から回答することは難しい。というよりも、この種の問いにたいして何らかの回答を用意して決着をつけることはできない構図となっているのである。これが構築主義の帰結であり、今日の人類学が入りこんだ隘路なのである。そうした現実の中での権力関係に巻き込まれつつも、ぎりぎりのところで自分に見えるかぎりでの倫理的な姿勢を保持することが重要だということしか、いまの私にはいえない。おそらくそれは、（戦略的）本質主義に立つ者をのぞけば、おおくの人類学者がさしあたり立っているポジションでもあるだろう。

ゼロから出発する冒険

私は、この節のはじめのところで、解釈人類学に胚胎していた革命的な意味を、ポストモダン人類学や構築主義が明示したのだと述べた。ポストモダン人類学や構築主義の議論すべてがそうであるかは別にして、すくなくともそれらの議論は全体として、ある論点に収斂する議論を提示しているといえる。その論点とは、人類学者の解釈と対象社会の人々の解釈とは、区別する必要はない基本的に同種の解釈であり、複雑な社会・政治的な脈絡の中にあるということ、そしてそのことを見据えた上で議論や実践を展開しなくてはならない、というものである。これは、解釈人類学の基本認識をつきつめていけば自ずと到達する論点であろうし、あるいは構築主義的な認識に立てばあまりにも自明のことである。しかしここに私は革命的な意味あいがあると考える。つまり、その論点を真摯に受けとめれば受けとめるほど、何の留保も限定もつけずに妥当だと判断して提示できる一般的議論はなくなっていくのである。別のいい方をすれば、すべてが個々の主体（人類学者、現地の人々、読者など）のポジションや倫理に位置づけなくては言明できない――しかも究極的にはそれは不可能である。なぜなら一人の人格でも、時空間が変われば別の意識や観念をもつ可能性があるからである――ものとなっていき、人類学というディシプリンにおいて社会的あるいは組織的に妥当性を確保しうるものがほとんど残らなくなってしまうのである。それは、人類学そのものの存在妥当性の危機である。解釈人類学がはじめに開けたパンドラの箱には、単に実証主義的な人類学への破産宣告ではなく、構築主義的なものもふくめた人類学という学問それ自体の存在理由にたいする根本的な疑義が、入っていたのである。人類学（あるいは人文学）は、いわば何の土台ももたない、砂上の楼閣だということを自ら発見したに等しいのである。

これが本書の出発点である。右の段落で確認した論点は、私が人類学的研究をおこなう上でも、あるいは一人の人間として生きていく上でも、基盤に据えるべき認識だと考えている。序論で簡単に論じた解釈学的認識がこの論点を指すことも、あらためて確認する必要はないだろう。ただこれを構築主義的認識ではなく、解釈学的認識とさしあたり呼んだのは、構築主義の議論の構え（とくに先に背理と呼んだもの）にたいして私が違和感をもつからである。生身の人間が生身の人間を相手にする人類学に、文化や人間の生を縦横無尽に切り刻んでいく一面もある脱構築がはたしてどの程度有効で適合的な方法なのか、現段階で結論を出したわけではないが、やはり疑問を感じているという点もある。つまり私は構築主義の「議論」には、さしあたり与しないということである。

本書はこのように、二十世紀人類学のパラダイムにたいする根本的な疑義をひとまず受け入れるとともに、だがそうした疑義を明示するのに貢献した解釈人類学、ポストモダン人類学、構築主義の議論枠組は採用しない、というスタンスから出発する。一切を判断留保した、いわばゼロからの出発である。ただし、私は本書で人類学をあらためて建築しようなどという途方もない野望をもっているわけではない。おそらくこうした主題を掲げるなら、「主観性」と「客観性」との二項対立図式に還元できない「相互主観性」という認識のもつ可能性についての省察、文化や社会を論じる人類学者が特定の文化や社会の上にすでに立っているという自己言及性ないし再帰性をめぐる社会論的考察、民族誌の記述に内在するレトリックや物語性をめぐる評価、そして人類学者の倫理に関する学会をあげての組織的な取り組みなど、こうした問題についての慎重で実のある検討や成果が不可欠である。しかしながらそうした人類学の基礎づけをめぐる作業は、そのいずれかひとつの問題に限定しても、いまの私にはとても困難なことである。

むしろここでは、さしあたり私にできることをやろうと思う。それは、具体的にバリというフィールドを念頭においた場合、先の論点はどのような具体的な議論のかたちにおきかえることができるのか、という点である。すなわち、人類学がバリ文化——むしろバリ宗教なのだが、そのことの含意は第2節で論じる——にたいしてどのような解釈を紡ぎ、現地のバリ人がどのような解釈を紡いできたか、この二つの解釈がどのような相互連関性をもってきたか、それらがどのような政治的・経済的あるいは歴史的脈絡の上にあったのか、そしてそれらがどのように現実のバリのあり方に影響を与えてきたのか、こうしたことについて、まずできるだけ厚く記述していくという作業である。先の論点がこれまでの人類学の導き出したひとつの帰結であるとしたら、これをあらためて出発点において、バリについてのこれまでの人類学的研究（の一部）をふりかえることは無駄ではないだろう。というのも、特定のフィールドとの関わりの中で人類学をみつめなおすという作業は、人類学というディシプリンの基礎づけをおこなう作業とはまた別のあり方で、人類学の基盤を問うことだと考えられるからである。この二つの作業を交差させつつ進めていくことが望ましいが、ここではまずできる作業から着手していくことにしたい。

その場合、以下では脱構築的な言及は極力避け、むしろ議論の構築を志向する方向で論を進めたい。たとえば、「バリ人」や「バリ宗教」といった一般化した表象にさまざまな留保をつけるべきことは、私も理解しているつもりである。しかしその留保を付す作業はおわりがないということもいえる。そこで本書では、その種の留保はできるかぎり省略し、そのかわりに特定の社会的・歴史的脈絡にあるものとしての、バリ宗教をめぐる特定の解釈なり表象についての記述を積み重ねていくことにしたい。その点では本書は、何がしかの一般化にたどり着くことを目指している。ポストモダン人類学や構築主義の認識をいったんくぐりぬけた上で、しかしこれらの議論枠組を採用するのではなく、逆にあらためてある意味での実証的な議論スタイルを選択するという方法は、今日の人類学においてむしろ中心的な位置を占めるといえる。たとえば歴史人類学的バリ研究の中には、こうしたスタンスの議論がすくなくない［ex. Howe 2001; 永渕 1998; Schulte Nordholt 1996; Stuart-Fox 2002］。本書もまた、こうしたスタイルを採用するのである。

以上、本書の基本的な認識を人類学の理論や方法に照らして論じた。次に節をかえて、バリ宗教について具体的な議論を展開していく上で必要となる、概念の整理やアプローチの見通しについて議論することにしよう。

第2節 バリ宗教へのアプローチ

ここでの作業は、本書の具体的な議論対象を確定するとともに、今後の議論の見通しについて簡単に触れることにある。そのためにはまず「文化」や「宗教」といった概念について整理しておく必要がある。

文化とは何か

まず、「文化」概念をどのように考えるかについておさらいをしておこう。端的にいって、ここでは文化を「象徴」(symbol) としてみる視点を採用する。

ここでいう「象徴」とは、意味（概念や感情）とそれを伝える媒体（音イメージや文字など）との組みあわせを指す。重要なのは、この意味と媒体との間には、本来何の必然的関係もないという点である。たとえば、概念としての「犬」が、日本語では「いぬ」、英語では "dog" という音のイメージで想起されるように、意味と意味を喚起する媒体との関係は恣意的であり、しかし特定の社会の中では必然的・規範的である。さらに、たとえば日本語では稲、米、ご飯を概念上区別するが、英語では rice の一概念しかないように、いかなる概念で世界を切りとり分節するかも恣意的であり、と同時にある社会の中では必然的なのである。こうした特徴を、ソシュールは言語記号の二重の恣意性として論じた。言語は象徴の中でもっとも複雑で情報の質量の高い体系と考えてよい。しかし言語以外にも象徴として作用するものはある。こうして彼の論点は、言語学をこえて人間文化の基底的特徴を穿つものとして、人文社会科学全般におおきなインパクトをもつことになった。それをしばしば「言語論的転回」と呼ぶ。それほどソシュールの論点は、二十世紀後半以降の文化研究において重要な認識基盤を提供するものだった［丸山圭 1981］。

ところで、人類学においては、タイラーの「文化または文明は、知識、信仰、芸術、道徳、法律、習慣など、社会の成員としての人間が獲得した、あらゆる能力や習性の複合的全体である」という定義が有名である［Tylor 1921(1871)］。しかしクローバーとクラックホーンがいうように、これは文化の要素や特徴の羅列にちかく、あまり定義らしい体裁になっていない。しかもタイラーは文化と社会とを概念上区別しない。だが「社会」と「文化」を区別するなら、前者に行為や制度を、後者には観念や価値を、それぞれ割りふる考え方が妥当であろう。クローバーとクラックホーンはこうして、「文化は、象徴によって獲得され伝達される行動のそして行動のための諸様式――顕在的かつ潜在的な――からなる」「文化の本質的核心は、伝統的な…諸観念と、とりわけそれが付着した諸価値からなる」［Kroeber & Kluckholn 1952:181］、という論点に落ち着くことになる。つまり、文化は象徴によって表現されコミュニケートされる諸観念や諸価値の体系だということである。

こうした考え方の妥当性は、別の点からも指摘できる。つまり、もしタイラーのようにあらゆる要素や特徴を「文化」だと考えると、そうした文化の一部は動物にもあるということになる。ハチやアリの社会はかなり複雑で体系化されているし、巣の中でキノコを栽培したり蜜を貯めこんだりするアリもいる。さらにイモを洗って食べる技術を発見し、仲間に伝えたニホンザルの集団もいる。このイモ洗い行動は、社会の成員としてのサルが獲得した後天的な習慣であるという点で、まさしくタイラーの定義に合致するものといえる［祖父江 1990］。野生の動物にもそうした文化があるのだとすると、タイラーの定義は人間の文化を定義したものとはいえなくなるのである。

しかしながら、象徴という媒体を駆使して意味を伝える、そしてより重要な点だが、あらたな意味や象徴が不断につくりだされ、それが社会の中で蓄積されていくという点は、おそらく人間にかぎられる特徴と考えられる。すくなくとも、象徴に相当するものを現存の野生の動物が生産し使用していることが明確になったというニュースを、私はまだ聞いていない。ニュースといえば、チンパンジーに初歩的な文章をつくらせる実験が知られているが、それは人間がつくった言語やコンピュータのプログラムをもちいて、(一部の)チンパンジーが言語能力をもつかどうかを調べているにすぎない。チンパンジーの大脳には、人間の大脳にある言語中枢の萌芽的なものしかないという議論もあり、動物が自前で人間の言語のようなものをつくり保持し、複雑かつ抽象的な情報を伝え、こうした一連の生産活動を恒常的に改良し再生産する能力があるかどうかということについて、私は懐疑的である。またそもそも、動物が文化をもつかどうかという問いの立て方は、人間が世界をみる見方を動物に投影した、いわば転倒した議論であることにも注意しておく必要がある[木田 2000]。

いずれにせよ、象徴は人間の複合的な文化全体の中心をなすものである。知識や観念はもちろん、感情の一部も、言語という象徴によって成り立っているし、社会組織やテクノロジーも言語あるいは言語を基盤とした知識を媒体として、はじめて高度な複雑性を増すことが可能になった。クラックホーン[Kluckholn 1950]は、「[集団の成員が共有している]考え方、感じ方、信じ方、それが文化である」と述べる。ものの感じ方・考え方、あるいは価値観(価値感)を狭義の文化とみなす考え方、つまりは象徴作用あるいは意味作用を文化の本質的契機だとする考え方は、二十世紀後半の人類学において、そしてハイデガーやメルロ=ポンティの哲学的現象学においても[木田 2000]、広く支持される認識である。

揺れるギアツの文化論

以上のような認識が、序論や第1節で論じた解釈学的認識のひとつの基盤であることは、すでに明らかであろう。事実クリフォード=ギアツの文化論は、こうした意味を運ぶ「象徴」という論点にもとづいている。次に簡単にギアツの文化論に触れることにしたい。

ギアツの文化論の特徴は二つある。ひとつは、意味の社会性・公共性を現象学的社会学のいうような相互主観性のレベルに定位した点である。彼は「文化システム」といういい方をするが、ここでのシステムはゆるやかなまとまりをもったものというニュアンスであり、そのシステムの部分同士が相互に対立することもあるという捉え方をする。相互主観的なレベルで文化の公共性を定位すれば、部分的には拮抗し、しかし全体的にはある程度まとまったものとして、文化の体系性がイメージされることは不思議ではない。硬直した社会構造論にもとづく文化論とのちがいがここにある。

もうひとつは、「象徴」が運ぶ意味を model of と model for の二つの補完的な相をもつものとして捉えた点である。ギアツによれば、意味の体系である文化は、人間の行動を秩序づけるための範型（model for）であるとともに、人々がこの現実世界を認識し範型化したもの（model of）でもある。この両面をもっているのが人間の文化の特徴である。たとえば、人間はダムを造る場合に何らかの青写真がないとできない——当然それは後天的に獲得するものである——が、ビーバーはすでに遺伝的にダムをつくるための範型をもっている。また人間のもつ青写真はビーバーがもっている範型と異なり、それ自体が現実に存在するダムについてのモデルでもある。ビーバーの頭の中にある、ダム造成のためのモデルには、こうした現実の事物についてのモデルという面はない。model of は、現存する生物に関しては、人間の文化だけにかぎられる際立った特徴なのである。この model of/model for は秀逸な発想だと私は考える。ただ、ギアツが model for と model of をそれぞれ意味の情緒的側面と観念的側面に対応させ、しかも両者の相互置換可能性に言及している点は［C. Geertz 1973c］、議論として未整理なところがあると考える［cf. Sewell Jr. 1999:46-50］。

ギアツは、こうした文化の全体領域が、宗教、芸術、学問（科学）、法、道徳、常識、イデオロギー、政治、娯楽、商業、テクノロジーなどの領域によって構成されているとする［C. Geertz 1973b:30, 1983c:92, 1983d:96］。彼はこれを、たとえば「文化システムとしての宗教」などのように呼ぶ。この中で具体的に議論されているのが宗教、イデオロギー、常識、芸術である。これらギアツの一連の文化システム論を理解する場合におそらく重要なのは、彼がこれら四つの文化システムをかならずしも一貫した視野の下に論じてはいないという点である。つまり、前二者について論じた六〇年代半ばの議論は、一般的視野から個別社会の実例を提示し、社会科学理論や意味論の成果について言及するという傾向をもつのにたいして、後二者について論じた七〇年代半ばの議論は、個別社会におけるそれら文化システムの固有なあり方を記述的に明らかにし、後期ヴィトゲンシュタインに明示的・暗示的に言及するという傾向をもつのである。このように二つの時期では、議論の内容や力点のおき方に対照的といってもよいずれがある。さらに、後者の文化システム論を提示したあとのギアツは、理論研究から離れてますますエッセイ的な著述の方向――決して否定的な意味でいっているのではない――に進んでいる〔C. Geertz 1988, 1999, 2000〕。この文化システム論は、初期の構造機能主義の立場から、厚い記述やバリを中心にした解釈人類学の実践に向かう、まさにその過渡期に提示されたものであり、これを反映してか、文化システムを一般論的視野から定義する作業は途中で色あいをかえ、さらには放置されているとさえいえるのである。

ここでの関心は、ギアツの文化システム論の整理ではなく〔cf. 吉田竹 1992〕、バリ宗教を論じる上で「宗教」をどのように考えるべきかにある。しかしながらその手続きとしては、ギアツの文化システム論にみられる認識の変容をなぞり、ここから宗教の概念規定に関する示唆を得ることが、もっとも簡便な方法だと考えられる。

ギアツの宗教論再考

まず、彼の宗教の「定義」を引用してみよう。「宗教とは、一般的な存在の秩序の観念を定式化し、こうした概念に非常な事実性の雰囲気をまとわせることによって、人に強力で浸透的で持続的なムードとモティベーションを確立させるように作用する象徴の一体系である。そしてその非常な事実性によって、そうしたムードとモティベーションが固有の現実味を帯びるように思われるものである」〔C. Geertz 1973c:90〕。ここでの「一般的な存在の秩序の観念」ないし「概念」は「世界観」と、また「ムードとモティベーション」は「エートス」といいかえられる。この二つは宗教的象徴がもつ観念的側面と情緒的側面にそれぞれ相当し、この二側面からなる宗教的象徴がもつ事実性や固有の現実味が、人間存在の根源にある「意味の問題」――ギアツは意味の問題を、分析能力の限界（困惑）、忍耐力の限界（苦難）、道徳的洞察の限界（倫理的矛盾、悪）の三つに整理する――の出現をいわばおおいかくすというメカニズムに、彼は文化システムとしての「宗教」の特性をみるのである。

しかし、この意味の問題に訴えて多様な諸社会の宗教一般を概念規定しようとする議論には、いくつかの難点があるといわざるをえない。第一の問題は、意味の問題を宗教存立の普遍的な原理として設定しようとする一種の因果論的思考は、彼の文化論と齟齬をきたすという点である。というのも、「文化」を人間の活動の（／ための）モデルとして定位する立場からは、ある宗教システムがあるために意味の問題が人々に自覚されるという論点は導き出せても、意味の問題に対処するために個々の宗教が存在しているという論点は導き出せないはずだからである。ソシュールの言語論的転回という論点にたちかえっていうならば、ギアツは意味の問題をほとんどアプリオリに想定する立場に立っているようにすら思われる。

意味の問題は普遍的なカテゴリーとして想定すべきものではなく、むしろ歴史的な事象として、個別社会においてそれぞれ独特のあり方をもって現出するものとして、捉えるべきものだと考えられる。その場合、人々が「意味の問題」に相当する事柄に気づき、これが社会現象として成立するというのはかなり限定的な事態だといえようが、この限定性ゆえに、「意味の問題」の発見は当該文化の根本的な変動に連関する余地もあるということになる。ウェーバーが意味の問題を特定のエリートやカリスマをもった人物――むしろそうした特殊な能力にあずかるからこそカリスマをもつのだが――と絡め、これを社会や宗教の根本的変化の契機に結びつけて考察したのは、そのためであろう。ギアツは、こうした歴史（変動）の記述にではなく、抽象的な概念規定に意味の問題を位置づけているが、意味の問題は、人々の保持する意味システムが複雑化する過程で主題化されてくると考える方が妥当であろう。これが第二点である。

第三は、たとえ意味の問題が人々に自覚される状況があったとしても、そこから人々を救済するものが「宗教」にかぎられるかどうかはまた別の問題になる、という点である。「愛」や「思索」、科学が提示する「真理」、何がしかの「イデオロギー」が、意味の問題に対処する別の装置になりうる余地は十分考えられるだろう。そうだとすると、意味の問題を隠蔽するのが「宗教」であるとするにせよ、意味の問題を現前させ、かつそれを収束させ安定化するものが「宗教」であるとするにせよ、そうした役割を果たしうるイデオロギー・科学・常識などはすべて「宗教」的だといってよいことになる。そして他方で逆に、意味の問題に関与しないところで人々が実践するルーティーンの宗教活動は、場合によっては

ていないのである。

科学や常識などと区別されるのは何においてなのかという、このある意味でもっとも肝心の論点を、議論の中で明確にし「宗教」として定義されるカテゴリーの外におかれることにもなってしまう。要するにギアツは、宗教がイデオロギーや

以上の点から、意味の問題は宗教を定義するための必要十分な基準にはなりえないと考えられる。ところがそれを重要な論拠としたため、上に引用した彼の定義は、他の文化システムから際立つ宗教システムの特徴を明示したものにならなかったのである。観念的側面と情緒的側面からなるというのは、象徴一般にたいして指摘される点であって、宗教にかぎられるものではない。彼の宗教の定義は、イデオロギーや道徳や科学その他にも、拡大して当てはめることができる。いいかえれば、彼の定義は文化システム一般についての定義と議論でしかない。そして類似の点は、「文化システムとしてのイデオロギー」や「常識」論についても指摘しうる。もうすこし正確にいえば、六〇年代半ばの宗教論やイデオロギー論では、これらの文化システムを定義し概念として明瞭化しようとしながらも、それが議論として成立していないのにたいして、七〇年代半ばの常識論と芸術論では、それらを定義しようとする作業自体に背を向けて、個別社会におけるそれらのあり方の記述と理解——それは西欧社会におけるそれらのあり方を相対化し理解することをつねに含意している——に向かっているのである。つまり、彼は文化システムの概念規定をさらに洗練化させる方向にではなく、個別社会における差異の記述に向かっていくのである。さらに宗教論では文化システムそれ自体を単独で論じる立場にあるが、その後は常識や芸術などを、文化システム全体の中にあるいわばサブシステムとして捉える立場に、微妙に変化してもいる［C. Geertz 1983c:73-75, 1983d:96-97］。

このようなギアツの変容は、彼の認識の深化に連動した必然的な過程であると、私は考える。というのも、われわれが他者の「宗教」を理解するという場合、その「宗教」をただちにわれわれの社会における「宗教」と対応させて考えることはできないはずだからである。彼らの文化システムの中での宗教システムの位置づけと、われわれの文化システムの中での宗教システムの位置づけという、全体システムの中でのサブシステムの位置関係を考慮して、はじめて彼らの「宗

教」とわれわれの「宗教」との差異や共通性について語ることが可能になる。ある社会の文化システムの内的構成と別の社会のそれとは異なってくる可能性があるからである。しかも、文化システムの構成は時間軸において変容する余地もあるはずである。ある時点での宗教というサブシステムのあり方と別の時点でのそれとは異なってきうる。そもそも諸サブシステムは、歴史過程の中で分出し、さらにサブシステム同士がまた複雑な絡みあいをしてきたものと考える方が妥当であろう。ギアツはシステム分化や、サブシステムがどのような区画化によって文化システム全体を構成するのかという問題に触れており［C. Geertz 1973f:219, 1983c:73-75］、サブシステム構成の変容可能性と、文化システム間のサブシステム構成の差異性に気づいていたのだと思われる。しかしそれを示唆するだけで、サブシステムによる文化システムの構成という視点を明確に打ち出し、宗教論に対比しうるような理論的な議論を展開しようとしなかった。これが彼の一連の文化システム論に、ある種の揺らぎないし非一貫性をもたらしているのである。

文化システム論と解釈学

では、文化システムの体系性（サブシステムによる構成）とその変容可能性を考慮するならば、ギアツの議論からさらに進んでどのような認識を得ることができるだろうか。第一に、私は、文化システムを構成するサブシステムは、いわば実体論的な意味での構成要素としてではなく、特定の意味のあらわれ、つまりは様相として定式化するべきだと考える。こうした様相論的な意味システム論は、ニクラス＝ルーマンがその社会システム理論において提示したものに重なる［Luhmann 1984］。ギアツの議論枠組に即して語れば、ギアツ自身は十分論及していない点だが、彼のいう「象徴」は複合的な意味を担うポテンシャリティをもつということである。たとえば、ある社会における特定の宗教的象徴は、ある状況下で「宗教」と同時に「イデオロギー」としての意味を帯びるかもしれない。象徴は、ある特定の状況下においてある特定の主体にとってある具体的な意味（の様相）をもつが、異なる状況下では、またおなじ状況下においても異なる主体にとっては、異なる意味（の様相）を帯びる可能性をもっている。意味はポテンシャルな次元では本来的に多元的で複合的なのだ、というのがここでのポイントである。

サブシステムの構成はこのポテンシャルな次元に関わると考えられる。つまりある状況において「宗教」というサブシステムが主題化されて有意味なものとして浮かび上がり、また別の状況においては「イデオロギー」というサブシステム（意味の様相）が浮かび上がって当事者にとって問題となり、その場合他のサブシステムは意味地平の背後に退いているようなものとして、この意味システムの体系性を考えることができる。いいかえれば、ある状況下においてあるサブシステムが「図」として浮かび上がり、その際他のサブシステムは「地」としてシステム全体の中にいわば埋没して主題化されずに、しかしそこでつねに保持されているようなものとして、把握されるのである。文化システム（意味システム）の内的構成は、こうした図と地の織りなす布置として比喩的に定式化しうる。文化システムとは、ある特定の状況下において特定のかたちを帯びてくる意味の様相が複合的に構成する全体である。のちにバリ人の宗教観、あるいは意味システムとしてのバリ宗教について記述する際に、こうした図と地の織りなす布置という隠喩をもちいることになるだろう。

こうした様相論的意味論の立場に立てば、このポテンシャルな次元にある文化システムの全体構成をいわば実体論的に明らかにしようとするのは、かなり強引な企てだということになる。むしろわれわれがなすべきは、ある特定の社会的状況や脈絡ないし社会的出来事に注目しつつ、その際にいかなる主体にとっていかなる意味の様相が浮かび上がってくるのかを、その背景にある多元的で複合的なあり方をつねに念頭におきながら、記述し把握する作業であるといえるだろう。文化システムの内的構成は、定義されるべき問題ではないし、個別社会に関する研究においていきなりその全体を解明しうるようなものでもないと考えられるのである。

そして個別社会に関する事実関係の記述からこうした問題にアプローチするというのは、いうまでもなく「厚い記述」に合致するものとなる。ギアツの文化システム論は、こうした体系の次元を考慮するにつれて、個別社会における文化システムの固有性を記述すべきことを強調するようになるが、そうした認識は一方では解釈人類学という方法によって具体化されるところとなり、文化システム論はますますその理論深化の意義を喪失していったのだと考えられる。このように、文化システム論の基底的なポイントが解釈人類学の「厚い記述」に重なるという点こそ、ギアツの議論から得られる第二点である。

サブシステムの構成や変容可能性の問題は、一般理論において定式化されるべき問題ではなく、個別社会に関する記述によって明らかにされるべき問題である。異なる社会における「宗教」的カテゴリーを、われわれの社会の文化システムにおいて意味ある「宗教」概念でただちに捉えようとすることは、場合によっては妥当な理解の方法にならないということになる。たとえばある社会については、宗教、政治、法、イデオロギーなどが混交している、あるいは未分化であると理解される場合もあるかもしれない。また逆に、われわれにとって「宗教」と呼べるものが、その社会にはいわば二重化して存在するといえるような場合もあるかもしれない（第Ⅲ章以下で論じるように、バリ宗教はまさにその一例である）。読者はこうしたいい方に本質主義的な視線が介在しているように思うかもしれないが、私がここでいいたいのは、特定文化を輪郭づけて表象することに内在するのとおなじ恣意性が、ある事象を「宗教」というカテゴリーで表現し記述することにもつきまとうだろうということである。要するに、ある事象を「宗教」として表現することを一般論の次元で支える根拠はないのである。「宗教」といういい方は、具体的な事実関係についての記述と理解を蓄積させていく過程の中で、当座の議論の対象や視点の画定に寄与するかぎりで、さしあたり意義をもつ（と同時にさまざまなリスクをもつ）表現にすぎない。こうした間社会的・間時間的な相対主義に立って「宗教」概念をもちいるべきだという点が、ギアツの宗教論から導くことのできる第三点である。

では、こうした帰結がバリ宗教――「宗教」概念はあくまでさしあたりもちいるにすぎない――を論じる本書の主題にとって、いかなる意義をもつのか。次にこの点について議論しよう。

バリ宗教の人類学的研究

まず指摘したいのは、われわれの社会における「宗教」とバリにおける「宗教」とを照合させ、後者の歴史的変容やシ

寺院での儀礼を見学する外国人観光客

ステム分化、サブシステム（意味の様相）間の関係性を明らかにすることが、ここでの課題なのではない、という点である。こうした議論枠組は、ポストモダン人類学からその本質主義的構えを批判されることはあっても、何かあらたな発見を導くようには思えない。

　ここでなすべきは、バリの「宗教」についてではなく、「バリ宗教」についての検討である。われわれは、「バリ宗教」に関してすでに一定の表象と理解の枠組をもっている。それはハイデガーがいう「理解の先行構造」、ガダマーやハーバーマスのいう「先行理解」に相当するものだといえる。バリはアジア有数の観光地であり、日本からもおおくの観光客が訪れる人気の場所である。観光地としての、より具体的にいえば「楽園」としてのバリを宣伝した旅行パンフレットやガイドブックは巷にあふれており、毎年のようにバリをとりあげたテレビ番組や雑誌の特集が組まれる。そうしたわれわれの社会におけるバリをめぐる諸表象は、バリの際立つ魅力のひとつとして、この島の芸能や宗教伝統文化をとりあげる［山下 1999:113-115, 137-158］。このような表象のあり方は、欧米においても、またインドネシア国内においても、基本的にはほぼ同様と考えてよい。たとえばジャカルタなどの都市部に居住する人々にとって、バリはかつてのマジャパイト王国の遺産を継承した豊かなヒンドゥーの宗教伝統文化をいまに伝える、人気の観光地である。

　こうした日常生活において流通している表象・言説・イメージに加えて、ほかならぬ人類学的研究という言説体系の中にも、質量ともに豊かな「バリ宗教」をめぐる表象が存在する。バリの宗教伝統文化にたいする学術的な表象を生産してきたのは、もっぱら人類学者だった。このように、①おもに観光の脈絡において社会に相当広く流通しているバリの宗教文化に関する表象群、②もっぱら人類学者が産出してきた、学術・研究の脈絡で流通しているバリの宗教文化に関する表象群、そして③バリ人たち――「バリ人」が誰かという問題は、記述の中で可能なかぎり明示することにする――のバリ宗教文化に関する表象群が、ここで議論の俎上にのせるべきものとしてあることになる。これら相互に重なりあう表象の系について記述し、「バリ宗教」という表象＝意味システムについて検討をおこなうことこそ、ここでの主題となる。

もっとも、本書では①の検討は省略する。膨大な観光パンフレットや観光ガイドブック、雑誌やテレビでの紹介、その他バリ関係のエッセイや小説などを逐一整理しても、何か新しい発見があるようには思えないからである。むしろここで注目される点がある。それはこの①と②の間にある相互浸透性である。たとえば人類学者が一般向けの観光ガイドブックや写真集・画集に文章を書いたり［中村潔 1992; Ramseyer 1995; 鏡味 2004］、エッセイストやジャーナリストが民族誌に相当する著作を著したり［Covarrubias 1937; Mershon 1971; Mabbett 1985; 隈本 1992］、といった点に、それが端的にあらわれている。また、学術的な著作と観光ガイドブックとの中間領域に位置するような著作、つまりバリの歴史・社会・文化・宗教などについての十分詳細な記述を、比較的平易な文体で紹介したものが数おおく存在するという点も、こうした相互浸透性を示すものだといえる［ex. Powell 1930(1982); Baum 1937; Goris & Dronkers 1953; Hanna 1976; Stuart-Fox 1982, 1992b; Djelantik 1986; 大竹・内藤 1986］。いうまでもなく、これらのことの背景には、バリに興味を抱く観光客がガイドブックやエッセイに飽きたらず、より詳しい説明を欲するという需要の問題がある。民族誌

ウブドの本屋

や人類学の著作はこうしたバリに魅せられた人々によってある程度読まれており、それゆえバリの観光地の土産物屋や本屋では、こうした英語の学術的もしくは教養的（あるいは中間領域的）な著作が、ガイドブックとならんで販売されている光景を、一般的に見ることができる。

このように、学術的なバリ宗教表象と観光産業やマスコミにおけるバリ宗教表象とはかなりの程度交差している。その起源は植民地時代にまで遡る。たとえば現在も読まれている、バリについてのもっともポピュラーな民族誌は、コヴァルビアスというマンハッタンで活躍したメキシコ人イラストレーターによって、植民地時代に書かれたものである。この著書［Covarrubias 1937］は、民族誌として充実した内容をもちつつ、学術書としての堅苦しさから解放されており、しかも彼の描いたイラストが効果的に配置されたものだったので、英米の主要新聞に書評が載るほど人々の興味をひき、好評を博したのであった［永渕 1998:166-167］。

人類学的な著作やそこに提示された表象が、人類学をこえて広くマスコミなどで流通するという点は、かならずしもバリ関係のものにかぎられた事柄ではない。ただ、人類学が人類学者によるフィールドワークにもとづくデータを、旅行記的エッセイや文学的描写などの非学術的表象から分離することで、ひとつのディシプリンとして自己を確立してきた経緯を考えると［Clifford 1997:197］、人類学が生産するバリの文化や宗教についての表象が、そのまま観光というもうひとつの社会的脈絡においても流通するポテンシャリティを多分にもっているという点は、やや特異な状況だといえるだろう。それは、バリ観光のひとつの重要なポイントが、バリの文化や宗教がもつエキゾチックな魅力にあり、そうしたバリ宗教文化についての正統な言説＝表象を生産する権威として人類学というディシプリンがある、という点からくる特徴にほかならない。さらに既存の研究が明らかにしているように、植民地時代においても、また戦後のバリ観光ブームの再来以降現在においても、バリの観光化はこの島の人々の宗教文化のあり方にすくなからぬ影響力をおよぼしてきた［McKean 1989; Picard 1990, 1996; 永渕 1998; 山下 1999］。

これらの点を総合すれば、バリ研究とバリ観光が相互浸透的な連関性をもった表象群を生産しつつ、バリ人の宗教生活の一部を変えてきたといえることになる。もうすこし踏みこんでいえば、①と②は③つまりバリ人のバリ宗教表象のあり方に何らかの影響力をもったと想像することもできるだろう。むろん、これはまだ仮説の段階である。また、それらの表象群の間の具体的な相互連関性やバリの社会や宗教に与えた影響力の総体を、データに照らして細部にわたって論証することは困難をきわめるため、ここでできるのは、せいぜいその主要な断片をつなぎ合わせて描写する程度にとどまる。ただ、そのような相互連関性と影響関係をさしあたり想定して、当面の議論を進めていくことは間違っていないだろう。

このように本書の主題は、バリにおける「宗教」とわれわれの社会における「宗教」との対比ではなく、世界史的な相互作用の歴史過程の中にある／あったはずの、「バリ宗教」表象の構築の過程とその社会的影響力の記述である。その場合、とくに人類学者が提起するバリ宗教をめぐる解釈や表象が、バリ宗教のあり方やバリ宗教をめぐるバリ人の表象のあり方にいかなる影響力をもったのかという点が、ひとつの焦点となる。

パラドクスの脱パラドクス化

ところで、こうした本書の問題関心は、知識社会学あるいは知識人類学の関心に重なるところがある〔杉本 1991；大沢 1996〕。しかし、経験科学を志向する社会学（および人類学）的な知識研究では、マンハイムのパラドクスと呼ばれた知識社会学に内在する自己言及性の問題――知識の存在拘束性を唱えるその主張自体が存在拘束性をもつはずだという論理的循環――が、論ずべき主題から除外されてきた経緯がある〔伊藤泰 2000:106〕。私は、知識の存在拘束性に関わる自己言及性の問題そのものについて議論するつもりはないが、ここで人類学的研究が抱える自己言及性の問題について、若干論点を整理しておきたいと思う。

人類学的研究は、現実の社会現象の複雑な相互連関性の中に存在しており、研究することによって研究対象のあり方を変えてしまったり、対象社会における自己表象に影響をおよぼしたりするポテンシャリティをもっている。それは人類学的研究対象の中に、不可避的に人類学の研究主体やその研究活動自体がたちあらわれてくるということでもある。そして研究対象に言及することが不可避的に自己への言及を内包するとすれば、研究「対象」と研究する「主体」との実体レベルでの区別――それは近代人類学の根本的な認識基盤である――を疑ってみる必要があるということになる。これが人類学の自己言及性の問題である。前節で検討した構築主義やポストモダン人類学も、こうした問題機制に関心をもっている[cf. Clifford 1997:81]。それらは、研究することが研究対象におよぼす影響力を、ミクロ的（人類学者の関わり方）およびマクロ的（ポストコロニアリティに関する制度的諸問題）な次元で主題化しようとする。しかしながら、構築主義はこの問題を一種の自省や、自己言及性の「パラドクス」という表現に訴える傾向をもっているし、ポストモダン人類学は、この問題を人類学的言説における主体と客体の関係にもっぱら見出し、しかもこれを「表象の危機」[cf. 岩竹 1995]といったような一般化された懐疑論として議論する傾向をもっていた。だが、むしろこの問題を、あるいは「パラドクス」と呼ばれるものを、具体的な社会的相互作用の脈絡に照らしつつ記述しようとすることこそ、重要なはずである。

ブルデューや田辺は、再帰的社会学あるいは再帰的人類学（reflexive sociology/anthropology）という表現で、こうした問題に言及している[Bourdieu & Wacquant 1992; 田辺 2002, 2003]。しかし、彼らの議論はこの問題の本質を穿つあたな視点や分析を提起しているとはいいがたいように思われる。むしろ、ここで参考になるのはルーマンのアイディアである。ルーマンはその社会システム理論の彫琢の過程で、こうした問題をパラドクスの脱パラドクス化という点からとりあげるようになる。ある観察がその観察の完全性を目指そうとすれば、その観察はそれ自身をも自己言及的に観察の中に組みこまざるをえなくなり、たちまち決定不能な状況に陥る。この点でどの観察もパラドキシカルに構成されているという一面をもっているといえる。しかし実際のところ社会システムは、そうした決定不能状況の中にとどまりつづけるわけではない。むしろ観察がパラドキシカルなものだということを明らかにするまさにそのことによって、あるいはルーマンのいい方にしたがえば第二次的観察――社会システムは、自己の観察を観察するという複合的な観察メカニズムを内包する――によって、その決定不能な状態をあらためてコミュニケーションの過程に接続していくのである。蛮勇をふるって単純化すると、ルーマンは現実に存在する社会システムの特徴を、抽象的にではあるが、記述しようとする立場に立つのであり、こうした立場に立てば、このパラドクスは認識論的な次元では決定不可能なアポリアとしてあらわれるが、存在論的にはすでに脱パラドクス化されているという状況が看取されるということである。そもそもパラドクスがあらわれるのは、これをパラドクスと認識する観察の中においてなのである［Luhmann 1984］。

私は、ポストモダン人類学のように、研究することがその対象にたいしておよぼす影響力をネガティヴなかたちの議論として定式化するのではなく、むしろ存在論的に、さしあたり人類学的バリ研究に関わる具体的な脈絡において、記述しようとする。第1節で、私は本書が構築主義をくぐりぬけたところで、ある意味実証的な議論を選択するものだと述べたが、それはこうした自己言及性のパラドクスの脱パラドクス化という論点に支えられるべきものであることを、ここで付け加えておく。つまりこのルーマンの議論にしたがえば、認識上構築主義的な留保や脱構築がもたらすかもしれない無限後退に陥ることなく、さしあたりポジティヴな議論を建設していくことが可能だと考えることができるのである。ただし、ここでは事実関係の記述とそこから導かれる若干の一般化に専念する。社会システム理論や、哲学におけるこうした問題――とくに解釈することと存在することとの不可分の連関性を主張したガダマーの哲学的解釈学［丸山高 1997］――などへの接続可能性については留保し、バリ宗教表象をめぐる人類学的な記述分析までを本書の議論の射程とする。

人類学的研究は、単に異文化における表象（彼らの解釈）について議論すればよいというものではなく、そうした人類学的理解／解釈が当の対象を変えていた／いる／いくかもしれないという影響関係についての議論を、その議論に繰りこんでいかなくてはいけない[3]。序論での議論とはややニュアンスが異なるものの、私のいう解釈学的認識とはこうしたものである。

以上、本書が解釈学的認識に立ってバリ宗教について論じる研究であるということの含意を明確にしてきた。以下では、「バリ宗教」に関する主要な表象の系として、人類学において支配的な表象（第Ⅱ章）と、現在のバリ人に支配的な表象（第Ⅲ章）とをとりあげ、それぞれを記述的に明確にした上で、過去から現在までの社会過程における両者の相互関係性や社会的影響関係について検討していくことになる（第Ⅳ章）。「バリ人に支配的な表象」「人類学において支配的な表象」といった、本質主義を想起させるような表現に問題があることは十分承知しているが、前節で論じたように、表象や解釈にまつわる問題性を自覚しながらも、一般化を積み重ねて議論を構築していくことをここでの議論スタイルとしているため、こうした表現をしばしばつかわざるをえない場面があることをあらかじめお断りしておく。

註

（1）十九世紀の西欧で確立された「未開人」表象は、「劣った野蛮人」と「高貴な野蛮人」という二つの対照的なイメージを、コインの表裏のようにはりあわせたものだったといえる［吉田憲 1999:28-36］。そしてこの「未開人」という人間類型は、近代西欧において分節化された他の人間類型と相互補完的な関係にあった。たとえば人間＝大人から「子供」が分出し、この「子供」をめぐって教育制度や教育学という学問が成立した。人間＝理性的＝健常から「狂人」が区別され、理性的な意識の下に潜在意識／無意識が存在することが発見され、精神分析学や精神医学が誕生した。そして、人間＝合理的＝近代的＝ヨーロッパ人にたいして非合理的＝原始的＝未開人が区別され、珍奇で奇怪な文化や習慣をもつ「未開人」を研究する学問として、人類学／民族学が成立したのである。フーコーは、「狂人」という表象が成立したのちに、これを研究し治療する精神医学が成立したのだと論じる。これにならっていえば、未開人という表象が成立したのちに人類学が形成されたのである。

（2）もともと人類学の文化相対主義は、進化主義がもつような自文化中心主義に反対し、個別文化の尊厳を唱える倫理的な主張からなるものであった。ただ、そこには個別文化の内的統一性を前提とし、自文化と異なる異文化の特殊性を実体化して捉える認識があり、それ自体はある種の自文化中心主義につながる矛盾をはらんでいた。というのも、われわれが一方的に他者たる対象社会文化の境界を画定しその特徴を捉えることは、たとえそれが相対主義的なまなざしによるものだとしても、当の他者存在をわれわれの自文化の表象によって枠づけ本質化することを意味するからである。さらに、他者の文化を尊重するという意味での相対主義は、他者が自らの自文化中心主義にのっとっておこなう暴力的な行為を黙認することにつながりかねないという矛盾も抱えている。このように、相対主義は論理的にも実践的にも多大なリスクを内在させている［清水 1992:440-445]。私は、こうしたポジティヴな相対主義――本質主義的認識を宿した強い相対主義――ではなく、本質主義的な相対主義をも相対化しようとする、いわばネガティヴな相対主義といいうるものが、自文化中心主義にたいする絶えざる批判という点では、人類学的な認識のひとつの基盤だと考えている。そしてこうした意味での相対主義は、ギアツのいう反＝反相対主義 [C. Geertz 2002] や、本文で述べた中庸なる構築主義とも重なってくる。

（3）ここでの趣旨は、本書の私の議論をもふくむ人類学的研究を、いかに研究対象に繰りこんで主題化しうるかという問題である。過去の他の人類学者による人類学的研究がひきおこした影響関係をいまここで私が論じるのではなく、現在の人類学的研究がひきおこした／ひきおこしつつある影響関係をいま論じようとする、そしてそうした議論がさらにいかなる影響をおよぼすかを予期しつついま論じようとする、というのがここでの問題関心である。ただ、本書はこうした問題関心を提起するにとどまる。ブルデューやルーマンをはじめとして、社会学におけるこれに関連する議論を整理する作業は、今後の課題としたい。

第Ⅱ章

ギアツのバリ研究再考

第Ⅱ章の議論は三つの意図をもっている。ひとつは第Ⅰ章の議論の再確認であり、ギアツのバリ研究がどの程度「厚い記述」になっているか、つまりどの程度彼のバリ論が解釈人類学の理念を体現したものとなっているかを、あらためて検証することである。その場合、先に提起した「解釈学的認識」との関連から、ギアツがどの程度自身とバリ人との間にあるかもしれない理解の差異に留意しつつ自身の解釈を紡いでいるかという点に、とくに注意をはらっていきたいと思う。

いまひとつは、既存の人類学的研究がどのようなバリ解釈を提示してきたかを明確にすることである。ギアツのバリ研究は、戦前の議論を踏まえつつ、バリの宗教・文化・社会について論じたもので、彼以降のバリ宗教文化研究にも多大な影響力をもっている。ギアツの議論を、適宜他の研究者の議論にも触れながら検討することによって、既存の人類学的バリ宗教表象の基本的な特徴を把握することができる。

もうひとつは、バリについてのいわば予備的知識を読者に提示することである。以下ではギアツあるいは既存の人類学の議論について検討を加えるが、民族誌的記述の次元では、ウブド周辺の事情を中心に、バリの現状を描写することに関心を注ぐことにする。

第1節　社会生活と宗教

まず、バリ村落構造の特徴を論じた初期のギアツの研究［C. Geertz 1959, 1964］をとりあげよう。ただし、ここではギアツが記述する民族誌的データの細部をとりあげ検討する必要はないだろう。というのも、このギアツの研究は、一九五〇年代におけるクルンクン（Klungkung）やタバナン（Tabanan）における調査にもとづいて、バリ村落社会の構造的多様性を明らかにしようとするものであり、この論点や論点を導く上での記述について、とりたてて批判的な検討を加える

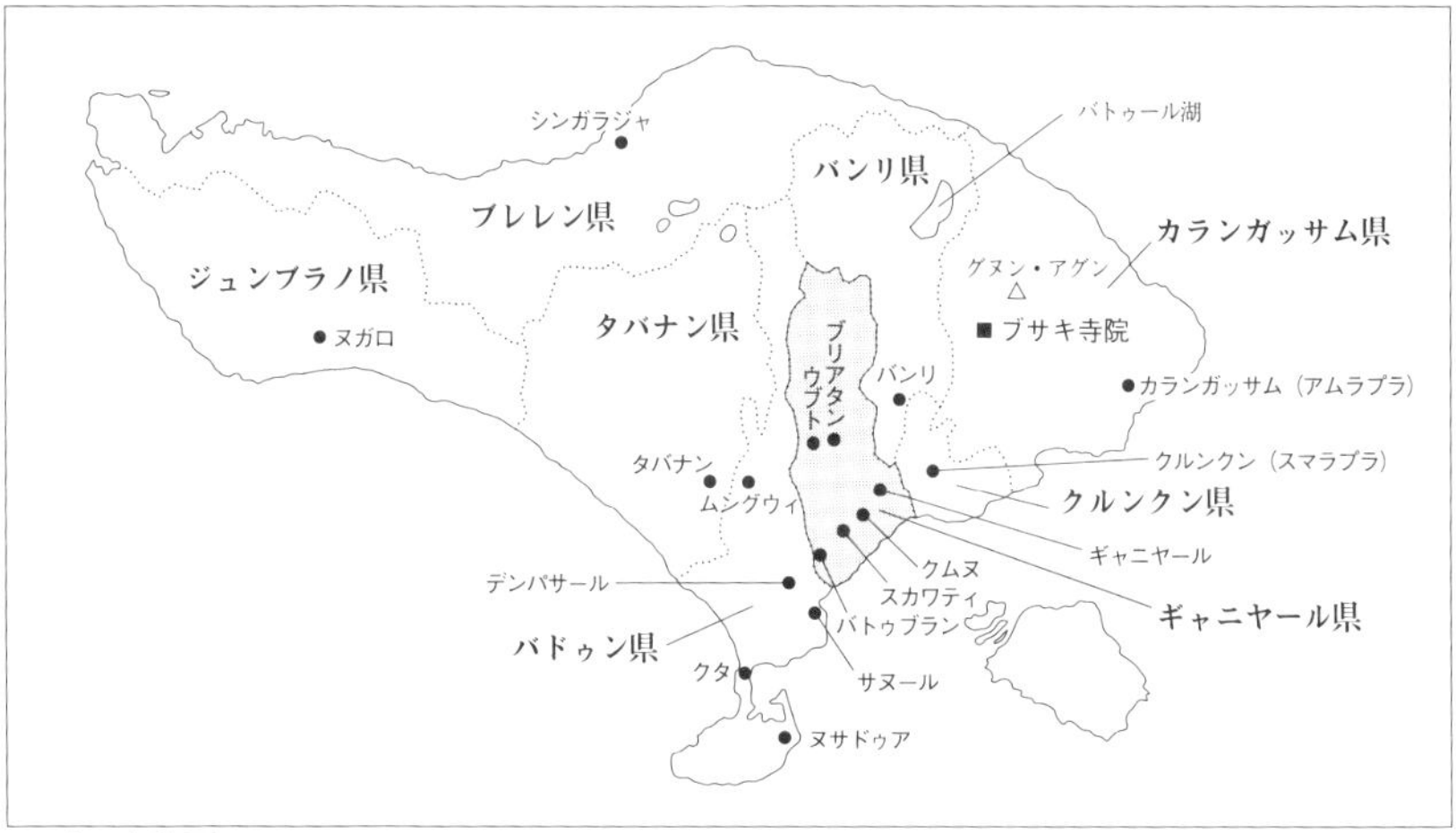

バリ島地図

必要はないと思うからである。そこで、民族誌的記述の次元では、ほぼ半世紀前のギアツの記述にそれ以降の議論や私の観察を加味して、今日のバリの地域社会について概観することにする。そしてその上で、あらためてギアツの村落論の特徴や、社会生活と宗教をめぐる既存の人類学的表象の特徴について、整理することにする。

バリ島の概況

まずバリ島の概況をまとめておこう。バリは、周囲の小島とあわせて面積五千六百三十三平方キロメートルの島であり、行政上はインドネシア共和国二十六州のうちの一州を構成する。バリ州（Propinsi Bali）は八つの県（kabupaten）から構成されている。このそれぞれの県の範域は、二十世紀初頭の古典王国の支配領域をほぼ踏襲したものである。現在の県庁所在地や郡庁所在地の中心には、いまもかつての王や領主の子孫が住まう王宮プリ（puri）がある。

地勢上バリ島は、島を東西に走る山地帯を境にして、北部と南部に分けることができる。北部は山と海岸との距離が短く平地がすくないため、山間部および西部とともに、人口密度も比較的低い。南部は海岸部までゆるやかな傾斜がつづき、肥沃な土地とおおくの河川を利用した水田耕作が、場所によっては棚田という形態をともなって発達している。河川は深く渓谷をきざみ、東西の交通を分断することがおおい。かつての王国も南北に

ウブド郊外の棚田

長く領土をもつ傾向にあった。この山と河川がつくりだす複雑な地勢が、バリ文化・社会の地域ごとの特質をもたらすひとつの要因と考えられる。

現在のバリの人口は、正確な統計はないものの、三百万人をこえていると考えられる。その大半はバリ人（jeleme Bali, orang Bali）である。都市部やリゾート観光地などには、ジャワ人をはじめとする非バリ系のインドネシア人もおおく居住する。またジャワ島に近い西部にはムスリムのバリ人も若干いる。しかし農村部に居住する人々の大半はヒンドゥー教徒のバリ人である。付言すると、バリ島の東隣のロンボック島にも数十万人規模のバリ人がいる。

人類学者グスティ＝ンラ＝バグスは、バリ人は「ひとつの文化とひとつの言語で結ばれた同質な民族集団であるという強い意識をもっている」［Bagus 1971:286］と述べる。またスウェレンフレーベルは「彼ら自身の本質、バリ的な生活様式は、彼らの目にはバリの宗教と分かちがたく結びついている」［Swellengrebel 1960:75］と述べる。こうした指摘は現在においても基本的に妥当する。イスラムやキリスト教を信奉する少数のバリ人をのぞいて、バリ人の信奉する宗教がヒンドゥーであるという点が、バリ人同士の一体感におおきく寄与している。もっともそうした一体感の一方で、生活習慣や宗教行為についての偏差は多大なものがある［Barth 1993; Howe 2001］。ここでとりあげるギアツの村落研究［C. Geertz 1959］は、バリ村落の社会構造の地域的偏差と時代変化による可塑性を主題とした研究であった。

地域の諸社会組織

ここでいう地域社会は、バリ語の「デソ」（desa）である。デソは地方、地域社会、村といった複数のニュアンスをもつ語である。もうすこし説明を加えよう。まずこの語は、都市を意味するインドネシア語の「コタ」(kota)や、国家、首都を意味するバリ語の「ヌガロ」(negara)に対立して[C. Geertz 1980:4]、おおくのバリ人が生活する領域である地域社会を漠然と意味する。またデソは、伝統的なムラ、つまり慣習村デソ＝アダット(desa adat)を指し示す語でもある。さらにもうひとつ、いわゆる行政村(desa dinas)がある。地域社会デソは、慣習村、行政村、そして後述する集落バンジャール(banjar)、水田の水利組合スバッ(subak)、任意集団スカハ(sekaha)、あるいは親族集団(dadia)などの諸組織を内にふくむ、バリ人の生活空間である。複数の慣習村は、その地域を支配した王権との関連もあって、しばしば共同で寺院祭祀や特定の儀礼に関わったり、特定のブラフマノ司祭の儀礼執行にともに依存したりしており、こうした結びつきが地域社会の連帯感およびライヴァル感情を支えている。

寺院(ウブドのプロ＝ダラム)

次に、地域社会を構成する諸組織について簡単にみていく。慣習村デソ＝アダットは、カヤンガン＝ティゴ(Kahyangan Tiga)と呼ばれる三寺院をはじめとする、寺院プロ(pura)——プロは日本の寺院よりも神社に近いが、これまでのバリ研究の習慣を踏まえて、以下では寺院といいかえる——と墓地の維持管理に関わる組織である。その三寺院とは、プロ＝デソ(Pura Desa)、プロ＝プサ(Pura Puseh)、プロ＝ダラム(Pura Dalem)である。従来の研究では、プロ＝プサは村の草分けの祖先をまつる寺院、プロ＝デソは村の集会所を兼ねる寺院、プロ＝ダラムは墓地の近くにあって、まだ浄化されていない死霊をまつる寺院とされる[Goris 1960a, 1960b]。しかしながら現在のバリ人は、これらの寺院をヒンドゥーの三神(trimurti)、すなわちウィシヌ(Wisnu)・ブラーモ(Brahma)・シワォ(Siwa)にそれぞれ結びつけて語る傾向にある。これは、第4節に触れる戦後の宗教啓蒙運動の結果、人々に浸透するように

プロ＝デソとプロ＝プサが一体の寺院

なった知識だと考えられる。実際には、プロ＝デソとプロ＝プサが一体になっている、つまりひとつの寺院が理念上二つの寺院からなるとされる場合や、プロ＝ダラムを隣の慣習村と共有する場合、あるいは慣習村がカヤンガン＝ティゴ以外に複数の寺院をもつ場合などは、しばしばある。

個人や集団の催行する主要な儀礼には、自身が関わるカヤンガン＝ティゴの寺院の聖水が必要となる。またカヤンガン＝ティゴの寺院司祭マンク（mangku, pemangku）は、ブラフマノ司祭プダンド（pedanda）とともに、人々のおもな儀礼の執行役をはたす。これらの点については、あらためて第Ⅲ章で触れることにする。

慣習村は、村長（klian adat, bendesa）らの役員を中心に定期的な集会をもち、寺院祭礼オダラン（odalan）やその他の行事を進めたり、行政や、パリサド（Parisada）と呼ばれるヒンドゥーの団体[1]などからの通達を、末端レベルで人々に伝えたりする機能をもつ［Warren 1993; 鏡味 2000］。また、いわゆるムラの象徴的な境界も、一義的にはこの慣習村の境界に重なる。人々の帰属意識も、まずもって慣習村に関するものとしてあらわれる。このように慣習村は、地域社会を構成する諸組織の中でも、人々の社会生活に一義的な枠組を提供するものだといえる。

地域の習慣アダットは、バリ語でシモ（sima, dresta, tata krama, etc.）などという。地域によってシモ／アダットには多大な変差がある。一例を挙げよう。バリでは毎日のように、炊きたてのご飯をバナナの葉の小片に乗せた供物サイバン（saiban）を、家の各所において神々にささげる（mesaiban）。これはバリ全体で観察できる習慣であるが、バトゥブラン（Batu Bulan）では、このサイバンにバンタン＝コピ（banten kopi）を添える習慣がある。これは船形の葉に入れた少量のコーヒー（kopi）と菓子（jaja）からなるもので、要するにご飯にコーヒーをつけるわけである。しかしおなじギャニヤール県（Kabupaten Gianyar）でも、こうした習慣はウブドやギャニヤール市にはない。また、ウブド周辺ではサイバンはバンタン（banten）つまり「供物」とはいわないが、バトゥブランでは「バンタン＝サイバン」という表現をする。このように地域が異なれば習慣は異なる。おなじ慣習村でも、二つの寺院の間で儀礼活動は異なってくる。こうした慣習の差異は、現在ではデソ＝カロ＝パトロ（desa kala patra）という慣用句に即して語られる。場所／環境（デソ）や時／機会（カロ）によって、状況（パトロ）が異なる、ということである。それぞれの地域に独特の習慣は、そのどれが間違っているというわけではなく、いずれも正しいのだ、というのがその含意である。この慣用句は、右に触れた村の三寺院とヒンドゥー三神の対応づけとおなじく、啓蒙運動の中で流通し浸透した教養知識のひとつである。既存の研究がこの慣用句に触れていないので、これがいつごろから定着したかはわからないが、一九九〇年代においてはすでにおおくの人々が語る一般的な知識となっており、小学校の「宗教」の教科書にも記載されている。

サイバンとバンタン＝コピ（バトゥブラン）
バンタン＝コピは、コーヒーとお菓子がセットになったもの（右端がサイバン）。

次に、バンジャール（banjar adat, dusun）は集会を定期的に開き、成員の婚姻・出産・離婚・相続などを承認したり、相互扶助（gotong royong, ngopin）、とくに火葬の協力関係の単位となったりする組織である。バンジャールが寺院をもつこともしばしばある。おなじバンジャールの成員は固まって居住しており、おおくの場合、慣習村とバンジャールの成員は入れ子関係にある。この点では、バンジャールを村組に類比されるものとして捉えることもできる。しかし本来両者は異なった組織であり、その成員構成や包摂関係はしばしばずれる。歴史的にいえば、バンジャールはヒンドゥー化以前にその源を遡ると考えられている。特徴的な組織である。一方、慣習村はバリのヒンドゥー王権の浸透した地域に特徴的な組織である。

行政単位である行政村を加えて、こうした村に相当する諸組織のあり方は、近年の行政の改編も受け、きわめて複雑なものとなっている［Warren 1993; Stuart-Fox 2002:1-51］。ただ、私の観察からひとつ触れておくと、この行政村の体系と慣習村やバンジャールの体系は、本来それぞれ別の原理によるものであるにもかかわらず、たとえばウブド行政村の中にいくつかのデソ（慣習村）があり、このデソがさらにいくつかのバンジャールからなっているというかたちで、人々は漠然とこれらの組織をひとつの分節的イディオムの中で捉える傾向がある［cf. ibid:22］。

さらに、これらとはまた別の組織としてスバッ（subak）がある。スバッは水田の灌漑と農作業の組織的運営、および農業関連の祭祀儀礼に関わる組織である。通常ひとつの家族は複数のスバッに属することがおおい。小作人を雇って農作業をさせる場合でも、祭祀儀礼は田の所有者がおこなう。

スカハ＝ゴンの演奏

スカハ／スカ（sekaha, seka）は、いわゆる機能集団／任意集団（voluntatry association）であり、クラブや講に相当するものである。地域によって、音楽や舞踊、建築、マット編み、詩の朗読、特定寺院の建立と維持管理など、さまざまな目的／主題を掲げるスカハがある［C. Geertz 1959］。ウブド周辺で目立つのが、スカハ＝ゴン（sekaha gong）つまりガムランのスカハである。ヒンドゥー王権の浸透した地域には、かならずといっていいほど、慣習村やバンジャールを単位としたスカハ＝ゴンがある。かつての領主一族がなお強い経済力を保持している場合、この一族がスカハ＝ゴンの主要なスポンサーとなる。スカハ＝ゴンは、これが属する慣習村やバンジャールの祭礼や儀礼において無償で演奏をおこなう。個人の儀礼・祭礼においても、頼まれて演奏することがある。ウブド周辺では、多数のスカハ＝ゴンが王宮や寺院の外庭を舞台にして、外国人観光客向けに毎夜交代でショーを演じる。ただしその収益は、基本的にそのスカハが属する慣習村やバンジャールのものであり、メンバーにはその中からわずかな報酬が渡されるのみである。

次に家族と親族について述べる。屋敷ないし屋敷地（karang, pekarang, pekarangan）には、傍系をふくむ父系の拡大家族が居住する。屋敷地・家屋・住人を総体として含意する家屋敷は、カストによって名称が異なる。スドロ（Sudra）の場合はウマ（umah）、サトリオ（Satria, Ksatria）やウェシオ（Wesia）の場合はプリ――以下では王宮とも呼ぶ――、ブラフマノ（Brahmana）の場合はグリオ（gerya）である。一般にプリやグリオはウマよりも屋敷の規模がおおきく成員の数もおおいが、これは程度の問題であり、構造的には連続線上にある。

屋敷に居住する者たちは、屋敷の北東(2)（kaja kangin）の一画にある、祖先をまつった小寺院サンガ／ムラジャン（sanggah/merajen）の祭祀集団でもある。スドロの場合がサンガ、高カストの場合がムラジャンである。バリ人はサンガ／ムラジャンを寺院（プロ）とは呼ばないが、以下では記述の便宜上これらを屋敷寺と呼ぶことにする。中小規模の屋敷の場合、台所はひとつしかないが、調理と食事は夫婦とその子供からなる核家族に相当する集団（kuren, paon）を単位とする。この核家族が慣習村やバンジャールなどの構成単位であり、社会生活の基本単位となる［cf. 中谷 2003:73］。

父系の親族は本家のサンガ／ムラジャンの祭祀に集うが、それだけではなく、別に親族集団として寺院（pura dadia, pura panti/pepantian）を保持する場合もある。高カストは一般にこうした親族集団＝祭祀集団を形成するが、スドロの場合は親族集団を構成するグループもあれば、そうでないものもある［Geertz & Geertz 1975］。

次にカスト（kasta）に触れる。バリでは四ヴァルナのうち、ブラフマノ、サトリオ、ウェシオからなる高カストはトリワンソ（Triwangsa）と呼ばれ、ジャボ（jaba）あるいはスドロ（Sudra）と対比される。トリワンソの先祖はマジャ

屋敷寺

サンガもムラジャンも基本的形態はおなじである。中央にあるのがパドモサノと呼ばれる社。

パイトから来たジャワ人貴族であるとされる。もっともこれは伝承上の話であり、過去はもちろん現在でも、さまざまな系譜の書きかえやカスト上昇運動はある［cf. Howe 2001］。

敬語や対人関係の所作はカストを反映する。上位カストの者は、下位の者が祭祀する親族寺院を訪れることはしない。またカストは供物や儀礼の差別化にも関わる。高カストに限定された供物や装飾が一部あり、また高カストは基本的に宗教活動を豪華におこなうことが期待される。さらにそうした目に見える差異ばかりではなく、高カストとスドロでは実質はあまりかわらないのに、それぞれの供物や儀礼にたいして異なる名称がつかわれることもおおい。ただ、儀礼活動の規模は経済力によってもおおきく異なる。

バリではカストと職業がインドのようなかたちでは結びつかず、人々は農業をはじめさまざまな職業に従事する。プダンド、スルンプ／ウンプ、スング／スングウといった司祭（第Ⅲ章第3節参照）が特定のカストやサブカストの者にかぎられるとか、スドロの中にパンデ（Pande）という鍛冶屋のサブカストがある、といった点はあるが、そのカスト／サブカストの者全員が司祭職や鍛冶職に就くわけではないし、逆に他のカスト／サブカストの者が鉄をあつかう職業に就くことも現在めずらしくはない。サトリオとウェシオは、かつてはともに王家／領主層を構成したが、かならずしもその差異は明確でなかったようである。オランダ植民地政府の介入によってカストの差異が固定的なものになり、高カストとジャボとの差異が強調されるようになったと考えられるが、これについては第Ⅳ章であらためて触れる。

ところで、人々にとって重要なのは、このヴァルナ範疇というよりも、むしろ各タイトル間の上下関係である。ブラフマノの場合、男子はイダ＝バグス（Ida Bagus）、女子はイダ＝アユ（Ida Ayu）というタイトルをもつ。アナッ＝アグン（Anak Agung）、チョコルド＝アグン（Cokorda Agung）などのタイトルはサトリオ階級に属す。グスティ＝アグン（Gusti Agung）は、他のアグンのつくタイトルよりは下だが、アグンがつくのでサトリオだとされる。グスティや、デワォ（Dewa）／デサッ（Desak）——男子がデワォ、女子がデサッというタイトルをもつ——を名乗る当人は自らをサトリオだというが、ウェシオに属すと一般にいわれる。このタイトル間の上下関係にも、地域的な差異がある。たとえば、

奉納舞踊（トペンの一種）

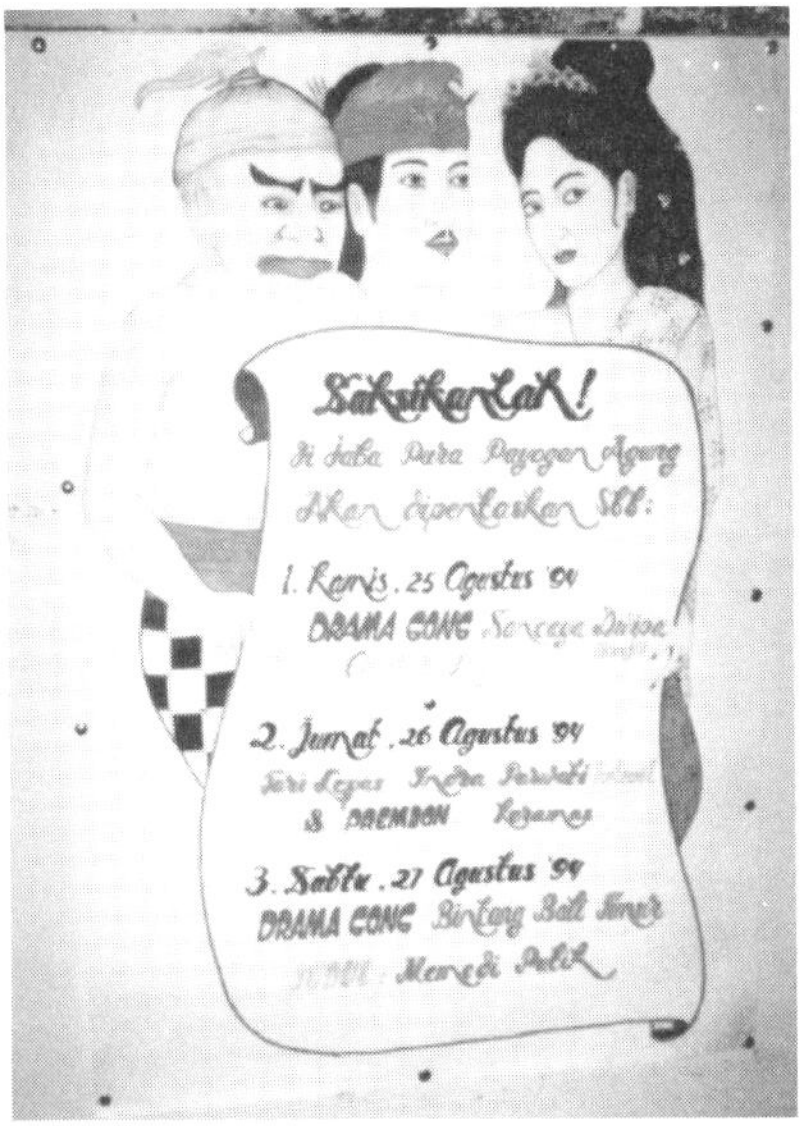

オダランの行事予定を記した立看板

寺院のオダランは、通常数日におよぶ。前日までにムチャルをし、ご神体／神像（tapakan）を祠から出してきよめ（ngiasin）、この神をともなって泉に水をとりにいく（mekis）。寺院に戻り、門の前でスグ＝アグン（segeh agung）をしてから神を寺院内に迎え入れ、所定の祭壇に座ってもらう（memendak）。オダラン当日（piodalan）には大浄化儀礼がある。オダランが数日にわたる場合、闘鶏、演劇、舞踊などが催される。その間に、寺院の成員は最低一度自家から供物（gebogan）をもって祈りにくる。最終日の早朝に一同が祈りをささげたのち、マンクが神を祭壇から下ろして所定の祠にしまいこむ（nyimpan）。

神像を祠にしまう儀礼（ニンパン）

ウブドではウブド王宮の成員のタイトルであるチョコルド＝アグンがサトリオの中でもっとも高い地位にあると認識され、アナッ＝アグンはその下位にくるが、チョコルドというタイトルの者がおらず、アナッ＝アグンがその地域一帯を治めていた領主のタイトルであり、身近な最高位のサトリオのタイトルだという地域が、ウブド周辺でもむしろおおいのである。

儀礼中心主義の理解

以上、簡単に地域社会デソを構成する主要な組織について概観した。ここで明らかなように、バリ人の生活空間としての地域社会デソは、慣習村をはじめとするさまざまな組織の重層的な複合体である。そしてそれらの組織のおおくは寺院祭祀集団でもある。ある組織が複数の寺院を抱えているという点をふくめて考えると、バリ人の社会生活はそうした諸寺院とその祭礼・儀礼にふかく規定されているということになる。成人の場合、十やそれ以上の寺院に関わることは普通であるし、そのおおくの寺院祭礼オダランは二百十日を周期としてめぐってくる。これに人生儀礼や暦の上での諸儀礼が加わる。さらに毎日のようにおこなう供物献納儀礼もある。バリ人の生活は大小さまざまな儀礼の準備と催行に満ちたものだといえるのである［cf. 中谷 2003:64-109］。

ギアツの村落論［C. Geertz 1959, 1964］のひとつの結論も、まさにここにある。というよりも、親族論［Geertz & Geertz 1975］や、十九世紀のバリの古典国家を論じた劇場国家論［C. Geertz 1980］もふくめて、彼のバリ社会研究全体が、バリ社会を（かつてもいまも）さまざまな儀礼祭祀集団の多元的な集積体とみなす解釈を打ちだすものだったのである。この種の解釈は、ギアツにかぎらず、戦前戦後を通じたこれまでのバリ研究を通してかなり共有されている表象枠組でもある［ex. Korn 1932; Covarrubias 1937; Bateson & Mead 1942; Belo 1953, 1960; Goris & Dronkers 1953; Weltheim et al (ed.) 1960; Lansing 1974; Boon 1977; Ramseyer 1986; Eiseman, Jr. 1990a, 1990b; 吉田禎（編）1992, 1994; Stuart-Fox 2002］。たとえばベロは「民衆にとっては、信仰は言葉よりもむしろ行為から成り立っている」［Belo 1953:8］と述べ、バリ人の宗教生活を宗教知識や世界観に即してよりも、儀礼や祭礼といった活動に即して理解すべきことを主張している。バリ人の宗教生活が大小さまざまな儀礼を中心にまわっており、彼らの社会生活自体がそうした儀礼活動を中心にしているといっても過言ではないほど、多彩な儀礼が頻繁におこなわれているという認識は、半世紀をこえて継承されてきたバリ研究の基本的な認識枠組である。ここではこうした認識を「儀礼中心主義」と呼ぶことにしよう。バリ宗教の核心を儀礼に見、バリ社会の核心をそうした儀礼に見るという入れ子式の理解枠組こそ、既存の人類学的バリ理解の基盤にあるものなのである。

そしてこの儀礼中心主義の典型的な議論として、ギアツの「オーソプラクシィ」論がある。長くなるが引用しておこう。「バリ人は、広い意味ではヒンドゥー教徒であるために、彼らの宗教生活のすくなくともある重要な部分はそれなりに合理化されているだろう、民衆の熱狂的な宗教生活の通例のほとばしりの上に、あるいはそれをこえたところに、倫理的もしくは神秘的な神学のある発達した体系が存在するであろう、というように想像するかもしれない。しかし実際はそうではない。逆に、この宗教に関する多数の、やや知的にすぎる記述が存在するにもかかわらず、バリ人の宗教は司祭においても具象的で行為中心的であり、日常生活の細部にまったく織りこまれていて、古典的なバラモン教やその仏教的支流の哲学的な洗練や一般化された関心には、たとえあったとしてもほとんど関わるところがない。…懐疑や教条主義のほとんど完全な欠如、形而上学的な無頓着さといったものが、すぐに「ここに訪れた」人を打つのである。それと、驚くほどの儀式活動の繁栄ぶりである。永遠に複雑な椰子の葉を編み、手の込んだ儀礼食を用意し、

ムチャル

ムチャル（mecaru）は場をはらう儀礼と考えてよい。埋葬・火葬・二次葬の後、オダランの前、ニュピの前日、新築・改築の終了後浄化儀礼前などの機会に、これらの儀礼複合体の一部として催行する。また単独でこのはらいの儀礼を催行することもある。供物（banten caru）にはさまざまな供犠獣がつかわれる。司祭が儀礼を執行し、人々が祈ったあとで、地面においた供物と祭壇（sanggah cucuk）を掃除道具（sampat, tulud）で掃き清める儀礼行為をおこなう。その後に、きよめの水や米が与えられる。

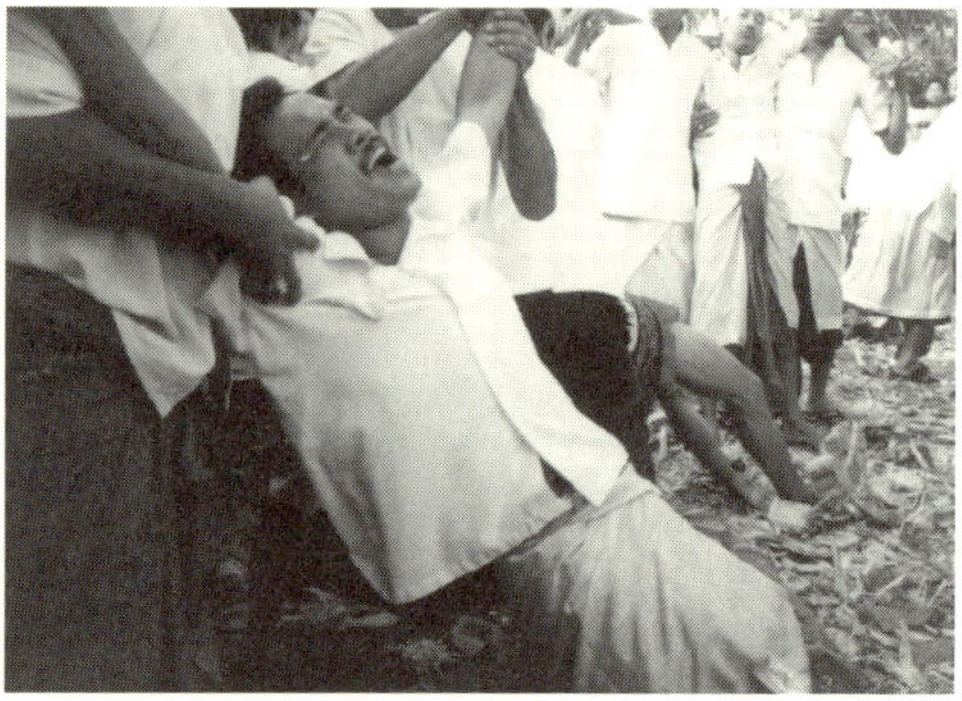

寺院祭礼でのトランス（デンパサール）

供物をささげる民宿従業員

市場で買ってきた供物（チャナン）をささげているところ。このように男性が供物をささげることもある。

あらゆる種類の寺院を飾りたて、大人数の行列をつくって歩き、突然のトランスに陥るバリ人は、宗教についてよく思案する（あるいは苦悩する）には、あまりにもその宗教の実践に忙しいようにみえる」[C. Geertz 1973e:175-176]。「力点は実践（authopraxy）にあるのであって、教義（orthodoxy）にあるのではない——重要なのは、それぞれの儀礼のディティールが正確に適切になされなくてはならないということである」[ibid:177]。これらの引用は、ギアツがバリ宗教の変容について論じたエッセイにおける、伝統的なバリ宗教に関する記述の核心部分である。そのことの問題はまた第4節で論じる。ここでは、ギアツがバリ宗教文化をこうした儀礼中心主義的な理解枠組にもとづいて論じていることを指摘するにとどめておこう。そして、バリ人の社会生活を多彩で頻繁に繰り広げられる儀礼活動に縮約して捉えようとする解釈が、ギアツにかぎらず、これまでの人類学的バリ宗教研究の紋切り型の表象といってよいものであることも、ここで確認しておこう。

さて、ではこうした儀礼中心主義の解釈は、バリ人の解釈枠組とどのように折りあうのだろうか。たしかに現代のバリ人たちも儀礼に多大な時間・労力・金銭を費やしており、儀礼が彼らの社会生活の回転軸になっているという状況を看取することはできる。とくにウブドは儀礼を（慣習としてはシンプルでありながら）華美に催行することで有名な地域でもある。しかしながら私の知るかぎり、現在のバリ人にとって重要なのはあくまで「宗教」(agama)であって「儀礼」(upacara, karya)ではない。とりわけバリ島の外で生活するバリ人の場合、そうした傾向を指摘できる［cf. Setia 1994(1986):420-429; 鏡味 1992b］。バリ島のバリ人に限定しても、バリ人の「宗教」を「儀礼」にとくに注目して理解しようとすることは、彼らのもつ理解枠組からずれたところで、人類学者側の理解枠組によってバリ宗教を捉えることになると思われる。その詳しい議論は第Ⅲ章にゆずる。ここでは、戦前から戦後にいたるバリ研究が、儀礼中心主義的な理解枠組を持続的に紡いできたこと、これが既存の人類学的表象の基本的枠組をなすこと、しかしそれが現在のバリ人の理解枠組とずれていることを、さしあたり指摘するにとどめよう。

さらに、これに関連してもうひとつの問題に目配りする必要がある。つまり、一九七〇年代から本格化するインドネシアの経済開発、とりわけバリ島の観光開発にからむ都市化・近代化によって、バリ人の宗教生活に深刻な落差が生じているという点である。たとえば、ウブドは田園風景と芸術・工芸品を売り物にしたバリ島内陸部の観光の一センターであり、ここでは観光化の恩恵を享受し経済力をつけた人々が、儀礼活動を一層活性化させる状況をみてとることができる。しかしその一方で、経済発展の恩恵をほとんど享受することなく、しかも若者の大半が職をもとめて村を出ていくため、儀礼の催行に支障をきたす地域もあるようなのである。またウブドにおいても、多彩な儀礼活動に参加し宗教的生活にいそしむ者と、日々の生活にいそがしくあまり儀礼に関われない生活を送る者との落差を観察することができる。とくに周辺地域の出身で、ウブドに住みこみで働く若者たちは、地元のあるいはウブドでの宗教活動にほとんど参加できないのである。また都市部には、生活や思考の合理化によって、そうした儀礼中心主義的生活に違和感をもち、むしろ極力シンプルな形態で儀礼に関わろうとする者もいる。したがって、儀礼からやや遠のいた生活を送るバリ人のすべてが、そのことに忸怩たる思いをもつというわけではない。また、おおくの家では、儀礼活動に関わる者と働いて生活を支える者との間に分業体制をつくってやりくりしているという点もある。ただすくなくとも、本人が十分と感じるほど儀礼活動に参加できない日常生活を送るバリ人が、すくなからず存在するということは指摘できる［吉田竹 2000a］。

こうした点について既存の民族誌はほとんど関心をはらっていない。たしかに、バリ人の社会生活を地域の諸組織の複合体として、またさまざまな儀礼や祭礼の織りなす本質的に宗教的なものとしてみなす表象は、今日のバリ人にとってのバリ的な生活の理念型ないし理想型とも重なる。しかし、こうした理念的／理想的な生活形態から離れたところで生活する人々が多数存在しているということも、現実の側面である。この点で、既存の人類学の儀礼中心主義的理解枠組は、バリ人の宗教理解枠組と折りあわないだけではなく、今日のバリ人の中に生じている宗教活動への関わり方に関する実態的な落差と、（一部の）バリ人の理想と現実との間に存在するギャップとを、十分視野にとりこむ余地に欠けているといわざるをえないのである。かつてランシングは、「つながれている／織りこまれている」を意味するカイカッ（kaiket）というバリ語に注目し、ローカルな次元でさまざまな社会的・宗教的組織に「つながれている」ことこそ、バリ人の生のいわば根本条件であるという点を論じた［Lansing 1974］。これに連関させていうならば、今日のバリ人の中には「つながれていない」生を生きる者がすくなからずいるのであり、このことに注目することが必要なのである。

ギアツの村落論の問題

さて、最後に話をギアツに戻そう。ギアツの初期のバリ村落論［C. Geertz 1959］は、上で触れたような各社会組織の特徴を記述し、地域社会がさまざまな宗教的機能をもった諸組織の集積体であることを指摘した上で、ヴィトゲンシュタインの「家族的類似性」という概念をもちだして、バリ社会を地域や時代によって多様な社会構造をとるものとして捉えようとするものであった。

私は、彼のこうしたアイディアは現在のバリ社会を理解する上でも十分参考になると考える。しかしながら、この村落論にはひとつのおおきな問題がある。それは、ギアツが彼自身の村落解釈を提示する一方で、バリ人が村落デソをどのようなものとして捉えているかについてほとんど言及していないという点である。たとえば、現在のバリ人が「デソ＝カロ＝パトロ」というヒンドゥーの教義知識を参照枠としつつ、バリの習慣の多様性を捉えていること、またデソの諸組織や家族が催行する多彩な宗教儀礼に関わることをバリ人としての理想的な生き方と認識しながらも、そうした理念型的な宗教生活を生きることができないバリ人がすくなからず存在すること、を上で指摘したが、こうしたバリ人の理解枠組や、彼らの理解／理念と現実とのずれが、ギアツの調査した地域や時代においてどうであったかを、われわれはほとんど知ることができないのである。ギアツがそうした問題関心をまったくもっていなかったわけではない。たとえば都市の近代化とバリ人貴族の起業努力を主題とした研究［C. Geertz 1963］は、その種の問題関心から成り立っている議論だといってよい。ただ、バリ村落社会やそこでの宗教儀礼にたいする彼の研究姿勢は、基本的にスタティックなものであり、しかも解釈人類学を標榜するようになってからも、当事者の理解のあり方を十分忖度したものになっていないのである。次にこの点を、別のエッセイをとりあげて検討することにしたい。

第2節　文化統合論の射程

ここでは「バリの人・時・行為」という論文［C. Geertz 1973h］をとりあげ、検討していく。なおこの第2節の議論は、拙稿［吉田竹 2001b］の議論を略述したものである。

ギアツが当該論文の冒頭で述べているように、この論文の主題は、バリ人が人間存在を捉える方法と、時間を経験する方法、および彼らの社会的交際における情緒的特徴との間にある連関性を明らかにすることによって、これら異なる象徴間に存在する一般的関係に光をあてることにある。バリの文化はこうした問題を考察するには適切なデータを提供しており、これら三つの象徴秩序の相互連関性を考察することは、単にバリ社会の理解だけではなく、人間社会一般の理解にとって意義をもつだろう、というのである［C. Geertz 1973h:360-361］。

このようにこの論文は、人間文化一般の特徴として想定される、異なる象徴体系（文化システム）間の相互連関性という仮説を検証するための具体例として、バリの三つの象徴体系（人間存在の表象枠組、時間の表象枠組、対人態度の特徴）を検討してみるという、理論志向の研究だといえる。もっとも、ここでの関心はギアツの文化理論にはない。むしろ関心をはらうべき重要なポイントは、彼がこの文化理論の検証に際して、バリ文化の特徴を一般化し、つまりは本質化して記述しているという点である。第1節でとりあげた村落論では、バリ社会（そして部分的には文化）の構造的多様性が、したがって一般化の困難さが主張されていたが、この論文のギアツはいわば一転して、バリ文化の構造的特徴を一般化し表象することが可能だとする視点に立っているといえるのである。ではその一般化にあたって、ギアツはバリ文化の特徴をどのように記述し解釈したのか、そしてそこにどのような問題点があったのか。ここではこうした問題を検討することになる。

文化力学の三角形

まず、当該論文のギアツの論旨をその議論展開に沿って要約していこう。

ギアツによれば、バリには人間存在を捉えるための象徴体系が六つある。すなわち個人名、出生順名、親族称呼、テクノニム（○○の父、○○の母、といったいい方）、カストに関わるタイトル、司祭や村長など職業その他を示すタイトルである。この中でよくもちいられるのは出生順名やテクノニムであり、高カストや役職者の場合はタイトルである。バリでは個人名はほとんどつかわれない。個人名は無意味な音節だったり、サンスクリットの語句であったりするが、いずれにしても人々はその名前の意味あいには無頓着である。この点で個人名は個人のアイデンティティの指標になるものとはいえない。さらに出生順名やテクノニムおよび各種タイトルの場合も、これらは、他の人物にはない際立った個性に訴えて人を規定するものではなく、当人も他の者ももっているような一般的な属性に個人性を還元して範疇化し規定するものである。こうしてみると、バリ人の対人規定においては、個人の個人性（固有性）が弱められ、いわば匿名化するような方向に、象徴構造が作用しているといいうる。さらに、出生順名や親族称呼は、時間的な前後関係を抽象的な同時代性に還元するような特徴をもっているという点も指摘しうる。というのも、出生順名は四つの名称が循環する構造をもち、親族称呼（類別的な世代型）は曾祖父母と曾孫、曾曾祖父母と玄孫がおなじ名称となるなど、やはり循環的特徴をもっているからである。以上のように、バリ人の人間存在の範疇化には、個人の個人性を捨象して捉えるという逆説的な特徴がある。ギアツはこれを人格の「脱人格化」と呼ぶ［ibid:363, 368-390］。

次に時間認識についての議論にうつる。ギアツは、人間が時間の推移を知る際のもっとも重要な手がかりは、人間の出生から死までを認識することであり、それゆえ人についての概念と歴史についての概念との間には、分かちがたい内的連関があるという。バリの場合は、人を捉える象徴が、社会生活において親密に関わりあう相手――シュッツのいう「仲間」――を脱個性化し抽象化・標準化して捉えるよう作用する特徴をもっているので、「仲間」の死を直接的に経験するという機序が鈍らされてしまう。さらにこの人間存在を捉える象徴は循環的な特徴ももっており、過去に生きた人々や未来に生きる人々――シュッツのいう「先行者」および「後継者」――を同時代者から明確に識別するという機序にも欠けるため、この点でも時間の経過にたいする知覚を鈍化させ、いわばすべての人間存在を抽象的で匿名的な同時代者に還元するよう作用するという性格をもっているといえる。このように、人格の脱人格化という点は、西欧の観点からすれば「時間観念の脱時間化」といえるようなバリ文化の特徴と連関する、という［ibid:389-391］。

このことを明瞭にしているのが、暦についてのバリ人の観念である。バリ人は時間の経過をはからないし、過ぎゆく瞬間の固有性を認め時は二度と後戻りしないものだといった考え方を習慣的にしない。バリには伝統的な暦が二つあるが、これらの暦は時間の流れを計算するためのものではなく、個々の時がどのような特徴をもっているかを記し示すためのものである。とくにそれはギアツが「順列的」暦と呼ぶ暦――ギアツは名称を記載していないが、この暦はウク（Uku）という――に顕著である。このウク暦は、種々の儀礼や祭礼の催行日、引越しや農作業の日取りなどをふくめ、バリ人の社会生活をさまざまな面で規定している。この暦の特徴は、これがさまざまな長さの周期からなっている循環的構造体だという点にある［ibid:391-398］。

ギアツの説明を簡単に補足しよう。ウク暦はウクとウェワラン（wara/wewaran）の構成体である。ウクとは七日がひとまとまりとなるこの暦の基本単位であり、それぞれ異なる名称をもった三十のウクが存在する。つまり二百十日でウクは循環する。ウェワランは、比喩的にいえば週と曜日の体系である。グレゴリ暦には七つの曜日から構成される一種類の週があるだけだが、ウク暦では一つの曜日で構成される週（いわば一日週）から十の曜日で構成される週（十日週）まで計十種類の週（ウェワラン）が存在する。つまりある一日は十種類の週に対応する十の曜日をもっているということになる（ただし、一日週は曜日をもつ日ともたない日からなる）。また、これらの週を組みあわせた特定の周期も重要な意味をもっている。たとえば、これら十種類の曜日の大半は三十五日周期でふたたびおなじ組みあわせが循環するようになっており、ウク暦におけるある重要な節目（個人の誕生日など）については、二百十日ごとだけではなく、三十五日ごとに特定の小供物を用意するということがある。また、十五日ごとにめぐってくるカジャン・クリオン（kajeng kelion）――カジャンは三日週の曜日、クリオンは五日週の曜日――は悪霊が跋扈し黒呪術に適した日であり、こうした邪悪な力を慰撫する特定の供物を屋敷の各所におき、神々や魔にささげるという習慣もある［Goris 1960c; 中村潔 1994; 吉田竹 1994a］。

このように、ウク暦は二百十日を一サイクルとして循環する。しかしこの二百十日というまとまりには、たとえばわれわれが「一年」と呼ぶような単位性は与えられていない、とギアツは論じる。彼によれば、それぞれの週にしても、また三十五日のような週の組みあわせのサイクルにしても、それらの周期の境界が知覚されることはないのであって、これらのサイクルを「週」や「月」などのように呼んでしまうことは、それらのサイクルに、バリ人が認識していないまとまりや単位性のニュアンスを与えてしまうことになりかねない。「本当に問題なのはただ『日々』だけ」だというのである［C. Geertz 1973h:393-394］。

さて、人格の脱人格化と時間の脱時間化という表裏一体のバリ文化の特徴に加えて、もうひとつ「社会的交際の儀式化」という特徴がある。バリ人の相互行為には、具体的な人格をもった特定個人との接触を、極力慣習的な儀式的・形式的つきあい方に回収しようとする傾向がある。そして仲間を同時代の抽象的・一般的な人間であるかのようにみなす点は、儀式化された対人関係という点と相互連関し、またそれは時間を流れるものとしてではなくいわば滞ったものとして捉えることに影響する、といった相互作用関係が、バリ文化に認められるという［ibid:398-406］。

こうした相互作用関係はバリ文化に支配的な特徴であり、たがいに強化しあいつつ持続的なものとして存立している。この点でこの三つの象徴構造が形成しているいわば力学的な三角形を、文化統合という概念をもちいて定式化することができる。文化の統合とは、永続的な内的一貫性や完全に閉じた円環といったものではなく、一定の時間の中で持続しまた変化する余地もある、クモの巣ではなくタコの身体によってイメージされるような、ゆるやかな構造性である。これら三つの支配的特徴に反する特徴もバリ文化の中には存在する。それは支配的傾向と共存し、あるいはこれに抵抗しながら存在している。文化とはひとつの体系だが、その体系のすみずみまでが完全に連関しあうとはかぎらないものであって、緊密に連関する文化体系もあれば、ゆるやかな結びつきにとどまっているものもある。ただバリ文化の場合、やはりこの三つは文化の支配的特徴である［ibid:404-408］。

ところで、この人間の知覚方法や時の経験あるいは対人関係の儀式的対応にダメージを与えるような何らかの進展が生じるとすると、これはバリ文化の決定的な変形にまで発展する潜在性をもっているということになる。むろん、それらだけが文化の革新的変化をもたらすものではないが、やはり文化力学の三角形の一角がくずれるとすれば、それは三角形の全体に波及し、ひいては文化全体の変化を導く可能性は高い。そしてそうした変化の兆候は、インドネシア独立後の十五年をみると、たしかにあるのだという。スカルノというカリスマ的指導者は、伝統的なカテゴリーから逸脱した、バリ人にとってまさに「仲間」として存在する人物だった。彼や他の指導者たちが推進する政治は、歴史の中に自分たちを位置づける意識を植えつける方向に作用している。また都市生活や汎インドネシア文化の浸透、あるいはマルクス主義をふくむ政治イデオロギーの平等主義の観念も、バリ人の行動様式を変えていくだろう。その変化の順序やスピードは予測できないが、すでに確実に変化がはじまっていることは事実である、という［ibid:409-411］。

論理と記述の再検討

以上がギアツの議論の骨子である。さて、この議論には、一見して明らかな問題点がある。まずはこれについて触れよう。

第一は、この論文と解釈人類学との関連である。一社会の中の異なる文化(象徴)構造間の相互連関性という仮説をまず立て、その妥当性をバリ文化を具体例として示すという議論スタイルは、「厚い記述」や「深い遊び」などのエッセイで示されるような、人々が紡ぎだす解釈を踏まえ人類学者がさらなる解釈を紡ぎだす、という解釈人類学のアプローチとは相容れないものだといえる。むしろこの論文は、バリ人自身の解釈を主題化する余地のないところで、客観的な視線から仮説の検証をおこなおうとするものである。この論文は、「深い遊び」という解釈人類学の実践研究といいうるエッセイと並んで『文化の解釈学』第Ⅳ部に収められているものの、議論の中身は解釈人類学的研究の具体例とはいえないものである。記述の中には解釈人類学的アプローチをほうふつとさせるものはあるが、議論の骨格部分は、解釈人類学というよりもむしろ構造機能主義、あるいは文化とパーソナリティ論にちかい認識を基盤としているのである。

第二は、ギアツの根本的な錯認といってよいものである。ギアツは、暦や対人称呼などの使用の脈絡を論じることなく、ただそれらがもっていると(ギアツに)思われる表面的な特徴を指摘するのみで、バリ文化の特徴を把握したかのようにいうのである。たとえば、ギアツはテクノニムを匿名化という特徴を顕著に示すものとして解釈するが、彼はバリ人がテクノニムをもちいてどのように諸人格を把握しているかにまで踏みこんで記述分析をおこなっていない。身近な状況を考えればわかるように、個人を規定する名前やタイトル(一郎、先生、お母さん、など)がありきたりで匿名的なものであっても、そうした名前やタイトルをもちいて個人の他ではない固有な性格を把握することは可能である。個々の象徴の具体的な使用の脈絡を厚く記述せずして、説得力ある議論を提示することは不可能であるのに、ギアツの議論はそれら象徴のいわばうわべの特徴をなぞるだけになっているのである。

第三は、この点に関連するが、ギアツが抽出するバリ文化の特徴が、どの程度バリ人の自覚するバリ文化の特徴を反映しているのかが不明だという点である。ギアツは、いくつかの民族誌的事実に言及して、人格の脱人格化、時間認識の脱時間化といった、独特のイディオムないし造語でバリ文化の特徴を表象する。こうした表現がバリ人にとって意味あるものではなく、西欧人にとって意味あるものであること、つまり読者を意識してバリ文化の特徴をいわば意訳して表現していることに、ギアツ自身は十分自覚的である。問題は、しかしそうした造語によってしか表象できないような内容をギアツが発見したのだとすれば、それはバリ人によるバリ文化理解と連関を有しない、ギアツの穿った解釈にすぎない可能性が十分あるということにある。すくなくともバリ人（の一部）にとって彼の解釈＝表象が有意味なものなのかどうかを確認する作業が、必要になるはずである。当事者の理解を無視したところで人類学者が恣意的な解釈をおこなうことの問題性は、ポストモダン人類学などが厳しく指摘するところであるし、またギアツ自身、次節で触れるように、当事者の理解のあり方をくみとりながら文化を理解することが必要だと論じているのである［C. Geertz 1973i:453］。しかしこの論文は、バリ人のバリ文化解釈のあり様を十分議論に組みこんでいない。この問題は、第1節で確認したこととおなじである。

以上のように、この論文は、解釈人類学的認識に相容れない議論枠組に立ち、「厚い記述」というよりも表層的な記述と分析におわっている。出生順名の第二子と第三子をおそらく誤って逆に記載したり［cf. 吉田禎（編）1983:123］、「ウク」という暦の名称を記述しないなど、民族誌的データの提示という点でもやや疑問な点がある。また第I章で論じたような、人類学者の解釈と当事者の解釈とのずれにたいする配慮関心にも欠けている。端的にいって、この論文は解釈人類学的研究としてあつかうべきではないのである。

では、バリ文化についての記述、あるいは記述に内包されているギアツのバリ文化解釈についてはどうだろうか。ギアツの記述する民族誌的事実は、私が一九九〇年代にウブド周辺において見聞した状況と、かなりおおきなずれがある。というよりも、私の印象では、ウブドのみならずむしろ現在のバリにおいて広く一般的といいうる状況が、ギアツの記述内容とずれているのである。したがってこのずれは、地域的偏差というよりも、ギアツが最後に触れている時代変化によるものか、あるいは私とギアツの間にある認識や解釈のずれによるものと考えられる。後者の問題についてはこの節の最後に論じよう。まずは、現在の（ウブドをはじめとする）状況とギアツの記述する状況とがどのようにずれているかを、主要なポイントに絞ってみていこう。

まず指摘しうるのは、現在は個人名をつかってたがいに呼びあうことはさほどめずらしいことではない、という点である。またとくに若者たちの場合、個人名や出生順名ばかりではなく、いわゆるあだ名でたがいに呼びあう習慣もある。たとえば、私が知りあったある若者は、たがいの名前を交換した際、自分のことはジャブリッ（Jablig）と呼んでくれといった。ジャブリッとは「粗野」を意味し、彼のトレードマークの長髪を指してつい最近友人がつけたものなのだという。彼は、それまでは自分に適切なあだ名がなかったが、この「ジャブリッ」はたいへん気に入っており、ようやく自分にもよい名前が授かったのだといって得意そうに話していた。ここで彼がいうよい名前とは、要するに自分の特徴をひと言で示し、かつ人にすぐ覚えてもらえる名前ということである。このように、現在のバリ人の中には、自分を個性あるものとして表象しようとする志向をもった者がすくなくない。ここからバリ人は個人を個性あるものとして捉えているのだ、というような安易な一般化をするつもりはないが、ただ現在のバリ人の名前や呼びかけに関する実践の中に、「人格の脱人格化」を示唆するようなものを私は見出せないのである。

次に暦についてである。これは近年のあらたな傾向なのかもしれないが、現在の（すくなくとも一部の）バリ人は、ウク暦の七日や三十五日などのサイクルを「週」や「月」といった概念で捉える認識枠組をもっている。ギアツは、これら七日や三十五日などのサイクルを「週」や「月」のように呼ぶことは、バリ人が認識していないまとまりや単位性のニュアンスをこれらのサイクルに読みとる、穿った解釈になってしまうと述べた。ところが私はしばしば、七日週が五つで三十五日の月（sasih, bulan）をなし、この月が六つで一年になる、という説明をバリ人から受けた経験があるのである。こうした表現は、旅行者にバリ文化を説明する観光ガイドのマニュアルや、インドネシア語で書かれている暦や暦に関連する吉凶知識（wariga）についての出版物――今日では宗教知識や教義について書かれた書籍が数おおく出版され流通

カレンダー

するようになっている――にも見出すことができる。「重要なのは『日々』だけだ」としたギアツの解釈は、現状からはずれたものとなっているのである。

また、ギアツの調査地では当時まだ普及していなかったと考えられるが、現在のバリでは、伝統的なバリの暦や行事に加え、グレゴリ暦やイスラム暦、中国暦、さらには日本語の曜日名や皇紀への言及もふくめ、暦や行事に関連する情報を満載したカレンダーが存在する［中村潔 1994］。人々は、宗教的な行事はもちろん日常的な事柄についても、このカレンダーを参照して日取りを決めたり日程を確認したりしている。司祭ですら、古文書を逐一参照せず、このカレンダーで宗教行事の日程を決める者がいるほどである。このカレンダーは、バリ人の時間認識を支える不可欠の道具であるというよりも、むしろ時間認識を支配する装置だという方が正確かもしれない。そして私がみるかぎり、バリ人のこのカレンダーのつかい方とわれわれのカレンダーのつかい方とは変わらない。つまり、バリ人とわれわれとの間に時間へのアプローチの仕方、あるいは時間／時の把握や理解の仕方についての差異を、私は認めることができない。すくなくとも、時間の流れを気にせず点的に時を把握する「時間観念の脱時間化」という傾向を、私は現在のバリ人の生活の中に読みとることができないのである［cf. Bloch 1977; Bourdillon 1978; Howe 1981］。

では、「社会的交際の儀式化」についてはどうだろうか。私はこの点についてとくに意識的にデータを集めようとしたわけではないが、バリでの滞在中の体験や印象からいうならば、やはりギアツが指摘する特徴をバリ人の対人行動に認めることはできなかった。たしかにわれわれ日本人がもっているような礼儀作法に相当するバリ的な作法はあるが、その一方で、若者たちだけでなく年配の人々も、親しい間柄同士では日本人以上に身体接触をおこなって親密さをたがいに確認しあっている。慇懃な礼儀作法や、独特の遠慮の仕方といったものは、たとえばジャワ人やスンダ人とかなり共通するものであって、バリ人に独特のものというわけでもない。この点で、儀式化という様相がないわけではないが、それとともに、あるいはそれ以上に、現在のバリ人のフランクなつきあい方や、微笑や身体接触を手段とした親近感の表現方法などの一面にも、注意を向けるべきだと考える。

ギアツの文化論の問題

以上、ギアツの議論枠組と民族誌的記述や解釈をめぐって、問題点や補足すべき点を指摘してきた。ここであらためて重要な論点を確認しておこう。

ひとつは、この論文でギアツが、バリ文化をゆるやかな意味であれ、基本的にまとまりをもった体系として理解しているという点である。第1節で触れたように、バリの社会変化についての議論がないわけではないが、むしろ彼の主要なバリ文化研究にほぼ一貫してうかがえるのは、バリの文化をスタティックにそして本質主義的に捉える認識である。より正確にいえば、彼のバリ研究は、バリ文化を安定的で調和のとれたユニークな文化とみなした上で、共和国の成立に前後する変化に言及するという構えになっているのである。これを端的に、そして逆説的に示すのが、「現代バリの内在的改宗」[C. Geertz 1973e] というエッセイである。このエッセイは戦後のバリ宗教の根本的な変動を論じたものだが、変化を主題としたこの議論の中で、ギアツはわざわざ「伝統的なバリ宗教」を現在時制で記述するのである。これは、たとえば「儀礼と社会変化」[C. Geertz 1973d] という論文と対照的である。ジャワ農村の葬式をあつかったこの論文では、社会構造（社会システム）と文化システムとの齟齬によって生じた社会的葛藤が一貫して主題となっている（ただし、ここでは議論を省略するが、私はこの論文の議論構成は破綻していると思っている）。彼のジャワ論 [C. Geertz 1960, 1963, 1965, 1968] の全体的な傾向と比較しても、ギアツのバリ研究はバリの宗教文化を歴史的かつ構造的な一貫性のもとに捉えようとする傾向をもっているといえる [cf. Sewell Jr. 1999:53]。この特徴は、植民地時代以来のバリ研究の延長線上にギアツの議論があることを示すものでもある。

次に、ここでとりあげた論文が記述志向というよりも理論志向の研究だったとしても、ギアツの民族誌的記述には看過しえない誤りや不十分な記述箇所が見受けられるという点がある。端的にいってこの論文は「厚い記述」を実践したものとはいえない。とくにバリ人たちが自らの文化を読みとく様がギアツの記述の中にほとんど再現されていないのである。そしてこの点は、解釈人類学の実践として評価される闘鶏論をはじめ［cf. ibid:52］、彼のバリ研究にかなり共通する特徴だと私は考える。この点は、次節であらためて検討することにしたい。

むしろここで確認したいのは次の問題である。つまり、人格の脱人格化、時間の脱時間化、社会的交際の儀式化といったギアツが見出したバリ文化の特徴を、一九九〇年代に私がまったくといっていいほど見出すことができなかったのは、何故かという問題である。むろんひとつの要因は調査地のちがいであり、もうひとつはギアツも論及する時代変化であろう。しかし、では私の把握した状況とギアツの記述とのずれは、地域的差異や二十世紀後半の社会・文化構造の変転という現象レベルの問題に回収されうるのだろうか。私は、たいへん微妙な問題ではあるが、このずれの一部は、ギアツと私の間にある視点の差異にも由来するのではないかと考える。どちらが正しい／誤りかを問題にしているのではない。立場や脈絡を無視して認識や議論枠組の当否や正誤を論ずることはできないからである。ただ私には、この論文のギアツが当時のバリ人の社会生活の多様な様相を記述しようとすることを怠り、あるいは調査においてそうした多様性に十分気づくことなく、彼の注意を喚起したある一面のみをとりあげてバリ文化の特徴として表象し、結果的に拡大解釈ないしは還元論に陥った可能性があるのではないかという疑念を払拭することができない。こうした懐疑を抱くひとつの背景には、歴史的事象について、ギアツのバリ研究の問題点がすでに浮き彫りにされているという点がある。近年の歴史人類学的バリ研究は、ギアツの提唱した「厚い記述」を忠実に実践することによって、皮肉にも、劇場国家論におけるギアツの記述の一面性や一種のアナクロニズム――彼が調査地で観察した同時代の現象を、過去に遡ってバリ文化の持続的特徴だと論じたこと――をほとんど論証するところまでいっているのである［永渕 1996b:74; Schulte Nordhort 1996; Rubinstein &

Connor (ed.) 1999; Howe 2001]。

ギアツのバリ研究が一面的な解釈だったといえるのかどうかは、検証の範囲をこえた問題である。ただ、本節でとりあげた論文に関するかぎり、民族誌的記述の次元において、ギアツのバリ研究に一定の疑問符がつくことは指摘しえたと考える。これまで人類学では、ギアツの貢献の方にもっぱら目を向ける議論が支配的であり［ex. Ortner (ed.) 1999］、ギアツの可能性とともにその限界をも精確に見極めようとする議論は、かならずしもおおきな声になっていなかった［中村光 1991］。たとえば民族誌的記述のリアリズムについて秀逸な議論を展開するクリフォードも、「ギアツ自身はリアリズムとモダニズムの間のバランスをとっている」と述べるのみで、ギアツにたいする直截的な評価を避けている節がある［Clifford 1988:113］。しかし、こと彼のバリ研究についていえば、ほかならぬ「厚い記述」というポイントについて、ギアツの民族誌的記述にたいする批判的な視線を保持していくことが必要であると考えられる。それでは次に、こうしたことを念頭におきつつ、ギアツの闘鶏論についてみていくことにする。

第3節　闘鶏論をめぐって

ここでは、「深い遊び」という闘鶏についてのエッセイ［C. Geertz 1973i］を検討する。まず、私の一九九〇年代のウブド周辺における観察をもとに、闘鶏の特徴を簡単に記述する。民族誌的事実をめぐっては、一九五〇年代末の調査にもとづくギアツの記述と私の観察との間にいくつかの点でずれがあるが、このずれが観察の時間的・空間的な懸隔に由来するのか、あるいはむしろ観察の視点の差異にもっぱら由来するのかは、前節でも述べたように検証の範囲をこえた問題である。そこで、ここでは民族誌的事実そのもののずれについて検討することは留保する。ただ、ギアツの闘鶏解釈と私の理解との間にあるずれについては、この節の最後で明確にしておきたい。

なお、この第3節の議論は、一九九三年時点でのウブド周辺の闘鶏の状況を記述した拙稿［吉田竹 1994c］を略述し、その後の観察を踏まえて修正したものである。一九九八年の通貨危機の後、諸物価はおしなべて約三倍に値上がりし、闘鶏の賭け金もそれにほぼ対応するかたちで上昇した。しかしこれをのぞけば、二十一世紀に入るまでウブドの闘鶏におおきな変化はなかったようである。

血の供犠と快楽

闘鶏はバリ語でタジェン（tajen）という。闘鶏は、鶏のからだから流れる血をブト・カロ（bhuta-kala）と呼ばれる下界の神ないしは魔にささげ、ブト・カロが人々の活動を邪魔しないように、これを懐柔するためにおこなわれる儀礼活動の一種である。

動物の血や酒、水などの液体を地面に落とし、これをブト・カロにささげる行為は、一般にトゥタブハン（tetabuhan）あるいはタブラ（tabuhrah）と呼ばれる。トゥタブハン／タブラはブト・カロにたいする儀礼行為であるが、神、人間、死霊などを対象とした儀礼においても、当該儀礼を構成する儀礼行為としてかならずおこなわれる。たとえば、神にささげる供物にはさまざまな聖水をふりかけてこれをきよめる手続きが必要になるが、その際には酒を地面に落とす行為がともなう。またウブド周辺においては、スグ＝アグン（segeh agung/segehan agung）という儀礼に、生きた鶏やブタの首を切り落とし、その血を地面に撒いてささげる行為がともなう。これらはいずれもトゥタブハンの一形態であり、闘鶏はこれらとおなじ宗教的意味をもった行為である。

闘鶏は、寺院祭礼や火葬などの特定の儀礼にともなって催行される定番の行事である。基本的に儀礼の規模がおおきければ、闘鶏の規模もおおきなものとなり、また日数も長くなる。とくにおおきな寺院祭礼となれば、周辺の村々からも参拝者が訪れ、この祭礼の規模に比例して闘鶏も活況を呈する。いい鶏が勝負を繰り広げ、また人々がそれにたいして期待

闘鶏対戦前の風景

感をもつため、試合も熱気を帯びたものとなり、それに呼応して賭けの金額や規模もおおきくなる。このように闘鶏は、儀礼活動としての様相ももつものの、バリ人とくに闘鶏愛好家にとっては、賭けをともなった最高の娯楽としてある。たとえば闘鶏にいくということは、ブト・カロにたいする儀礼に参加するというニュアンスで捉えられることはなく、賭けを楽しむためにいくという意味でしか理解されない。つまり人々にとって闘鶏はまずもって娯楽であり、宗教活動ではない。賭博は禁じられているものの、闘鶏は儀礼としての性格をもっているため、あらかじめ警察当局に許可を申請しておけば、この（賭けをともなった）儀礼活動が認められる。その書類では三試合の許可をもらうというかたちになっている。もっとも実際に三試合でおわることはなく、一日に十試合かそれ以上つづくことになるし、それが数日つづくことにもなる。

ウブドでは、祭礼などの儀礼がない日でも、夕方になると、毎日のように村のいつもの闘鶏場に集まり、そこで低額の賭け金による闘鶏に興じる人々がいる。いわば純粋に娯楽としておこなわれるこの小規模な闘鶏をふくめて、闘鶏好きな人々は、周辺の村々の（儀礼ではなく）闘鶏事情に詳しく、毎日のように闘鶏を楽しんでいる。

闘鶏につかわれる鶏はすべて雄（kaung）である。闘鶏用の鶏は、小柄なバリ産のものと大柄なジャワ産のものとにおおきく分かれる。それらの掛けあわせもある。バリ産の鶏は一般的に動きが早く、勝負も早くつく傾向があるが、逆にジャワ産の鶏は相手をくちばしでつつくだけのもつれた勝負をつづける傾向がある。また一九九〇年代末に流行するようになったフィリピン産の鶏は、バリの鶏よりも小柄で、俊敏でジャンプ力があるとされる。

次に賭けをともなった試合の模様について述べる。一般に闘鶏は昼下がりにはじまる。闘鶏場は、寺院に付設の屋根つき会場（wantilan）から、木や竹で一辺三メートルほどの正方形のリングをつくった地面、家のわきの草地まで、状況によってさまざまである。

試合は対戦相手を決める話しあいからはじまる。鶏をもって数人が輪になって座り、世間話や冗談も交えながら、相手と自分の鶏を交換し、手にとって筋肉のつき具合をみたり、向かいあわせて鶏の闘争心をあおったりなどしながら、彼我の鶏の力量をはかる。こうした輪が闘鶏場のリングやそのそばにいくつもできる。彼我の鶏の力関係は、足につけるタジ（taji）とよばれる蹴爪の角度や場所をかえることで調節できるので、おなじ力量の鶏同士が対戦するとはかぎらない。また対戦に同意しても、賭け金が最終的に折りあわないと勝負は成立しない。賭け金、鶏の力量、経験、タジのつけ具合によるハンディのつけ方、これら複合的な条件が整ってはじめて対戦が成立する。

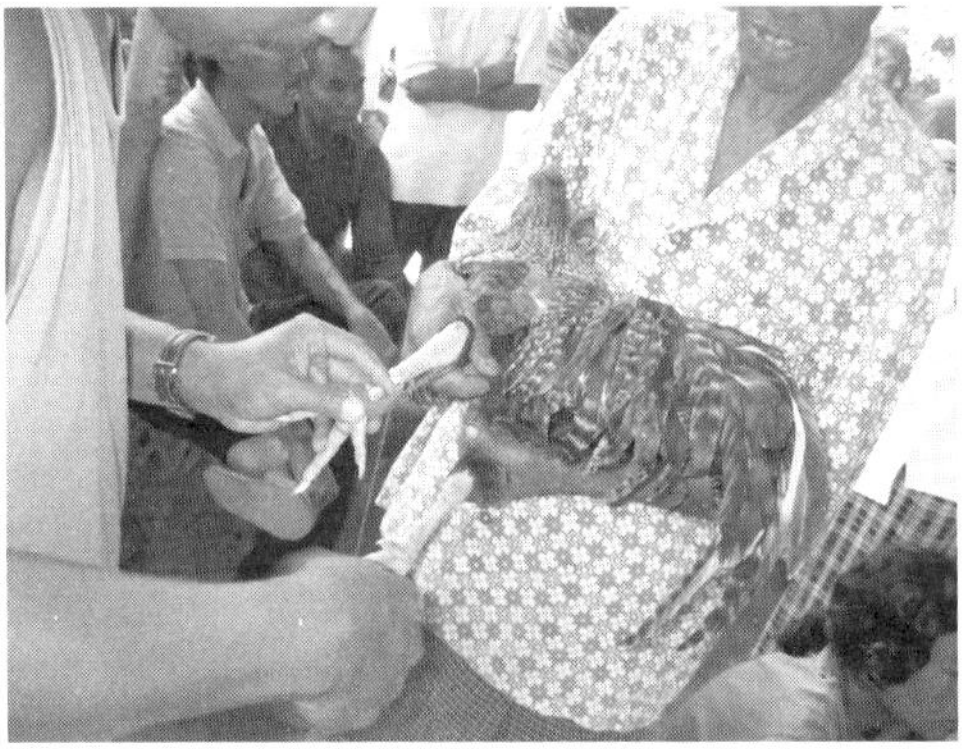
タジをつける

出番がくると、鶏の世話人同士がたがいにリングの端に向かいあうように対峙し、ころあいを見計らって同時に鶏を手から放す。この位置は北—南あるいは東—西である。いずれを選ぶかはその試合をおこなう者の合意による。これはいわゆる方位観[2]と関連する。北からやってきた者は、北に位置することを望み、そうでなくとも東か西を選ぶ。しかし南に位置しようとはしない。

賭けは、鶏の所有者がたがいに賭けあう中央の賭けと、見物人がそれぞれ個人でおこなうまわりの賭けがある。中央の賭けは同率で、賭け金も同額である。金額はまわりの賭けよりも高額になる。一九九八年の通貨危機までは、小規模な試合で十万ルピア前後、中規模な試合で三十万から五十万ルピア、おおきな闘鶏では百万ルピア以上であった。ウブド周辺で住みこみで働く二十歳前後の若者の月給がこの当時十万ルピア程度であったことを考えると、そうした者がややおおきめの闘鶏に参加し、中央で賭けることはきわめて困難であることがわかる。したがっておおきな

戦いの直前

賭けのできる人は必然的にかぎられた富裕者であり、また社会的地位も高いとみなされる人になる。もっとも中央の賭けは、かならずしも鶏の所有者個人が賭け金全額をもつとはかぎらない。数人が共同で負担したり、対戦を決める段階で数人が出資したりすることもある。また彼らとは別に、まわりの賭けにもっぱら参加する人々が、あとからこの中央の賭けに参加することもある。ただし一九九三年当時、それは五万ルピア以上でなければならなかった。とくに多額の賭け金を一度に賭けたい場合には、進んでこの中央の場に賭けることがある。まわりの賭けは金額が低く、しかも短い時間に交渉をしなくてはならないからである。なお、いずれの場合も中央の賭けは、勝った場合その一〇パーセントをマージンとして主催者側にわたすことになっている。

ところで中央の賭けが不均衡になり、一方の側の賭け金が足りないという場合が出てくる。その場合には、タジもつけてリングにあがってから、まわりで賭けようとする者たちにたいして、審判が足りない方に賭けてくれる者がいないかを人々に尋ねる。金額が折りあわなければ、この段階にいたったにもかかわらず、対戦が不成立におわることもあるが、ほとんどの場合は何人かが中央に賭け、賭け金の不足分を補填し、対戦が成立する。この場合も、中央への賭けの勝者は一〇パーセントのマージンを差し引かれた利益を受けとることになる。

鶏がリングでスタンバイし、戦闘体制をとりはじめてから、それぞれの世話人の手を離れて戦いはじめるまでの短い時間が、まわりの人々の賭けあうチャンスである。一分程度、長くても三分程度の間に、大声で賭けの条件を叫びながら相手を探す（ただし、その前の段階で相手と賭けを決めておく場合もある）。まわりの賭けの賭け率は次のいずれかとなる。トルド（trudoh）――ただし「ルド」と聞こえる――が三対二、チョッ（cok）が四対三、ガサル（gasar）が五対四、ダパン（dapang）が五対四・五つまりは十対九、そしてサマ（sama）が同率である。ほかに二対一、五対三といった賭け率もあるが、これはほとんどつかわれない。まわりの賭けはこの五つの比率のいずれかとなる。

まわりの賭けは次のようにして成立する。男たちは紙幣を握りながら腕をのばし、自分の賭ける鶏の方に手首をふり、たとえば「ルド！ルド！」と叫ぶ。これは自分が指している鶏にルドつまり三対二で賭けたいという意味である。これにたいして、たとえば「ドゥオ（＝二）！ドゥオ！」と賭け金の数字をいう者がおり、両者のあいだで賭けが成立するとすれば、前者の指す鶏が勝った場合には、前者は七千五百ルピアを後者からもらい、逆にその鶏が負けた場合には前者は後者に五千ルピアを支払うことになる。この場合の二は二千リンギット（ringgit）を意味する。千リンギットが二千五百ルピアという計算である。闘鶏の賭けは、現在はつかわれていない通貨単位であるリンギットを基準としているのである。もっとも、まれにルピアで賭け金をいう場合もあり、その単位や、どちらがどちらに賭けるのかなどについては、簡単に確認しあう。

対戦に力の差があるとみなされれば、賭け率はルドないしチョッで終始する。賭けがなかなか成立しなければ、賭け率を設定する方の声がルドからチョッへ、チョッからガサルへと、自然に率が下がる方へと推移する。ただしサマつまり同率で賭けることはすくない。また「チョッ！チョッ！」という声にたいして、「カジョ！カジョ！」「カウ！カウ！」と自分の賭けたい鶏を方位で示したり、「サー！サー！」「イジョ！イジョ！」と鶏の種類で賭けたい側を指示したりすることもある。こうした場合は指で金額を表わすこともある。人差し指を立てれば一（千リンギット）、じゃんけんの

賭ける人々

戦う鶏

パーのかたちにすれば五千リンギット、親指だけを立ててすぐに掌をかえしてパーにするのが六千リンギット、親指をのぞく四本の指を立てて掌を裏表にかえすのが八千リンギット、などである。ただし賭け金は、賭け率に照らして両方が整数になるものが採用される。たとえばルドでは偶数が、チョッのときには三か六が、それぞれ選ばれる。

まわりの賭けの賭け金は、一九九八年の通貨危機以前までは、低額であれば二、三千リンギットから四千リンギット（＝一万ルピア）であり、通常はおおよそ数万ルピアまでの範囲におさまっていた。通貨危機後しばらくして、このまわりの賭けの賭け金も上昇したようである。観光地であるウブド周辺ではとくに、五万ルピア札や十万ルピア札といった高額紙幣が次第に流通するようになったことが、こうした賭け金の上昇を後押ししたと考えられる。二〇〇四年現在、ウブド周辺では、小～中規模の闘鶏でも、二万ルピアや五万ルピアといった額が、まわりの賭けの賭け金の相場となっているようである。

まわりの賭けをする者は、一度の試合で複数の相手と賭けられるし、まわりで賭けつつ中央へも賭けることができる。また鶏の世話人のように勝負の場にいる者が、外にいる者たちと交渉し、個別にまわりの賭けに参加することもできる。うまく相手が見つからなければ、賭けられずに勝負がはじまることもある。

まわりの賭けの声がおおきく響く中、二羽の鶏が放たれ試合がはじまると、まわりの者も声をだすのをやめ、食い入るように勝負を見守る。鶏が一撃を加えるまでは張りつめた静寂が場を支配する。闘鶏の試合はリングの中に入って勝負を裁く審判（saye sambut）によって仕切られる。ほかに時計係り審判（saye kemong）がいる。二羽の鶏はたがいに飛び上がり、タジで相手にダメージを負わせようとする。一方が立てなくなればその時点で勝負はつき、試合は終了となる。

たがいにもつれて決定打が出ない場合や、一方もしくは両方がダメージを負っても決定的でない場合、時計係り審判が時間をはかって合図をおくり、一回戦を終了させる。いったん二羽の鶏をそれぞれの世話人がとりあげ、傷に応急処置をほどこしたり、息をくちばしから吹きこんで鶏の回復をはかったりしたあと、ふたたび鶏を地面におろし、鶏が立てる状態であることを示す。両者ともに試合が続行可能な状態であれば、二回戦がはじまり、以下勝負が決するまで三回戦、四回戦とつづいていく。

二回戦以降の試合がはじまっても、たがいの鶏が横を向いたりして戦闘体制をみせないときがある。この場合は、審判がふだん鶏を飼育するためにつかっている籠をリングに上げ、この籠の中に二羽を背中あわせの状態で入れる。そして戦いがはじまると籠を上げて試合を続行させる。両者のダメージがおおきい場合は、籠の中で最初に相手を攻撃した方を勝ちとすることもある。したがってダメージのおおきい方が、この籠に入れられてのちに、先に相手をくちばしでつつくなどして勝ちとなることもある。両者ともに攻撃しない場合は引き分け（sape）となる。また鶏の所有者が、鶏をこれ以上戦わせたくないという点で合意すれば、籠に入れる前の段階でも引き分けにすることもある。

以上、私の参与観察と闘鶏愛好家を中心とした人々へのインタヴューにもとづき、ウブドやその周辺でおこなわれている闘鶏について記述してきた。賭けの方法、賭け率、試合の進行などの点をめぐって、ギアツの記述との間にはいくつかの重要な差異があるが、ここではそれを逐一対照させて示すことはしない。私は、ギアツがライヴァル感情の強い地域の闘鶏のあり方を一般化して論じたのではないかという推測をもっているが、これを検証する手立てはないので、さしあたりここでは、ギアツの闘鶏論に記載された内容が、バリの闘鶏に関するかならずしも一般的な民族誌的記述ではないこと——むろん、ギアツはそのことを織りこみ済みで書いている——を指摘しておきたい。

「深い遊び」がはらむ問題

次に、ギアツの闘鶏解釈について検討する。ギアツの闘鶏論については、小泉が簡潔にして要を得た整理を提示している［小泉 1984］。ギアツの闘鶏論はおよそ次のようなポイントからなる［C. Geertz 1973i:417-448］。①鶏は男に、そしてバリ人が忌み嫌う動物性に、メタフォリカルに結びつく。②闘鶏では、単に金銭ではなく、男たちにとってもっとも重要な価値である地位が賭けられている。格闘する鶏は彼の分身である。ベンサムは経済合理性の観点から「深い遊び」、つまり賭け金が高すぎる遊びの非合理性と非道徳性を説いたが、この地位を賭けるという一種の価値合理性を考慮する観点に立てば、男たちが熱中する闘鶏は理解可能なものとなる。③さらに闘鶏を社会的な情熱、とりわけ不安／平静さの欠如(disquietfulness)を人々に開示する一種の劇であると解釈すれば、よりよく闘鶏を理解できる。つまり闘鶏は、バリ人が彼らの経験の一局面——繊細で上品である(halus)ことが美徳とされるため、通常の社会生活では隠されている、暴力的・破壊的な局面——を語り、読む、彼らのひとつの解釈ないしは物語である。

ギアツの流麗な文体を、このようなかたちでいくつかの論点に還元すること自体、そもそもギアツを論じる上では邪道であるのかもしれない。しかしこうした整理によって、ギアツの闘鶏解釈がはらむいくつかの問題点を明確にすることが可能となる。ここではその問題点を、ギアツの議論自体に内在する問題と、私の知る闘鶏に照らした場合の疑問とに分けて、それぞれ論じていくことにしよう。

まず前者である。それは、彼が掲げる理念としての解釈人類学と、彼が実際におこなっている闘鶏解釈との間にあるずれである。彼は闘鶏論の最後に、バリ人によるバリ人の生に関する解釈を彼らの肩越しに読みとろうとすること、あるいは社会自身が内包している解釈への接近を得ることが、解釈人類学の主題だと述べる［ibid:453］。とすれば、このエッセイは、闘鶏という行為によって書かれたテクストからバリ人にとって有意味な意味を読みとりつつ、ギアツなりの解釈を提示したものだということになるはずである。しかしながら、その解釈のキーワードになっている「不安」もしくは「平静さの欠如」は、ギアツが西欧的な美学論的観点から見出したものであって［ibid:443-444］、バリ人の闘鶏理解にもとづくものではないと考えられる。また鶏と男、鶏と動物性との関係づけも、バリ人の解釈をギアツがその機微に分け入って記述したというよりも、むしろギアツが彼らの「深層心理学的なアイデンティフィケーション」［ibid:417］として見出した、ギアツ自身による解釈という性格をかなり濃厚にもったものである。こうしてみると、彼の闘鶏解釈の基盤にあるのは、バリ人の解釈というよりも、バリ人の闘鶏理解の本質だと判断し構築した、ギアツ自身の解釈だといってよいように思われる。

私は、べつに「肩越しに読みとる」ことが当事者の解釈をそのまま書き写すことだと考えているわけではない。そうしたことは、使用する言語の問題からいっても、またそもそも解釈という営為がもつ性質からいっても、ありえないことである。ギアツが社会自身の内包している解釈に接近するとか、彼らの肩越しにテクストのまとまりを読みとろうとする、などという場合、そこに人類学者による一定の解釈付与がともなうのは、むしろ当然だと考える。「厚い記述」とは、そのような人類学者の解釈をむしろ積極的に付与することによって肉づけされるものであろう。ただここでの問題は、ギアツがバリ人の闘鶏理解に肉づけをおこなって解釈を提示しているというよりも、むしろ換骨奪胎し、別の解釈をつくりあげているのではないかという点にある。闘鶏を芸術的テクスト＝作品とみなし、バリ人にとっての感情教育の一種であると位置づけ［ibid.:443-448］、「社会的情熱」や「深層心理学的なアイデンティフィケーション」といった概念に即して語るその解釈は、彼がその論考の末尾で表明している解釈アプローチからは逸脱した、むしろ西欧文化の枠組への還元にちかいものなのではないだろうか。

そして、当事者が保持する解釈や表象を記述の中に極力反映させようとするのではなく、むしろギアツ自身にしかできないような独特のイディオムや造語によって異文化を解釈しようとするという傾向は、この闘鶏論にのみ顕著な特徴なのではない。第1節で触れた「オーソプラクシィ」、第2節でみた「人格の脱人格化」「時間認識の脱時間化」、次節でみる「内在的改宗」、そして「劇場国家」［C. Geertz 1980］など、ギアツの一連の研究に共通してみられる特徴である。端的にいって、ギアツは彼が観察した人々の織りなしているテクストの奥に、彼自身の紡いだ言葉で語るしかないような特徴を見出すことを志向している。ギアツのバリ研究は、彼の独自な解釈を基軸に構築されたものであって、当事者であるバリ人たちの多声的な諸解釈の複雑なあり方に可能なかぎり即して語ろうとするものではないのである。

闘鶏脇の賭け事

むろんそれはひとつのアプローチの方法かもしれない。しかし、それは彼がいう「厚い記述」には噛みあわないはずである。なぜなら、丹念に事象の個別的なあり方やその社会的脈絡を記述し、リアリティの多元性の中に民族誌的記述を位置づけようとする「厚い記述」を重ねることと、ある異文化の特徴をキャッチフレーズ的な概念に縮減して瞬時に把握する方法とは、原理的に異なる手法だといえるからである。あるいは、前者と後者は議論の飛躍なしにはつながらないといってもよい。厚い記述をいくら蓄積させても、それはギアツが提示するキャッチフレーズ的な異文化理解の妥当性を支えることにはならないし、むしろ厚い記述の蓄積は、単純な概念化を否定する方向にこそ作用するはずだからである。したがって、異文化の特徴をひと言に縮減して把握するというギアツ的な手法は、むしろ「薄い記述」だということにもなる。ギアツのバリ研究は、厚い記述を志向するどころか、むしろこれと原理的に相反する手法にもとづくものだとさえいえる。そして問題は、こうした自身の議論に内在する本質的な亀裂を、彼が「問題」として主題化しなかったことにある。

浅いのか深いのか

次に、ウブド周辺の状況との対比にうつろう。私はギアツの闘鶏論のポイントとして上にまとめたような特徴を、ウブドあるいはその周辺の人々の闘鶏にたいする態度や理解の中に、明確に看取することはできなかった。とりわけ闘鶏を地位の問題と絡めるギアツの解釈は、ウブド周辺の現状にはうまく当てはまらないのである。

ギアツは、闘鶏で賭けられているものは、金銭というよりもむしろプライド、男らしさ、威信であるという。これを例証するものとして、①闘鶏の参加者は男、とくに社会的地位のある者を中心としている、②闘鶏のまわりでおこなわれている偶然だけの賭事（絵や数字の札合わせなど）で遊ぶのは、女性、少年などであり、闘鶏をする男たちはこうした賭事に近づくことを恥としている、③人々は親族や村の者など、自身に関係する者に賭ける義務を感じ、実際そのように賭ける。逆に敵対関係にある者がいれば、彼と逆の側に賭けようとする、などの点を挙げている［C. Geertz 1973i:432-442］。

しかしながら私は、闘鶏に参加する前後の男たちが、むしろ当たり前のように偶然だけの賭事に加わって遊ぶということを、しばしば観察した。また子供や女性が闘鶏をすぐ間近で見たり、子供が闘鶏の賭けの輪の中に入ったりしていることも、問題とされなかった。バリ人女性の闘鶏愛好家はいなかったが、長期滞在の日本人女性で、夫や友人とともに毎日のようにウブド周辺の闘鶏に参加し賭ける者はいた。しかし彼女が特別なあつかいを受けるということはなかった。このケースだけで判断はできないし、バリ人女性となるとまったく別の反応となる可能性は否定できないが、さしあたり外国人女性が闘鶏に参加することに抵抗はないようである。バリ人以外の者が闘鶏に参加すること、しかも鶏をもちこみ中央の賭けに参加することも、問題はないようである。自前の鶏をもったバタック人が村をまわって中規模以上の勝負を挑んだり、観光で来た日本人が鶏のオーナーとなって中央に賭けたりするといったこともあった。蛇足かもしれないが、調査で来る欧米の人類学者の中にも「闘鶏狂い」がいるという話をきいたことがある。

賭ける人々（後方左）と
賭けずに勝負を見守る人々（前方右）

ギアツは、闘鶏の輪の中にいれば賭けなくてはならないし、賭ける対象や賭け金の程度は彼のもつ社会関係（親族、村、友人関係など）によって左右され、賭けないときはその場から離れなくてはならないという。しかしウブド周辺では、賭けが成立しなくてもそのまま賭けの輪の中にいて勝負のなりゆきを見守るということはめずらしくない。またそれゆえ私も参与観察できたのである。そもそもおおきな闘鶏では人々がひしめきあっているので、輪の中にいる者が外に出ることも、いったん離れた者がもとの好位置に戻ることも、困難である。さらに、かならずつねに賭けが個人のもつ社会関係に左右されるというわけでもないようである。むしろ強いと思う方に、いわばドライに賭けるということもしばしばみられた。たとえばギアツの論理では、親族や村落の帰属関係もなく、友人もいない村で勝負を挑むバタック人の鶏と、バリ人の鶏の勝負ならば、バタック人の方に賭けるバリ人がコンスタントに出るという状況は（敵対関係によるネガティヴな選択というケースを考慮しても）あまりないはずだが、実際には賭けはそれなりに均衡のとれたものだった。また均衡がとれ、まわりの賭けも成立するからこそ、このバタック人はさまざまな場所をまわって闘鶏にいそしむことができたのである。

たしかに一部の闘鶏においては、親族関係や村の帰属関係などといった社会的な連帯と敵対関係が、遊びという場におけるものとして、顕在化することはある。またプライドや威信といったものが、男たちを闘鶏に熱中させる強力な推力のひとつであるということもいえる。しかしそれはひとつの様相と考えるべきである。陳腐な話だが、闘鶏はある者にとっては地位と名誉を発揚する舞台であり、ある者にとっては一攫千金を狙う賭博場であり、ある者にとっては相撲観戦やパチンコなどとおなじようなリクリエーションの場である。あるいはそれらのすべてである。今日の（ウブド周辺の）闘鶏は、こうした主体によって異なる意味の様相をもった多元的な象徴として理解されるべきものである。そして闘鶏が一義的に地位の問題に関わるといえるのは、すぐれた鶏のオーナーであり、多額の賭け金をつかって遊ぶことのできる、きわめてかぎられた人々、具体的にはかつての王族や領主の子孫でなお経済的に豊かな人々か、近年事業に成功した人々、そして金持ち外国人くらいのものである。彼らはおおきな闘鶏になると、満を持してすぐれた鶏をもって参加する。しかしながらこうした高い社会的地位や経済力をもった人々が参加し、非合理な高額の賭け金が動く「深い遊び」は、むしろまれである。日々おこなわれている闘鶏は、そのほとんどがギアツにならっていうならば「浅い」（shallow）のである。そしてより重要なのは、たまにある「深い遊び」にたいしても、個人的には「浅く」にしか関われない闘鶏愛好家の方が圧倒的におおいという点である。

ウブド周辺で闘鶏に興じる人々にとって、闘鶏はほとんどの場合「浅い遊び」としてたちあらわれる。「深い遊び」としての闘鶏に出会っても、これを「深い遊び」として享受する者はかぎられている。このように、当事者個々人にとって闘鶏がどのような意味をもっているかを重視する観点に立てば、バリの闘鶏は「深い遊び」ではなくむしろ「浅い遊び」と呼ぶ方が適切であろう。私はそうした浅い遊び、いわば「表層の遊戯」として表象されるような闘鶏こそ、ウブドにかぎらずバリ島の各地で日々おこなわれている闘鶏のあり方を代表するものだと考える。ただし、もちろん、そうした浅い遊びという表象にバリの闘鶏を縮約して理解できるといいたいわけではない。むしろ重要なのは、闘鶏がバリ人にとって複合的な意味の様相をもつということを民族誌的記述の中に確保しておくことである。そして付け加えるならば、大多数の闘鶏愛好家にとって闘鶏が、(普段隠されている暴力的・破壊的な一面を読み解く劇というよりもむしろ)理想と現実のギャップ——深い遊びをしたくとも、実際にはそれは不可能にちかい——を再確認する機会であるという一面にも、注意しておいていいだろうと思われる。

ギアツの記述をあらためて読みかえしてみると、彼が賭けの金額を基準として「浅い」とした闘鶏が半数近くあること、また深い遊びであっても浅くにしか関われない闘鶏愛好家の方が圧倒的におおいということがわかる。しかしながらギアツは、大多数の芸術作品が平凡であるからといって、芸術家が目指しているものが深遠なるものだということの反論にならないのと同様に、闘鶏のおおくが浅いという事実は、「深い遊び」という自身の解釈への反論にはならないのだ、と論じる[ibid:431-432]。いわば闘鶏の本質は深い遊びの方にあるのだ、という彼の主張——それ自体にも違和感をもたざるをえないが——の論拠にあるのは、バリ文化の特徴を穿つ何らかの解釈ではなく、単なる西欧の芸術論ないし美学の投影なのである。いずれにしても、ギアツの闘鶏解釈はバリ人の闘鶏解釈に十分言及し、これに即したものとはいえない。そもそもギアツは、バリ人にとって鶏がどう理解されているのかを記述しているのに、彼らが闘鶏をどのように捉えているかという、ある意味でより肝心な点を記述していないのである。先に、ギアツの解釈がギアツ自身の紡ぎだすキャッチフレーズ的な造語を機軸に据えたものであると述べたが、われわれはあらためてここで、ギアツのバリ文化の解釈が当事者の解釈を基盤に据えて構築されたものとはいいがたいということを、確認したことになる。

第4節　宗教論の光と影

最後に、ギアツのバリ宗教論について、「現代バリの内在的改宗」〔C. Geertz 1973e〕を中心に検討しよう。このエッセイは、バリ宗教に関する記述としては十分なものとはいえないが、その一方で本書がめざすバリ宗教論にひとつの光を投げかけるものでもある。ここでは、ギアツの宗教論の限界と可能性、あるいは影と光について論じるとともに、前節までの検討を踏まえて、ギアツあるいは既存のバリ宗教研究について、さしあたりの総括をおこなうことにしたい。

バリ宗教の合理化？

第1節で触れたように、ギアツはバリ宗教を基本的に儀礼に着目する視線から捉えている。たとえばそれは、オーソドキシィならぬオーソプラクシィ、つまり儀礼実践主義とでも訳せるような造語によって、彼が「伝統的なバリ宗教」を表象していることに端的にあらわれている。また十九世紀の古典国家と、二十世紀半ばあるいは後半におけるバリの村落や親族を、おなじこの儀礼中心主義的理解枠組によって定式化しており〔C. Geertz 1959, 1980; Geertz & Geertz 1975〕、この点でギアツのバリ宗教理解がスタティックで本質主義的なものであるということも指摘できる。そうした理解枠組は、ギアツの前後に位置する他のバリ研究者にも共有される、いわば紋切り型のバリ宗教表象といってよいものである。あるいはクリフォード＝ギアツこそ、こうした紋切り型の表象枠組の維持や定着に寄与した中心人物のひとりなのだということもできる。

ところが、ギアツはこの儀礼中心主義とはまったく異なるバリ宗教論を提示してもいる。それがこの「現代バリの内在的改宗」である。第2節で触れたように、このエッセイはギアツの調査時点で観察された宗教変動を主題としたものである。その議論は、①ウェーバーの合理化論を参照し、社会秩序の根底的な動揺が伝統宗教の世界宗教への合理化の契機になるとするテーゼを導く議論、②「伝統的なバリ宗教」について要約した部分、③戦後のバリ社会と宗教に観察される根本的な変容やその兆候を素描した部分、からなる。ここでの焦点は③にあるので、以下この部分について、ギアツの議論を要約していく。

ギアツは、一九五〇年代後半のバリ社会が根本的な社会変動の中にあると論じる。たとえばそれは、共和国の成立による近代教育・近代統治形態・近代的政治意識の導入、外部世界の意識化とそれとの接触の増大、アイデンティティのあらたな規準の形成、都市化・人口圧による伝統的社会組織の維持困難、などである。こうした状況において、バリ社会はインドのヒンドゥー教を参照枠とした「バリ教」とでもいうべきものを生み出そうとしている、とギアツはいう。それはウェーバーのいう「合理化」の独自の進行形態であり、やがてバリ宗教は世界宗教に類似する問いと答えの一般性と包括性とを獲得するかもしれない。ギアツは、このバリ独自の合理化の過程を「内在的改宗」と呼ぶ［C. Geertz 1973e:181-182］。

ギアツはこの内在的改宗に三つの側面を見ている。第一は、個人の内面の合理化であり、宗教の信憑性の意識化と論理化、儀礼における神々との精神的交感の自覚といった面である。宗教について反省的に考え語ったり、神に祈り司祭に聖水をもらうといった行為にたいしてとくに宗教的意義を感じたりする者が、出現してきている。ギアツは、葬式に参加していた村の普通の若者たちが交わした会話に触れている［ibid:183-185］。これはバリ人自身の宗教認識についてのヴィヴィッドな資料といえるので、やや詳しくみておくことにしたい。

彼ら若者たちは、葬式についての細かな決まりごとのすべてが、はたして神を信仰するという点において本当に必要なのか、むしろそれらは盲目的な習慣の遵守にすぎないものなのか、そうだとすればこの両者、つまり神への信仰に関わる神聖な宗教的行為と、伝統的な習慣［つまりアダット］にすぎないものとはどのように峻別しうるのか、について議論しはじめた。ある者は、成員が協力しあって儀礼に必要な供物や道具をつくることは習慣であり、遺体を聖水で洗ったり死霊にたいして祈りをささげたりするなど、直接神々に関わるようなことは宗教であると述べた(3)。別の者は、聖水などのようにほとんどあらゆる儀礼機会に見出されるものは宗教的なものであり、いくつかの儀礼機会にのみ限定されるものは宗教的なものではない、と述べた。また、マルクス主義に感化されている者は、宗教は人間のつくりだしたものであって、ある存在を考案し「神」と名づけたのは人間である、宗教は有用だし価値あるものではあるが、人間から離れて価値を有するものではない、ある人の信仰は他人にとっての迷信であり、根本的にはすべては単なる習慣にすぎないのだ、と述べた［ibid:183］。

しかしこの見解には皆が反対し当惑した。ここで村長の息子で町の役人でもある若者は、次のようなシンプルな信仰の立場を提起した。知的な議論はまったく的外れなものである。自分は心の中で神々が存在することを知っている。信じることこそ一義的であって、思考は二義的なものである。真に宗教的な人物は神々が寺院に来訪し臨在することを本当に感じることができるのだ、というものである。さらに別の者は、たとえば削歯（やすりで歯を削る儀礼行為）は人間が一層神々に近づき動物から遠ざかるようになることを象徴するように、個々の儀礼は特定の意味をもっているし、この色は正義を、あの色は勇気をというように、一見すると無意味にみえるものも隠れた意味に充ちていることが、その意味を読み解く鍵さえもっていればわかるのだ、という見解を提示した。さらに別の者は、そうした問題は人間の理解をこえたところにあるから考えられない、単にわれわれは知らないのだ、一番いい方法は聞いたことの半分を信じることであり、そうすれば深入りしなくてすむだろう、と述べた。こうした議論が夜を通して戦わされたのである［ibid:183-184］。こうした記述からは、一般のバリ人たちが自らの宗教の意義について思索し、宗教と習慣との差異に敏感になっている点を、うかがい知ることができる。

さて、第二は教義知識の面での合理化であり、一定の程度において、宗教関係の書物やパンフレットが出版され、流通しつつあるという点である。そして宗教を各自が再認識しようとする動きは、バリの古文書やインドの教義知識に照らして、あらためてバリ宗教の教義を練りなおそうとする動きや、共和国の宗教省に対抗するバリ独自の宗教省たる組織をつくって、バリ宗教を「宗教」として認知してもらうよう共和国政府に働きかけようとする動きを喚起してもいる。インドネシアでは、政府が宗教アガマ（agama）と公認したイスラム・カトリック・プロテスタントには信者や組織にたいする援助をする一方、伝統的宗教にたいしてはそうした援助をおこなわないばかりか、後者の信者はいずれ特定のアガマに改宗すべきものとする暗黙の了解さえある。バリ宗教は後者のカテゴリーに入っており、改宗の対象とされかねない。この組織は、バリ宗教を第四のアガマとして認めるよう中央政府へ働きかけるとともに、バリ内では各地に支部を設けて組織化を進め、宗教制度の中心的な部分を再編し、アガマの形式を整えようとしている。この組織制度面での合理化が、第三点である［ibid:185-189］。

こうした三つの動きが今後どのように展開するかは予断を許さないし、あるいはつぶれてしまうかもしれないが、すくなくとも戦後のバリでは、世界史上における宗教改革をひきおこしたのとおなじ種類の現象がはじまっていると考えられる。最終的な結果がどうであれ、今後の数十年間のバリ宗教の動向をじっくり観察することによって、過ぎ去った歴史が教えてはくれない宗教変化のダイナミクスにたいする洞察を得られるかもしれない、とギアツはいう。なお、ギアツは当該論文を『文化の解釈学』に所収するにあたって、バリ宗教が共和国政府による認知を勝ちとったことを脚註で補足している［ibid:189］。

宗教変化と国家政策

以上、ギアツの当該箇所の議論を要約した。このエッセイは、戦後のバリ宗教にあらわれつつある変化の兆候を素描しようとしたものであり、民族誌的事実への言及も断片的なものにとどまっている。そこで、ギアツが主題化した出来事の内実や社会的脈絡をもうすこし明確にしておく必要がある。ここでは二つの点を補足しよう。

第一に、この宗教変化は、まずもってインドネシア共和国の宗教政策にたいするバリ人側の反応ないし反動として捉えることができる。戦後のバリ宗教の変化は、ウェーバーの合理化論に即して定式化する前に、インドネシア共和国の中におかれたバリ宗教という、より具体的で限定的な脈絡においてかなりの部分が整理可能である。ギアツがバリの根本的な社会変動の局面として挙げたもののおおくも、インドネシア共和国の成立にからむものだといえる。

インドネシア共和国にはパンチャ＝シラ（Panca Sila）と呼ばれる建国五原則がある。これは憲法の前文に相当する部分に記載された、国家政策の基本方針を明示したものである。その第一条項は唯一至高の神への信仰（Ketuhanan Yang Maha Esa）である。ここにいたるまでには、イスラム国家を望む勢力と他宗教の勢力との駆け引きや、経済の実権をにぎる華僑勢力への配慮など、さまざまな要素が絡みあっている。ただ、イスラムやその神の名を前面に押し出さないという点での妥協を飲んだ一方で、イスラム勢力、具体的には中東で学んだ近代主義的なムスリムの勢力は、宗教省をコントロールするという実を取ることになった。宗教省は、唯一神とそれに見合った教義・聖典・預言者などを保持する宗教を公的に認知し、保護育成の対象とする政策をとった。インドネシア語で宗教を意味するアガマは、それゆえ政府公認の宗教というニュアンスをもつのである。当初アガマとされたのは、イスラム（Islam）、カトリック（Katrik）、クリスタン（Kristen; インドネシアではプロスタントを意味する）であり、聖典や預言者をもたず特定の民族集団に限定されるいわゆる伝統的宗教は、俗信（kepercayaan）ないし信仰諸派（aliran kepercayaan）という名の下に一括された。バリのヒンドゥーは当然ながら後者のカテゴリーに分類された。イスラム主義的な中央政府の政策にたいし、バリ人はおおいに失望するとともに無言の圧力を感じた。こうした状況において、バリ宗教の改革が、一神教的な教義体系の確立と、経典に相当する文書の発掘と整理を一義的な課題として、はじまるのである［ibid:187-189; Forge 1980:225; Kipp & Rodgers (ed.) 1987; 白石 1992:214; Bakker 1993:48; 深見 1995:39-40; 鏡味 1995:40; Picard 1999:43-44, 2004; Ramstedt 2004b］。ギアツが言及した村の若者たちの宗教論争において、宗教の本質部分とそうでないアダットの部分との差異が話題となったのは、こうした共和国政府の制度的・認識的枠組の中に、バリ宗教の再構築という運動が内属するものだったことを示している。

第二は、こうした具体的な歴史的脈絡の中でこの宗教変化（の兆候）を把握するならば、ギアツとは別のかたちでポイントを整理する方がよいだろうという点である。詳しくは次章以下で論じるが、戦後のバリ宗教の変容は、①インドネシア共和国の宗教政策にたいするリアクションとして、一神教的な神観念とこれに連関する教義体系を構築しつつ、政府にアガマとしてヒンドゥーを認知させようとする運動がおこり、②この運動を結集させるかたちでパリサド（Parisada Dharma Hindu Bali）という宗教団体が成立し、③このパリサドが教義知識や規範の確立と、寺院や司祭など制度面の体系化・組織化をバリ島にておこないつつ、④さらにバリ島をこえてインドネシアの諸地域に、合理化されたヒンドゥーの教義や組織を浸透させることにある程度成功した、といった点にまとめることができる。ギアツが触れたバリ独自の宗教庁、正確には「バリ地方自治宗教庁」（Kantor Agama Otonoom Daerah Bali）ではなく、このパリサドこそ、戦後のバリ宗教の改革運動を担う組織となるのである。ギアツも、のちにこうした点に触れている［C. Geertz 1972］。

とすると、ギアツは当該エッセイにおいて記述した以上のことを、のちに把握するにいたったことになる。しかし彼は、後日得られたその種のデータを整理し、あらためてこの内在的改宗論のポイントを再検討することはしていない。彼は向こう数十年間のバリ宗教の動向をじっくりと観察することの必要性を説いたにもかかわらず、それを具体的な議論として提示しなかったのである。では、このギアツが放置してしまった、現在にいたるバリ宗教の変容の過程とは、どのようなものだろうか。ここではギアツの議論に関わる範囲で四点に触れる。

第一は、右の④からも明らかなように、この宗教変化をあらたな「バリ教」成立の端緒になるかもしれないとしたギアツの予想は外れたという点である。このヒンドゥー改革運動は、あらたなバリ教の確立ではなく、あらたなインドネシア＝ヒンドゥーの確立という方向に向かったのである。第二に、ギアツが注目した宗教変革へのうねりは、かならずしも戦後にあらたに発生した現象ではなく、むしろ戦前の知識人エリートによる宗教文化改革運動に由来するという点がある。この萌芽的運動は、第二次大戦前の時局の中で、のぞんでいた変革を果たすことなく、今日参照しうる資料からは消えてしまうが、すでに戦前において、戦後の改革運動の方向性は用意されていたのである。第三に、戦前および戦後におけるヒンドゥーの改革は、同時代のインドにおけるヒンドゥーのあり方を準拠枠としていたという点が挙げられる。その意味では、バリ宗教の変革はかならずしもバリ独自の（世界宗教の成立に比肩しうる）現象ではなく、いわゆるサンスクリット化の一形態として理解しうる一面をもっているのである［Ramstedt 2004b:22-27］。そして第四は、一九六〇年代以降この宗教改革運動の担い手となるパリサドの諸活動についてである。パリサドは、神観念をはじめ教義の体系化、広報活動、寺院の体系化、司祭の認定、書物の出版、学校の設立などをおこなうが、その活動の基本的な特徴は、ヒンドゥーの理念像をもっぱら知識の次元で構築し提示し、場合によってはこれに沿って指導するという、いわゆる啓蒙運動を基本的な手法としたものだった。鏡味もいうように、一九九〇年代半ばまでのところ、パリサドの影響力は「間接的」「局所的」なものだと、さしあたり総括しうる［鏡味 1995:44, 46］。もっとも、パリサドの影響力はかなり強く、宗教生活のさまざまな部分にいわば虫食い上に浸透しつつあるということを付け加えておく必要があるし、こうしたおおまかな理解に収斂して捉えることのできない微細な現象に注目する必要もある。これについてはあらためて第Ⅲ章第4節で議論することになる。

以上、後述の議論を先取りしながらギアツの議論を補足した。あらためて論点を戻していえば、結局「現代バリの内在的改宗」というエッセイは、主題としてとりあげた宗教変容の記述という点でも、またそれを定式化する議論枠組という点でも、現在時点からふりかえれば、加筆修正すべきところを抱えたものだったといえる。しかしギアツは、そうした修正や見直しに着手しようとはしなかった。それは、ギアツが先例拘束性の原則［C. Geertz 1973a:viii］を極端にかたくなに守ったからなのかもしれない。ただ私には、「今後の数十年間のバリ宗教の動向をじっくり観察すること」［ibid:189］を、ギアツがその時点では自身の課題として捉えていたように思えるのである。

亀裂する宗教解釈

次に、論の構成という点においてこのエッセイが抱えている問題について検討したい。

ギアツのこのエッセイは、一見すると戦後のバリにおいて伝統的な宗教が合理的な宗教へと変貌を遂げつつあるという点を論じたもののようにみえる。ところが、ギアツの議論運びはかならずしもそうした明確な主張に収斂するものではない。変化の実態を明瞭に記述できていないことが原因でもあるが、変化の兆候が見出されるということを述べ、ウェーバー的な合理化論の適用可能性を示唆するにとどまっており、はたして合理化という概念で語ることが適切なほど根本的な変化があるといえるのかどうかについて、ギアツ自身ためらいがちに論じているようにも見受けられる。さらにすでに触れたように、根本的な変化について語ろうとするにもかかわらず、その前段では「伝統的なバリ宗教」のあり方を現在形で記述しており、宗教生活の全体はさほど変わっていないとする見方に傾いている面もある。そもそもこの伝統的なバリ宗教についての記述内容は、変化について論じたそのあとの議論の中で否定されてはいない。つまり「伝統的なバリ宗教」という表象は、変化を論じるための捨て石として用意されているのではなく、むしろバリ宗教の現状を描いたものとして、ある意味でポジティヴな位置づけを与えられているとさえ受けとれるのである。

こうした解釈が妥当であるとするならば、このエッセイは、一方ではバリ宗教の伝統的なあり方の様相に注目した議論があり、他方では戦後のバリ宗教の変化しつつある様相を主題化しようとした議論があり、この二つの視点からなされた議論が接合された構えになっているということになる。前者は、これまで見たようにギアツの他のバリ宗教文化研究に通じる視点であり、後者はインドネシアの近代化を主題とした著作［C. Geertz 1963, 1965］など、バリ人の村落生活の理解を基本的な主題としたバリ研究とは異なる、よりグローバルな視野からの研究に通じる視点である。こうしてみると、ギアツのこのエッセイのねらいは、単に伝統的な宗教から合理化された宗教への転換を論じることにあったというよりも、むしろ伝統的な宗教形態をほとんど変えずに保持しながらも、合理化された宗教への転換の兆候をまさに示しているというこの二面性を、現状の断面をすくいとることによって素描することにあったように思われる。その意味では、このエッセイはまさにエッセイであって、緻密な論理構成をもったものでもなければ、現状の精緻な記述や理論の検証を主題にしたものでもなく、そのあとの時代にバリ宗教がどのようになるかを見守ろうとする意図をもった、いわば備忘録的な議論としてその価値をもつものだったといいうる。

ここで私は、ひとつの論文ないしエッセイの議論構成という点から離れて、ギアツのバリ宗教にたいする基本的な理解枠組という次元において、この問題をあらためて考えたいと思う。そこから指摘しうるのは、ギアツのバリ宗教理解がある種の亀裂をはらんだものだという点である。ギアツは、一方ではバリ宗教あるいは広くバリ文化の伝統的な姿を捉えようとする本質主義的視線をもっている。第2節で確認したように、ギアツはバリ文化を文化の体系性／内的一貫性を考察するに適切な例だと考えており、こうしたまなざしからするかぎり、当然その文化の中心的な領域／サブシステムであるといってよい宗教も、内的に一貫性をもった体系として把握されてよいことになる。バリの宗教・文化の構造的特徴に着目するこの種の理解枠組は、第I章第1節で論じた二十世紀人類学のパラダイムに内属するものだともいえる。

ところが他方ギアツは、バリがインドネシア共和国の部分社会となり、こうしたあらたな社会的・政治的枠組に組みこまれたことによって、根本的な変化に直面しているという点を見逃さない。ギアツの一九六〇年代の研究の中で、こうした近代化論は重要な位置を占めている。しかしながら、ギアツはこの理解枠組からまとまったバリ論を展開することはしなかった。結果的に彼のバリ解釈は、バリの文化・社会・宗教をゆるやかな意味で一貫した体系とみなす前者の理解枠組を前面に打ちだすものとなったのである。その例外が「現代バリの内在的改宗」というエッセイである。ここにはこの二つの理解枠組が、議論構成の破綻を招きかねないようなかたちで盛りこまれている。それは、ギアツが異なる二つの視点をもってバリ宗教を見ていたことを示している。

ギアツのバリ宗教解釈は、このように、バリ宗教（あるいは文化・社会）の構造を抽出しようとする視線と、近代化の中でのその構造の変容可能性に注目する視線とが、これらを媒介する議論を欠落させたまま、ない交ぜになったものだといえる。この問題は、第I章第2節で検討した文化システム理論における問題点にある意味で対応するところがある。そこで指摘したように、文化システムの体系性（サブシステムによる文化システムの構成）とその変容可能性という二つの論点は、補完的なかたちでひとつの理論枠組の中に整理可能である。しかし、こうした問題をつきつめて論理化しようとするならば、彼の当初の文化システム論の一般論的な議論枠組をいったん否定しなくてはならなくなる。おそらくそれゆえ、ギアツはいずれの問題についても示唆をするだけにとどまった。こうして彼の文化システム論は次第に論調が変質していき、一般化を放棄するようなかたちになっていたのである。この文化システム論における問題は十年にわたって書かれた四つのエッセイにまたがるずれであるが、本節で検討したエッセイにおいては、それに類似の問題がいわば圧縮されて見出される。つまり、ギアツのバリ宗教論は、バリ宗教伝統の内的一貫性を本質主義的に論じた議論と、同時代の外的影響を契機とした宗教変化を素描した議論とが、うまく折りあいをつけられずに、ひとつの議論に接合されたものなのである。

表象のずれをめぐる仮説

こうしてみると、ギアツの議論を足がかりとして、バリ宗教について何らかの体系的な議論を組み立てることは難しいといわざるをえない。残念ながら、ギアツによる一九五〇年代に関する記述からほとんど断絶したところで、本書は一九九〇年代のウブド周辺の状況について語ることから、あらためて論をおこしていかざるをえない。

ただ、ギアツの議論はひとつの示唆を与えてくれている。それはギアツが当時のバリ人の宗教認識について触れている部分である。ギアツの記述からは、一九五〇年代末のバリ人たちの宗教認識や実践の特徴や傾向をうかがい知ることができる。それは次のような点にまとめることができる。①祈りの際などに神の存在を感じとるという宗教的な体験が重視されており、こうした精神的・身体的体験を基盤として、自らの宗教を主体的に捉えようとする態度を看取することができる。②アガマとアダットという二項対立的な認識枠組にもとづいて、自らの宗教の意義を反省的に考察しようとする姿勢をみてとることができる。③人々はそれぞれに宗教についての思索に取り組んでいるが、彼らの考察の内容の間にさほどの差異はない。マルクス主義など無神論的立場はきわめて少数派であり、神の存在を信じるという点で、人々の宗教観には共通の理解枠組がある。④宗教について思索することだけでなく、宗教知識を得ることにたいしても相当強い欲求が存在し、一部安価な宗教パンフレットも流通しはじめている。

ギアツの記述が素描におわっているために、こうした特徴がどの程度当時のバリ人やバリ社会に一般的なものだったのか、またこれらは当時あらたに現出したものだったのか、といった点は、かならずしも明確ではない。たとえば、第Ⅳ章第3節で記述するように、すくなくとも②や④、そして唯一神の名称をめぐる問題などは、植民地時代のエリートの宗教改革活動の中にすでに存在した特徴である。また、スウェレンフレーベルの記述から推測すれば、これら四つの特徴は一九五〇年代の半ばあたりに遡っても、観察されえた現象のようである［Swellengrebel 1960:71］。これらの特徴の出現を明確に時間軸の上で確定することはできないが、一九五〇年代末にはすでに、これらの特徴がかなり広く観察されえたと考えてよいように思われる。

興味深いのは、第Ⅲ章であらためて記述するように、これら四点が一九九〇年代のウブド周辺で私が観察した人々の宗教認識の特徴にほぼ重なるという点である。私は、ここでひとつの仮説を提示したい誘惑にかられる。つまり、一九五〇年代末から二十世紀末、そして二十一世紀の現在までのバリ人の宗教認識あるいは宗教態度にかなり一般的にみられる特徴として、この四点を考えることができるのではないか、というものである。たとえばスウェレンフレーベルは、一九五〇年代後半において、唯一神をめぐる言説が強力に展開されていること、バリの自治宗教庁のリポートにおいては、すべてのバリ人がこの唯一神の存在を信じているとされていること、一方実際の宗教活動は多神教的なものだということをバリ人自身も認めていること、などを記述している［ibid:71］。自治宗教庁のリポートはアガマへの公認を勝ちとるために理想を書いている可能性があるので、唯一神信仰が本当に一般の人々にまで浸透していたのかどうかはわからない。スウェレンフレーベルはバリ宗教の伝統的な姿に注目する本質主義的視点に立つとともに、宗教知識を司祭や知識人らの保持する高文化とみなすエリート主義的な視点に立っているところがあり、多神教的な儀礼活動の持続性にこそ注目するが、一神教的な宗教理念の民衆への浸透という面にはあまり関心をはらっていないのである。ただ彼の記述からは、すくなくとも唯一神についての情報がかなり流通しており、一般の人々もこれに日常的に接する状況にあったらしいことは、十分推察しうる。つまりギアツがある村で観察したような事態が、別の村でも観察されえたであろう可能性が高いのである。

この時代以降のこうした人々の宗教意識について記述した民族誌的議論を私は知らないので、二十世紀後半のほぼ半世紀の間のバリ島のヒンドゥー教徒一般にこの仮説を当てはめることが妥当であるかどうかは、検証のいきとどかぬ問題といわざるをえない。ただこの仮説は、そうした論証を尽くすことを目的として立てた仮説ではない。あるひとつの問題を浮き彫りにするためのものなのである。

第1節で触れたように、戦前戦後を通じて、既存のバリ研究は、バリ宗教の特徴をその豊かな儀礼活動に縮約して表象しようとする傾向をもっていた。ところが、この仮説に立っていえば、人類学的バリ研究がますます進展してくる二十世紀後半において、バリ人自身はバリ宗教をそうした儀礼に即してではなく、むしろ唯一神への信仰心というこの点に即して理解してきたことになる。バリ人にとってバリ宗教の中心に位置するものは、宗教的体験における神との精神的な交感であり、宗教知識の獲得を通じての神への接近――ただしその基盤には不可知論的観点があるが――であり、アダットから峻別されうるヒンドゥーのアガマとしての要素や側面なのである。このようにバリ人の宗教表象の基本的な枠組（と想定されるもの）と、人類学者が提示してきたバリ宗教表象の枠組との間には、おどろくべき乖離が存在し、しかもこれが何十年にもわたって放置されてきたということになるのである。

本書は、二十世紀末の時点におけるバリ人の宗教理解枠組を記述し、これを既存のバリ宗教研究の理解枠組と対比させることを、第一の主題とする。しかし、ここで提示した仮説に立って捉えなおすならば、本書の議論は過去およそ半世紀にわたる人類学的バリ宗教研究とバリ人のバリ宗教認識との懸隔というよりおおきな射程をもったものということになる。こうしたかたちで議論を拡大解釈することの当否については慎重でなければならないが、すくなくともここでの議論にそうしたふくみをもたせることは可能ではないかと私は考える。ギアツの議論は、このことを示唆しているのである。

＊

既存の人類学的表象の特徴

最後に、ここで本章の議論全体をふりかえっておこう。

まず、これまでの議論を踏まえて、ギアツのバリ研究の特徴についてまとめておこう。第一に、ギアツのバリ研究の基本的な手法は、ギアツが考案したキャッチフレーズ的な造語によって、一言で議論の対象となる事象の特徴を捉えようとすることにある。第二に、そうした解釈にいたるまでの民族誌的記述は「厚い」ものとはいえない。解釈人類学の実践というう面をもつ彼のバリ研究は、しかしながら厚い記述という解釈人類学の理念を現実化したものとはいえない。第三に、ギアツのそうした一言による解釈が、バリ人の解釈とどの程度対応するのかが明示されていない。ギアツは、人々の理解を「肩越しに読みとる」ことこそ解釈人類学の極意であるといっておきながら、実際のところ、十分バリ人の理解を踏まえた解釈を提示していないといえるのである。第四に、彼のバリ宗教論は、伝統的なバリ宗教のあり方をスタティックに捉える視線を基盤としており、バリ宗教の重大な変化の到来に触れながらも、その過程や変化の結末を見届け記述するにはいたらなかった。

ここでは、ギアツのバリ研究のすべてを詳細に検討したわけではない。また、私は彼の研究がバリ研究の進展に与えたプラスの貢献を否定するつもりもない。ただ、第I章で論じた認識に立っていうならば、ギアツのバリ研究にたいしてはネガティヴな評価をせざるをえない。私が思うに、ギアツのバリ研究の最大の問題は、彼自身の解釈と、バリ人の解釈とのずれや落差に敏感でないところにある。たとえば「厚い記述」という論点にしても、瑣末なところを詳細に記述することがすぐれた民族誌になるわけではないことは明らかで、あるポイントに重点をおき、いわばつぼを押さえたかたちで厚く記述することが、民族誌の記述において必要であり効果的でもあると考えられる。そして私は、その重点をおくべき事柄の第一が、記述する人類学者の解釈や表象と、現地の（一枚岩ではない、さまざまな）解釈や表象との間にあるであろう差異にたいする関心や配慮だと考える。しかしギアツのバリ論は、彼の解釈とバリ人の解釈とを対照させる志向性をもたないし、同時代にまさに進行中のバリ人の宗教観の変化についても、結局これを厚く記述するにはいたらなかった。それは彼の解釈人類学の立場からは問題ではないのかもしれない。ただ、当事者の解釈を忖度しないで自身の解釈を提示するという傾向が、彼のバリ研究の基本的特徴としてみられるということは、ここで指摘しなくてはいけないだろう。このことが、中村［中村光 1991］のエッセイをのぞけば、これまで日本では議論の俎上にほとんどのぼらなかったし、日本でもアメリカでも、そしてインドネシアでも、このような問題が体系的に論じられることはなかったようである。いずれにしても、これがギアツのバリ研究にたいする、現在の私の結論である。

ところで、こうした傾向は、ギアツ以外のバリ研究者によるものをふくめたバリ宗教研究一般についても、ある程度指摘しうる点である。たとえば、ラムゼーヤーらによる比較的最近の網羅的な民族誌［Hobart, Ramseyer & Leemann 1996］は、植民地支配や観光化をふくめ、バリの歴史や社会変化に触れているが、宗教については方位観や象徴分類、そして人生儀礼と年中行事の記述に終始していて、バリ宗教改革の動きにはまったく触れていない。このように、バリ宗教にたいする人類学的知見の中には、なお儀礼中心主義的な理解枠組は保存されているといえる。もちろん、近年の変化やバリ宗教の改革運動を論じた研究がないわけではない［Rudyansjah 1986; 福島 1991; Bakker 1993; Picard 1999, 2004; 鏡味 2000; Howe 2001; Ramstedt(ed.) 2004a］。しかしそうした議論はまだ数がすくないのが現状である。ラムステッドは、大半のバリ研究がこの問題を無視したところで議論を進めてきたことを指摘した上で、それをとりあげた研究も、バリの宗教改革やインドネシア＝ヒンドゥーの確立を戦後インドネシアの社会政治状況との関連でしか捉えておらず、ヒンドゥー化・サンスクリット化といったより一般的な視野から議論していないことを指摘する［Ramstedt 2004b:22］。私は、このラムステッドの指摘にもうひとつの問題を付け加えておく必要があると思う。すなわち、ハウの研究をのぞいて、こうしたエリートの宗教改革運動が一般のバリ人の宗教観にどのような影響を与えたかという視点がほとんど欠落しているという問題である。たとえば、鏡味［鏡味 1992b, 1995, 2000］はいち早くパリサドの活動に注目し、これを議論してきた日本人人類学者であるが、彼の議論はパリサドという組織に着目した記述であって、人々の側からパリサドの活動を捉えかえす視点からの記述が十分ではないのである。そして次章以下で論じるように、この二つの問題は表裏一体の関係にあるといってよい。

いずれにしても、総じて既存のバリ宗教研究は、バリ人の宗教認識を十分描こうとしてきたとはいえない。それは儀礼中心主義の紋切り型の表象が支配的であったことの裏返しと考えてよい。ラビンシュタインとコナーは、バリに関する既存の学術的な表象に、バリ文化をユニークで変わらない、エキゾチックなものとして表象する傾向ないしは先入主があったと述べるが [Rubinsten & Connor 1999b:1-2]、私もこれに同意する。結局本章は、クリフォード＝ギアツがそうした傾向ないし先入主を保持した代表的な人類学者であったことを検証してきたことになる。むろん私は、ギアツという人類学者個人の問題としてこれを論じたのではない。ただ戦前のバリ研究にみられたこの傾向ないし先入主が、戦後のバリ研究においてよみがえり再生産されていく過程において、ギアツが多大な貢献をはたしたということはいえるだろう。

本書では、こうしたバリ宗教にたいする学術的表象を、バリ宗教表象のひとつの系として議論の俎上にのせようとする。ただその前に、バリ人の宗教表象あるいは宗教観を記述し、バリのヒンドゥーの現状を把握する作業をまずおこないたいと思う。そこでは、ギアツが主題化したが十分記述することのなかったバリ宗教の変容について、あらためて見通しを得ることにもなるだろう。次にこうした議論を、章をあらためておこないたいと思う。

註

（1）第Ⅳ章第3節であらためて触れるように、現在この組織の正式な名称はパリサド＝ヒンドゥー＝ダルモ＝インドネシア（Parisada Hindu Dharma Indonesia）、略称はＰＨＤＩである。しかしながら本書では、このＰＨＤＩといういわば公的な略称ではなく、一般のバリ人が通常もちいる「パリサド」という表現でもって、この組織を呼ぶことにする。

（2）北東はもっとも神聖な方位とされる。ここで方位に触れておく。バリの方位観はおもに二つの軸から構成される。ひとつはカジョ（kaja）―クロッド（kelod）の対立軸である。バリ語のカジョは川上ないし山の方向を意味し、クロッドは川下ないし海の方向を意味する。いまひとつはカギン（kangin）―カウ（kau）つまり東―西の対立軸である。後者の軸はバリ中どこでもおなじといえるが、カジョ―クロッドは、ウブドをふくむバリ島中南部では北―南に当たる一方、北部バリでは逆に南―北に相当することになる。また山間部の地勢の複雑な地域では、身近な山／川上の方角と湖や川下の方角がそれぞれカジョとクロッドになるので、カジョ―クロッドの軸が実際の北南とはずれることもある［Swellengrebel 1960:39; 倉田 1978; 吉田竹 1988］。ただし、本書ではバリの中南部地域における状況についてもっぱら議論するので、以下では便宜上、カジョ―クロッドを北―南に見立てていくことにする。なお、この読みかえが、二十世紀初頭のオランダの植民地支配の転換――それまでは北部バリを支配していたが、オランダが南部バリを支配して以降、人口的にも政治経済的にも中心部であるバリ中南部に関するデータにもとづいて、本格的なバリ支配とバリ研究が再スタートした――に由来することは、ここで注意しておいてよいだろう。

（3）この若者の発言を、ギアツは「神々に直接関係している事柄――家族が死者の霊魂に祈ること、聖水で遺体を洗うことなど――は、正確な意味での宗教的なものだ」と記述する［C. Geertz 1973e:183］。しかしこのギアツの記述＝解釈は、いわば誤訳ないし誤解の可能性が高い。第一に、後述するように、唯一神にたいする信仰こそ戦後のバリ宗教の本質であるのに、ギアツは「神」ではなく「神々」と複数形で表現している。これは、名詞が単複同形となるバリ語やインドネシア語による若者の発言を、ギアツが複数に書きかえたのではないかと思われる。第二はダッシュの中の記述である。これがギアツによる註釈なのか、バリ人による発言なのか不明確だが、前者であるとすればここにも問題がある。というのも、現在のバリ人の宗教観においては、死霊は神とはちがったカテゴリーなので、これに祈りをささげることと神にたいして祈りをささげることとは、理念上もまた行為形態上も区別されているからである。したがって、死者の霊への祈りを「神(々)に関係する事柄」の具体例としてもちだしてくるのは不適切なのである。また、現在のバリ人は聖水で遺体を洗う作業を「慣習」として捉えている。このようにダッシュの中の二つの行為は、現在について当てはめるかぎり、いずれも「神に関係した事柄」の例とはならないのである。もっとも、一九五〇年代末のギアツの調査地では、彼が記述するような言説や宗教理解がバリ人の間に観察されたのかもしれない。

第Ⅲ章

現代バリ宗教の民族誌

本章では、バリ宗教の現状を、とくにバリ人の宗教理解のあり方に注意をはらいながら記述しようとする。とはいっても、ここでは今日の多様なバリ人の宗教の総体を記述することは断念する。たとえば、現在のバリには数百人前後の規模の信仰諸派（aliran kepercayaan, ＡＫ）が、政府に登録済みのもの——それはパンチャ＝シラを認めることを意味する——から未登録のものまで、おそらく数十前後はある。その中にはサイババ信仰やハーレ＝クリシュナのように、ヒンドゥー系ではあるが、バリやインドネシアではなく、むしろインドや世界レベルにアイデンティティの基盤をもつような信仰集団も存在する［Howe 2001, 2004］。また全体からみればごく少数ではあるが、イスラム、カトリック、クリスタン（プロテスタント）を信奉するバリ人もいる［Barth 1993］。しかし、こうしたヒンドゥー以外のアガマを信奉するバリ人や、信仰諸派の諸団体に入っているバリ人については資料がかぎられており、十分な論及が難しい。そこでここではさしあたり、一九九〇年代のウブド周辺における私の見聞をベースに、都市部の状況を若干加味しながら、これら他のアガマや特定の信仰集団に帰属しない、その意味では通常のバリ人ヒンドゥー教徒の宗教観と宗教実践の特徴を素描することで満足する。

本章の記述は、バリ宗教の多様な現状を描くという点では不十分なものである。ただ、本書の主題（既存の人類学的バリ宗教理解の再検討）からすれば、既存の研究が議論対象としてきたようなバリ宗教の局面の現状把握に当面の議論の射程を絞ることは、さしあたり十分な手続きになるだろう。その場合、あらかじめいっておくと、ここでの焦点は、人々の宗教観や宗教実践が、パリサドが構築し浸透させようとしてきた宗教理念像とどう重なり、どうずれるのかにある。

第1節　宗教観の基本枠組

この節では、既存の人類学のバリ宗教表象の基本枠組と照らし合わせつつ、今日のバリ人の宗教表象の基本枠組について記述する［cf. 吉田竹 1995］。

名称をめぐる問題

まずは表現の問題に触れることからはじめたい。本書では、これまで単に「バリ宗教」と表現するにとどめ、バリ人が、そして人類学者らバリ研究者が、これをどのような名称で捉えているかという問題には、意図的に言及することを避けてきた。

現在のバリ人はこのバリ宗教を何と呼ぶのだろうか。バリ宗教は「アガマ＝ヒンドゥー＝バリ」（Agama Hindu Bali）という名称で、一九五〇年代末に政府の公認を受けた。その後、これがバリをこえてインドネシア諸地域に広まっていく中で、当初の名称から「バリ」をとった表現が一般的になった。また、パリサドは「ヒンドゥー＝ダルモ」（Hindu Dharma）という名称を公式につかっている。こうして、現在のバリ人はバリ宗教を「アガマ＝ヒンドゥー」あるいは「ヒンドゥー＝ダルモ」などと呼ぶ。この場合の「アガマ」「ダルモ」はいずれも「教」のニュアンスをもった語である。ただし通常の脈絡では、人々は自らの宗教を単に「ヒンドゥー」と呼ぶことがおおい。私の知るかぎり、バリ人だけでなくインドネシア人が通常、イスラム・カトリック・クリスタンなどの他のアガマとならべて、バリ宗教を単に「ヒンドゥー」と呼んでいるという点もある。そこで、以下ではバリ宗教を「ヒンドゥー」と表現することにする。

既存のバリ研究においては、バリ宗教をバリ人（あるいはインドネシア人）が何と呼んでいるのかは、ほとんど関心の的となっていない。むしろそこでは、戦前以来のバリ研究でもちいられてきた語彙がなお幅を利かせている。それは「バリ＝ヒンドゥー教」（Bali Hinduism/Balinese Hinduism）や「バリ＝ヒンドゥー」（Bali Hindu）であり、中には「ヒンドゥー＝バリ」（Hindu Bali）という名称もみられる。たとえば、『文化人類学事典』の「バリ」の項目には、「ほとんどがヒンドゥー教と土着信仰の融合したバリ・ヒンドゥー教を奉ずる」［鏡味 1987:612］という記述がある。これらの名称は、観光パンフレットやガイドブックなどでもつかわれている。

しかし、「バリ＝ヒンドゥー」は、通常バリ人がバリ＝アゴ[1]（Bali Aga）にたいして、自らがマジャパイトに系譜をたどる、ヒンドゥー化されたバリ人であることを示すときにもちいる語彙である。つまりこれは人を指示する語なのである。一方「ヒンドゥー＝バリ」は、たしかに宗教を指示する語ではあるが、これはとくに「バリの」ヒンドゥーであることを強調する特定の脈絡においてつかわれる表現であって、やはり通常の表現ではない。「バリ＝ヒンドゥー教」の原語と考えられる「アガマ＝ヒンドゥー＝バリ」や「アガマ＝バリ＝ヒンドゥー」は、戦後しばらくの時点まではもちいられたが、現在のところ、とくに後者は、すでにほとんどつかわれない表現である。このように、日本や欧米で流通する表現は、バリ人やインドネシア人の慣用的な表現とずれている。バリ宗教をバリ人の宗教認識に照らして理解しようとするのならば、われわれの社会の側におけるこうした表現と、「バリの」ヒンドゥーであるということをとりたてて強調しない現地での通常の表現との間にあるこのずれは、見過ごしてはならない問題だと私は考える。

ここで語用の問題から、その背景にある認識の問題に議論をうつす。従来のバリ研究が「バリ＝ヒンドゥー教」などの表現をもちいてきた所以は、そうした議論が、暗黙のうちにバリ宗教をインドのヒンドゥーに対置させる認識枠組をもっていたからだと、私は考える。つまりインドのヒンドゥーと異なる、バ、リ、のヒンドゥーがもつ特徴を明確にするという志向性が、こうした語用を常態化させていたと思われるのである。これは、上に引用した文化人類学事典の説明に端的にあらわれている。バリの宗教文化を、インドに由来するヒンドゥーと、土着のアニミスティックな宗教との融合によるものとみるこの認識は、バリ研究が本格化する十九世紀から受け継がれてきた基本的な理解枠組でもある（第Ⅳ章参照）。そして「ヒンドゥー」をまずもってインドのものとみなす素朴な認識から出発しているがゆえ、バリ宗教を単に「ヒンドゥー」と呼ぶことにためらいが生じるのである。

私は、こうした文化史的な理解枠組がそれ自体として問題だといっているのではない。ただ、それがバリ人のバリ宗教にたいする表象枠組と乖離していることが明白であるにもかかわらず、そのことが既存の研究ではまったくといっていいほど主題化されてこなかったことに、疑問を感じるのである。というのも、すでに第Ⅱ章第4節で触れたように、もしバリ人の宗教表象に着目するのならば、バリのヒンドゥーとインドのヒンドゥーとの連関性は、悠久の過去における文化伝播の問題としてよりも、二十世紀のバリ宗教の改革運動の過程に位置づけられ論じられねばならないはずだし、しかもそこでは、インドのヒンドゥーはバリ宗教に対立させられるべきものではなく、逆にバリ宗教の再構築にあたっての準拠枠としての位置づけを与えられるべきものだからである。バリ人エリートのおこした宗教改革がある程度社会的に浸透した結果として、今日のバリのヒンドゥーがあると考えられるが、既存の人類学的研究は、こうした同時代のバリ宗教のたどった社会過程を議論にとりこむことなく、バリ宗教をインドのヒンドゥーと土着のアニミスティックな宗教との融合体としてみる本質主義的理解枠組を保存・強化してきたのである。ここにはアイロニーといってもよいずれがある。従来のバリ宗教研究は、世界観や宇宙観についての充実した議論を蓄積させてきたが、バリ人がバリ宗教をどのように表象しているのかという、ある意味でより基底的な問題を議論しようとしてこなかった。「バリ＝ヒンドゥー教」やそれに類似の表現の頻用は、このバリ研究のもつ一種の偏向を、端的にあらわすものなのである。

バリ人の宗教表象枠組

では、現在のバリ人の宗教表象の基本枠組はどのようなものであろうか。私は、これを三つの特徴に整理できると考える。第一は唯一神信仰である。人々はヒンドゥーを、サンヤン＝ウィディ（Sanghyang Widhi/Sang Hyang Widhi）という唯一至高の神を信じるアガマだと考えている。後述するように、人々の神観念はこの唯一神信仰という一面にすべて回収されうるものではないし、そこには若干の曖昧さも潜んでいる。しかし、人々が自らの宗教について反省的に語ったり考えたりする際には、さしあたり一神教という様相が前面にたちあらわれる。たとえば「ヒンドゥーの神（Tuhan）はサンヤン＝ウィディであり、唯一至高の神（Tuhan Yang Maha Esa）である」といった言説は、おおくのバリ人から聞くことができる。

人々はヒンドゥーを、唯一神をいただくアガマのひとつだとみなすとともに、自分たちの実践しているヒンドゥーが、インドネシアの他のヒンドゥーと本質的には異ならないとも認識している。バリ人がバリの宗教と他の地域のヒンドゥーとの差異をみないということではないが、両者の間に横たわる差異よりも、本質における同一性をまずもって捉えているということである。そしてこの同一性の基準となるのは、唯一神サンヤン＝ウィディへの信仰と、この信仰の具体的な実践たる祈りという行為である。たとえばあるバリ人は次のようにいう。「ヒンドゥーの核心とは、神（Tuhan）への祈り（sembahyang）である。これはバリのヒンドゥーにかぎられない。スラウェシの［トラジャ人の］ヒンドゥーでも、カリマンタンの［ガジュ＝ダヤック人の］ヒンドゥーでも、おなじなのだ」。

寺院で祈る人々

花や中国貨幣を葉で巻いたクワンゲン（kewangen）と呼ばれるものをもって祈っている。

人々はインドのヒンドゥー、そしてヒンドゥーと「ほとんどおなじ」だとされている仏教、とりわけインタヴューする私に関わってくる日本の仏教、そしてイスラムなどについてもさまざまなかたちでの関心をもっており、人々のヒンドゥー観はそうした複合的な準拠枠の中にある。中でもとくにイスラムとの対比によってヒンドゥーの特徴を捉えようとする傾向は強く、人々の宗教観を規定しているのは、インドネシアのヒンドゥーの中のバリのヒンドゥーというよりも、むしろ（インドネシアの）イスラムの中での（バリの）ヒンドゥーという枠組だといえる。ただいずれにしてもバリ人の宗教表象は、インドネシアの中のバリという入れ子構造をひとつの特徴としている。これが第二点である。より正確にいえば、人々の宗教観はバリの外にインドネシア、ヒンドゥーの外にイスラムといったかたちで何らかの外部を設定し、これにたえず言及するかたちで自らの宗教を規定するという特徴をもっているということであり、むしろ地域的な限定という点では漠然としており、強いてこれを明確化すれば、インドネシアの中のバリという入れ子構造が、人々のヒンドゥー観から浮かび上がってくるということである。

そして、インドは一般の人々の宗教理解の地平の背後に退いているといえる。たしかに、宗教改革運動の初期の過程ではインドのヒンドゥーがバリ宗教の準拠枠となったし、七〇年代から八〇年代になると、パリサドの推進するヒンドゥーに満足できない一部の人々がインドの宗教諸派（とくにサイババとハーレ＝クリシュナ）をバリに根づかせようとする動きを示す。さらに、一九九〇年代のインドにおける汎ヒンドゥー主義の伸張と呼応して、インドネシアとくにバリとジャワのヒンドゥー教徒たちが、以前にも増してインド志向（土着の慣習の過小評価、ヴェーダなどの教義重視、インドの聖地巡礼など）を強めているという点も指摘できる［Bakker 1993; Howe 2001; Ramstedt 2004b:21, 31］。しかしながら、大半の人々は漠然とインドの宗教とバリのそれとの同一性を自明視しているという程度であって、特定の宗派に関心がある者や、ヒンドゥーの形而上学的知識にとくに関心をもつ知識人エリートなどをのぞけば、インドのヒンドゥーとバリのヒンドゥーとの共通性や差異性、あるいは過去や将来における関係性などに、さほど関心を抱いているわけではない。このように、インドとバリの宗教を対比し後者に固有の特徴を抽出しようとする既存の人類学の表象枠組は、一部のバリ人のインドに親近感をおぼえる宗教認識と齟齬をきたすだけでなく、そもそもインドとの対比よりもインドネシア内のアガマのあり方に一義的な関心をよせる大半の人々の宗教理解枠組とも、ずれをもつのである。

ところで、いま触れたこの入れ子構造には、第Ⅱ章第4節で触れた、アガマとアダットという補完的対概念が絡んでくる。別稿で触れたように［吉田竹 2000b］、一九七〇年代以降のインドネシアでは、アダットつまり慣習ではなく、地域文化（kebudayaan daerah）という表現が公的な場面で使用されるようになるが、バリ社会では二十世紀末においてもなお、このアダットという概念が人々の宗教観の鍵概念でありつづけている。

人々の言説を整理すると、ヒンドゥーのアガマに相当する部分とは「［地域により］変わらないもの」であり、それは唯一神にたいする信仰と祈りという行為であるとされる。一方アダットつまり慣習に相当するのは「地域によって異なるもの」であり、儀礼や供物の具体的手続きだとされる。もっとも、バリ島内でほぼ共通して見出される事柄でもアダットとされるものはあるので、ここで両者を区別する基準となっているのは、この言説でいわれているような一般性と個別性という指標ではなく、むしろ唯一神信仰に関わるものとそうではないものとの峻別だといえる。たとえば死霊にたいする供物献納、人間の中に宿る霊魂などにたいする人生儀礼など、唯一神信仰に直接連関するとはいえない、むしろ霊的諸存在にたいする儀礼活動は、アダットに相当するものとして理解されている。

人々は「アガマはおなじだがアダットがちがう」(agama sama, adatnya lain.)という意味のことをしばしば口にする。これにはさまざまな次元や脈絡がある。おなじヒンドゥーというアガマではあっても、バリの中でアダットの地域的な差異がある(デソ＝カロ＝パトロ)。バリのヒンドゥーとインドネシアの他地域のヒンドゥーとの間では、アダットの差異も格段なものとなる。その一方でアガマつまり宗教という点では、バリのアガマも日本のアガマ(仏教や神道)もおなじであり、ちがっているのはアダットだけだ、などである。人々はこのイディオムをもちいて、ときにはアガマの同一性という点について、ときにはアダットの差異性という点について、この差異と同一性の共在について、矛盾や疑問をもつことなく語るのである。

たとえば先に示した「ヒンドゥーの核心とは、神への祈りである。これはバリのヒンドゥーにかぎられない…」と述べたバリ人は、つづけて「このように供物をつくったり、このように儀礼をおこなったりするのは、アダットの問題であって、ヒンドゥーというアガマは、神への祈り、これにあるのだ」と付け加える。ヒンドゥーの宗教生活の本質とされるのは、唯一神への祈りという行為であって、(神々や霊的諸存在にたいする)儀礼活動ではない。後者の意義が省みられないというわけではないが、まずもって重要とされるのはアガマの部分であり、慣習に相当する部分は二義的なものとみなされるのである。

このように、ヒンドゥーという宗教の中には、唯一神信仰という本義に連関するアガマの部分、いわば宗教の本質的部分と、バリ的なアダットの部分とがあるということになる。ところが理念の次元においてヒンドゥーは、この前者つまりアガマの部分によってのみ代置＝表象される傾向がある。こうした論理階型の切り替えこそ、人々の宗教表象枠組がもつ第三の特徴である。実際には宗教生活の中で緊密に結びついた、ある意味では対等な部分同士であるにもかかわらず、人々が宗教について思索したり反省したりする場合には、前者つまりアガマの部分ないし様相が前面に立ちあらわれて「ヒンドゥー」を規定するものとしてふるまうのにたいして、後者はその背後に退いてしまうのである。

そして、実際の宗教活動の実践過程においては、司祭ら宗教的専門家をふくめて、人々がアガマとアダットを区別しているようには思われない。いわば人々はそれらの総体としての宗教生活を生きているといいうる。第Ⅱ章第1節で触れたシモ（sima）は「慣習」に相当する意味のバリ語であるが、もうすこし正確にいえば、それはインドネシア語の宗教（religi）もアダットも包摂するような漠然とした概念である。バリ人の宗教活動の実践次元を理解しようとするならば、それはシモとしての「宗教＝慣習」として捉えられるべきものであって、これをアガマとアダットからなる「宗教＋慣習」として捉えることは、宗教実践のただ中におけるバリ人の認識や態度からずれた理解枠組を構築することにつながる。そうした状況においては、アガマとアダットを峻別する理解枠組は後方に退いているといえるからである。そして、そうしたシモとしての宗教活動にいそしむ状況を人々が対自化し語ることはほとんどない。

ヒンドゥーとしてのバリ宗教

これまでの議論をまとめよう。ポイントはおおきく二つの点からなる。ひとつは、現在のバリ人に一般的な宗教表象枠組は、既存のバリ宗教研究において支配的な――そして観光の脈絡においても流通している――表象枠組と対照的だという点である。①従来の人類学的表象は、バリ宗教を多神教的な伝統的宗教として描いてきた。しかしバリ人は自らの宗教をまずもって一神教的なアガマとして捉えている。②人類学的表象は、バリ宗教をインド由来のヒンドゥーと土着のアニミスティックな宗教の融合体として捉える文化史的枠組を基盤としているが、二十世紀半ば前後のバリ人エリートは、こうしたものとしてのバリ宗教を近代的・合理的な宗教へと改革するためのモデルとして、インドのヒンドゥーを参照しようとした。ただ現在の一般のバリ人の表象枠組においては、インドのヒンドゥーは関心の背後に退いており、むしろインドネシアのヒンドゥーやイスラムこそ、バリ宗教を規定する上で一義的な外部準拠となっている。③人類学的表象は、バリ宗教の本質を多大な儀礼活動に見ようとしてきたが、バリ人は逆に儀礼をアダットの問題として捉え、ヒンドゥーの核心は唯一神を信じこれに祈りをささげることにあるとみなしている。これらの三点は、いずれも宗教改革運動の中で構築され、社会に浸透してきたヒンドゥーの公的な教義知識体系のエッセンスに相当するといえる。

もうひとつのポイントは、ここに述べたようなヒンドゥー観をつねに自覚的に保持して、人々が日々の宗教生活を営んでいるわけではないという点である。とりわけ儀礼活動に従事するそのただ中においては、こうした教義知識が問題とされることはほとんどない。後述するように、そもそも儀礼活動の中では、サンヤン＝ウィディという唯一神に供物をささげたり祈ったりする機会自体、ほとんどないのである。以下の記述のひとつの焦点は、こうした人々の保持する宗教観あるいは宗教イデオロギーが、宗教生活の具体的な局面とどのように関わりあい、また関わらないのかを明確にすることにある。

本章の主題は、「バリ＝ヒンドゥー教」という表象枠組からバリ宗教を捉えようとしてきた既存のバリ研究の視点や議論を留保して、「ヒンドゥー」としてのバリ宗教を記述的に明らかにしていくことにある。それは、既存の研究が論及しようとしなかったバリ人のバリ宗教にたいする理解のあり方やその表象の枠組を明確にしながら、この人々の宗教観が宗教生活の実態の中でいかなる位置づけをもつのかを記述することである。

第2節　神観念と宗教知識

ここでは人々の宗教観や宗教知識について、次節では宗教活動について、それぞれ記述する。なお、この第2節・第3

節の議論は、私が以前に書いた論文［吉田竹 1995, 1996, 1998, 1999, 2000a］の記述を総合し再整理し、かなりの修正・補足を加えたものである。

宗教知識の標準化と偶有性

宗教知識の内容について記述する前に、その社会的浸透のあり方について、あらかじめいくつかの特徴に触れておく。ヒンドゥーの基礎的な教義知識は、学校教育をはじめとして、いくつかの主要な制度的チャンネルを通して、人々に浸透している［cf. Picard 1999:44］。たとえば後述するパンチョ＝ヤドニョ、ウタモ－マディオ－ニストの三階梯、業輪廻観、その他の教義や倫理の主要なものは、唯一神観念とともに、小学校の授業で教わる内容である。パンチャ＝シラ（建国五原則）教育との関連においても、ヒンドゥーの神観念はとりあげられる。ほかに、パリサドの支部を通じて、村やバンジャールに、たとえばブサキ寺院（Pura Besakih; ヒンドゥーの総本山的寺院）でいつどのような意義をもった儀礼があるので、それまでに埋葬した遺体は荼毘に付すべし、あるいは当該儀礼の催行中は火葬を控えるべしといったような、宗教生活に関連する情報や注意事項が伝えられる。新聞やテレビなどメディアから流れる情報や、出版される書籍などをふくめ、こうしたいくつかの回路を通じて形式化された宗教知識が浸透し、それが宗教活動の実践次元に一定の影響を与えている。

その場合、すでに確立された教義・教理がこうした回路を通して浸透したというよりも、むしろ宗教知識の体系化・標準化とその流通化とが、同時進行的に進められてきたという方が、実情に近い。本書に触れるような神観や宗教知識は、これがアガマとしてのヒンドゥーを支える根本的な教義知識であることもあって、すでに確立されたものが人々に浸透したといってよい。しかし宗教知識の細部となると、かならずしも標準化され統一されてはいない。とくに出版物に記載されている宗教知識にそうした傾向がある。インドネシア語やバリ語で書かれた宗教関係の出版物の内容は、ヒンドゥー＝ダルモの教義の基礎から、リグ＝ヴェーダやバガヴァッド＝ギータなどの翻訳や抄訳、ヒンドゥーについての評論や論

種々の宗教本
上は左から『リグ＝ヴェーダ』、パリサドの機関誌『ワルト＝ヒンドゥー＝ダルモ』、そしてワリゴ（暦の吉凶知識）とサイババ関係の本。下は左からトリ＝サンディオ（一日三回の祈り）とパンチョ＝ヤドニョの本、中央がヒンドゥーの教義書『ウポデソ』。

文集、暦にまつわる吉凶の知識（wariga）、儀礼歌（kidung）、種々の祈りの文言、司祭の儀礼の執行法、供物のつくり方、供物や道具そして儀礼過程の説明、その他宗教活動のマニュアル的な説明まで、さまざまな領域・分野におよぶ。この中で、たとえば宗教活動の具体的なあり方／あるべき姿について教示したものを対比すると、書物の間にしばしば異同や齟齬がみられる。またその記載内容と、地域社会において営まれている宗教活動の実態との間にも、相当な隔たりがある。その理由は、こうしたテクストの記載内容が、エリートの考案したあたらしいアイディアから、インド由来のものをバリにもちこんだもの、実際の宗教活動の脈絡から遊離した文書（古文書）上の知識を書きとめたもの、特定の地域や集団を規定する実践的な知識をその社会的脈絡から切り離して一般的な知識に転用したものまで、質や背景の異なる知識にそれぞれ依存したものであるからである。書物に書かれた宗教知識は、整合的で統一的な知識体系をなしているとはいいがたいのである。

にもかかわらず、この標準化され流通しつつある知識は、正当かつ正統な知識であると漠然と捉えられている。より正確にいえば、パリサドの権威を背景に広範に流通してきているというまさにそのことによって、ますますこうした知識が重視されてきているのであり、宗教知識の流通とその正当性・正統性の獲得とは、いわば相互依存的な偶有的関係にあるといってよい。ただいずれにしてもこうした知識が、人々の宗教生活の指針としての意義をもつようになってきている。

そのため、たとえば宗教的関心の高い者は、近くに居住する司祭に師事して伝統的なバリ文字で書かれた古文書を読む一方で、（これとは異なる内容が書かれた）書物を本屋で買って読むということになる。あるいは、これはまだかぎられたケースといえるが、各家や地域に伝承されてきた方法にもとづくのではなく、この種のテクストの記載内容にもとづいて、自家で必要な供物の一部を作成するということもみられるようになっている。さらに、司祭が記憶の定かではない点、たとえば建築の細かな規則などに関して、古文書を参照するかわりにインドネシア語で書かれた書物を参照するといったことも観察される。

このように、パリサドが流通させようとしている教義知識と、具体的な儀礼活動を規定する伝承されてきた実践的知識とは、かならずしも相互に排除しあう関係にあるのではなく、むしろ大枠のところでは補完的ないし互換的な関係をもっている。こうして、いわゆるシモとしての宗教生活の実質の中に、この流通する教義知識が――これがなくても円滑に進みうるのだが――いわば虫食い的に入りこんできている。たとえば口頭で学び記憶した儀礼歌を歌う者（もっぱら年配の者）と、出版物に書かれた儀礼歌を見ながら歌う者（相対的に若年の者）とが、ひとつの儀礼の中で唱和することがあるのは、こうした状況を典型的に示す現象である。また当事者に確認をとったわけではないが、儀礼でもちいられる供物群についても、その集団や地域の慣習的なスタイルにのっとってつくられた供物と、マニュアル的な知識を背景としてつくられた供物とが組みあわされて、ひとつの儀礼の供物群が構成されているように私が感じた状況も何度かあった。付言すると、必要な供物一式を購入して済ますケースは近年ますます増えているし、供物の一部を購入することはすでにかなり常態化している。人々の宗教生活は、標準化され流通する知識に即した行為や規範が従来の慣習的な宗教パタンや規範の中に入りこみ、いわば両者が渾然一体となった状況にあるといってよい。そして人々は両者のいわば起源の差異に、さほど関心をはらっていないようなのである。

人々の保持する宗教知識は、異なる質のものから構成されている。そして当然ながら、人々の宗教知識の多寡や深浅にもおおきな開きがある。大多数のバリ人はいくつかの断片的な知識を保持するのみであり、ヒンドゥーの知識を積極的に学ぼうとする者は、一部の宗教的専門家や知識人・教養人に限定されている。地域で活躍する司祭や司祭に準じる存在も、とくに中高年層については、そうした知識の学習にかならずしも積極的ではない。司祭としての活動に必要な知識や技法は、パリサドが流通させようとしている知識や規範と関係のないところで、すでに獲得したものだからである。たとえば、私が年配（六十代）のある司祭に教義知識と儀礼活動の連関について質問していたとき、たまたま居合わせた若者が、学校で学ぶような基礎的事項について、この司祭の誤りを指摘したりうろ覚えの点を補足したりということがあった。何度かインタヴューを重ねた結果、この司祭（寺院司祭）は、自身が執行する儀礼に必要な供物についてさえ、その構成要素や内容についてさほど知識をもっていないことが明らかになったが、これはかならずしもこの司祭にかぎった特別なことではないと考えられる。一般に、ブラフマノ司祭は広く深い知識をもっているとみなされているが、それ以外の司祭らの場合、宗教的職能者であるからといって、かならずしも宗教知識全般に秀でているとはみなされていないのである。

極論かもしれないが、宗教知識の種類・多寡・深浅は人によって異なる。口頭で伝承される地域に固有な知識から、一般化されたかたちで流通するようになった知識まで、どのような知識がどの程度彼女／彼の宗教生活を支えているかも、人によって異なる。また、日常的な宗教活動に関する知識や経験をほとんどもたないバリ人——たとえば日常の供物をつくれない若い女性など——もいる。書物に書かれた知識を学ぶことを一種の趣味にしている者から、宗教への関心や接点をほとんどもたない／もてない人まで、こうしたおおきな広がりの中に、現在のバリ人の宗教への態度がある。しかも本章のはじめに触れたように、特定の信仰集団に帰属し、固有の教義や理念をもち宗教実践を営むバリ人もいる。それゆえ宗教知識の浸透と一言でいっても、その浸透の程度や具体的な状況をひと括りにして一般化することはできない。ここでの議論は、個々人によって多大な偏差をもつ宗教知識のあり方やその宗教生活への影響力について、あくまでおおまかな見通しを得るということでしかない。その場合そこで看取されるのは、制度化されつつあるエクリチュールを基盤として、人々の言説（ディスクール）が紡ぎだされ、宗教認識が不断に再構築されているという状況である。

唯一神をめぐる認識

次に神観念について記述する。教義レベルではさまざまな名称の神格が特定の機能や特徴と連関させられ語られるが、人々の神観念においては、そうした詳しい知識はほとんど消化されておらず、むしろ以下に記述していくような神的霊的存在の諸範疇のレベルにおいて、諸存在を識別し把握するという程度のものだといえる。そこで、ここでもこうした範疇レベルについて記述することに議論の焦点をあてていく。

第Ⅱ章第4節において、バリ宗教の改革運動の主題がアガマの基準に合致するものにヒンドゥーを再構築すること、具体的には唯一神信仰の形式を整え、これに見合う教義を確立すること、あるいはそうした体裁をまとわせることにあったということは触れた。こうしてあらたにヒンドゥーの唯一神／至高神としての位置づけを与えられたのは、イダ＝サンヤン＝ウィディ＝ワソ（Ida Sanghyang Widhi Wasa）という神であった。この唯一神は、ヒンドゥーの神観念の中心であるばかりでなく、ヒンドゥーの教義体系の中心を構成するものである。

スウェレンフレーベルによれば、一九五〇年代後半においては、ヒンドゥーの唯一神の名称は、サンヤン＝ウィディ（Sanghyang Widhi）かサンヤン＝トゥドゥ（Sanghynag Tuduh）かまだ確定していなかった［Swellengrebel 1960:52-53］。しかしながら、まもなくイダ＝サンヤン＝ウィディ＝ワソが正式な名称とされ、今日ではサンヤン＝トゥドゥの方はまったくもちいられなくなっている。もっとも、ではこの正式名称があまねくバリ人に浸透しているのかというと、かならずしもそうとはいえない。というのも、宗教的専門家やエリートのディスクールやエクリチュールにおいても、イダ＝サンヤン＝ウィディ＝ワソだけでなく、サンヤン＝ウィディ、あるいはサン＝ヤン＝ウィディなどの表現や表記がかなりみられるし、一般の人々の語りや認識においては、むしろイダ＝サンヤン＝ウィディ＝ワソ以外の表現が通常つかわれる傾向があるといえるからである。この点で、たとえばムスリムにとってアッラーという名称が主体の差異に関わりなく万国共通であるのに比べれば、ヒンドゥーの唯一神の名称は、バリ人の中においてさえ、厳密には若干のずれをもって使用されているということになる。一九九〇年代における私の見聞からすると、おおくの、とくに相対的に年配の人々は、サンヤン＝ウィディ／サン＝ヤン＝ウィディという名称をもちい、若者層の場合はサンヤン＝ウィディ＝ワソという名称をもちいる、という傾向が看取される。こうした唯一神の名称をめぐる微妙な差異を踏まえつつも、以下本書では、注意すべき特段の文脈がなければ、サンヤン＝ウィディという表現で代表させることにする。

もともとイダ＝サンヤン＝ウィディ＝ワソあるいはサンヤン＝ウィディは、「宇宙の神聖なる支配者」あるいは「神聖にして絶対的な宇宙の法」といった、二つの意味あいをもった字句ないしは概念であった［Ramstedt 2004b:11］。サンヤン＝トゥドゥとともに、この字句は、ジャワやバリに伝わっていたリグ＝ヴェーダ関連の古文書の中に見出されたものであり、第Ⅳ章第3節で触れるように、植民地時代にはすでに知識人エリートたちがもちいるようになっていた［cf. Stuart-Fox 2002:301］。しかし、それはバリ人の宗教生活においてもともと祭祀対象として存在したものではないし、一般のバリ人にはまったく知られていなかったものと考えられる［Swellengrebel 1960:52-53; 吉田禎（編）1992:176-178］。それゆえ、私の知るかぎり、戦前の民族誌的研究にはこの神への言及がまったくない。このように、宗教生活の実践次元にまったく介在しなかった神を、改革運動に携わった知識人層は唯一至高の神として採用したことになる。しかしながらこの改革運動の中で活性化した啓蒙運動や学校での宗教教育などにより、ヒンドゥーの唯一神がサンヤン＝ウィディであるという認識は、広くまた強く浸透するところとなっている。

ところで、バリ人はこの唯一神にたいしてだけではなく、さまざまな神的霊的諸存在にたいしても祈りをささげる。というよりも、人々の宗教生活の全体を見渡した場合、祈りと供物をささげるおもな対象は、むしろ多彩な神的霊的諸存在の方だといえるのである。バリ人の宗教活動の実質は、特定の神的霊的諸存在にたいする供物献納とそれらへの祈りを組みあわせた儀礼活動にあるといえるが、儀礼においては、唯一神にささげられる供物もなければこれを祭祀する何らかの行為契機もない。私は一度だけ、パリサドの教義を全面的に受け入れた司祭が儀礼を執行し、人々にまず唯一神に祈るよう指示したのを観察したことがあるが、これは一九九〇年代ではごく例外的なケースといえる。儀礼の際に司祭の指示を受けて人々が祈りをささげる対象は、唯一神以外の、あれやこれやの具体的な固有名をもった神格なのである。もっとも、そうした諸神格は人々にほとんど馴染みがないので、司祭の指示とは裏腹に、人々が漠然と唯一神を念頭において祈る傾向があるということは指摘できるが。また、パリサドが都市部にあらたに建立した唯一神を祀る寺院（Pura Agung Jagatnatha）を例外として、この神をまつる寺院も、地域社会に存在しない。儀礼の脈絡から離れたところでおこなわれる、いわば単独の行為としての祈りにおいては、もっぱら唯一神が祈りの対象となるが、こうした祈りを毎日のように実践する人々はごく少数である。

このように、宗教活動とくに儀礼活動の実態においては、サンヤン＝ウィディは唯一の神であるどころか、主要な対象でさえない。この点は人々の認識するところでもある。「ヒンドゥーの神はただひとつ、サンヤン＝ウィディである」と明言する人々の中には、これにつづけて「さまざまな神々（dewa-dewi）にたいする儀礼があるように見えるかもしれないけれども」という一言を付け加える者もいるのである。

人々はおよそ次のようなことを述べる。ヒンドゥーの神は唯一神サンヤン＝ウィディである。しかしこの神はさまざまなマニフェスタシ（manifestasi）、つまりかりそめの姿／化身をもっている。実際の儀礼活動においてはさまざまな神々に供物をささげたり祈ったりするが、それらは皆サンヤン＝ウィディのかりそめの姿にすぎない。ヒンドゥーの神はただひとつなのだと。この、多様な神的諸存在を唯一神がときどきにとるかりそめの姿とみなし、実在する神はただひとつなのだとする論理こそ、宗教改革運動の中で構築され、人々に浸透したヒンドゥーの教義知識にほかならない。

なお、この論理の消化の仕方には微妙な差異も観察しうる。たとえば「スルヨ（Surya）とはサンヤン＝ウィディである」「シワォ［＝シヴァ神］とはサンヤン＝ウィディのことである」として、個々の具体的な神的存在をそれぞれサンヤン＝ウィディに同定することもあれば、「供物や祈りのすべてはサンヤン＝ウィディにたいするものである」として、供物をささげる対象であり祈りの対象であるところの諸々の神的霊的諸存在を、一括してサンヤン＝ウィディに還元し言及することもある。またマニフェスタシという概念ではなく、光（sinar, cahaya）をキーワードにこうした神観念が説明されることもある。たとえばある司祭は次のように語る。「サンヤン＝ウィディは太陽で、他の神々はその光線である。光がいかなるところにもいきわたるように、世界は神々に満ちている。しかし太陽それ自体はひとつなのだ。ヒンドゥーの神は、このような比喩からわかるように、ひとつの神のみを認めたものなのである」。この言説も流通する教義知識の一ヴァージョンである。こうした論理によって、サンヤン＝ウィディが多彩な神々を統括するいわば要の位置づけを獲得し、唯一神信仰という教義と宗教活動の実態との間の論理整合性は確保されることになる。

また、明らかに神々とは異なる範疇として捉えられる存在にたいする儀礼行為や供物献納についても、人々はこれを漠然とサンヤン＝ウィディに結びつけて捉える認識枠組をもっている。たとえば右記の司祭は次のようにいう。「外国人は、「バリ人は」どうして木などを祀っているのだと思うかもしれない。しかしあれは清浄なるものである。また、どうして火葬ではたくさんのものを燃やしたりするのか、まるで金を捨てるようなものではないかという話も、［イスラム教徒などからは］ある。しかし、それはサンヤン＝ウィディが創造したものをたたえ、感謝するということなのだ。たとえば［儀礼に不可欠の］花は神が内実を与えたものであり、田の収穫が豊かであるようにと田で儀礼をするのも、神へのお礼なのである」。この言説も流通する教義知識を反復したものであり、人々に共有される認識を代弁したものといいうる。さまざまな神々をまつり、場合によっては木や田に供物をささげ、多大な物資を消費するといった、イスラムやキリスト教のような一神教とは相容れない、その意味で多神教的な宗教生活の側面が、しかしながらサンヤン＝ウィディに関連づけられ、理解されているのである。このようにバリ人は、自らの宗教生活の中にある、一神教的な宗教理念像に矛盾するともいえる宗教生活の局面を、しかし唯一神と結びつけ、これを一神教的宗教観（あるいは宗教イデオロギー）の中に回収して捉えようとする認識枠組をもっているのである。この回収のメカニズムは、第1節で触れたアガマとアダットの対概念に関する論理階型の切り替えという点にも見出すことができる。

神的諸存在をめぐる観念

次に、神的存在の諸範疇について簡単に触れていこう。神は一般にトゥハン（Tuhan）あるいはデワォ（dewa）という。トゥハンはインドネシア語で、とくに唯一神を指す語である。これにたいしてデワォはそうした一神教的なニュアンスをさしあたりもっていない、むしろ「神々」を示す語である。デワォは男神、デウィ（dewi）は女神を指し、デワォ・デウィというかたちで男女対にして言及されることもあれば、デワォのみでこれを代表させることもある。これは祖霊神の場合も同様である。ブタロ（betara）が男の祖霊神、ブタリ（betari）が女の祖霊神を意味し、対にしてブタロ・ブタリと言及されることもあれば、単にブタロと呼ばれることもある。祖霊神とデワォ・デウィは相互浸透的な面をもつ。たとえば屋敷寺（サンガ／ムラジャン）や寺院の主要な社で祀られる存在は、祖霊神であるといわれることも神であるといわれることもあり、また祖霊神が神格化し神になったものであるといわれることもある。またトゥハンとデワォが互換的にもちいられることもあり、通常の社会生活の脈絡では両者のニュアンスの差異はかならずしも明確に意識されていない。

具体的な神格としては、まず先の言説にも登場したスルヨがある。スルヨは太陽神である。ある意味でスルヨはサンヤン＝ウィディにもっともちかい神格だといえる。人々がスルヨをサンヤン＝ウィディであると言い換えることはしばしばある。「スルヨ神はどこにでもいる。バリだけではない、世界中に偏在する」ともいわれる。先にサンヤン＝ウィディが儀礼活動にほとんど登場しないと述べたが、スルヨこそ儀礼活動に欠かせぬ神である。儀礼の中での祈りの際には、最初にスルヨに祈る。またおよそあらゆる儀礼において、スルヨへの供物（banten Surya）がかならず用意され、神的霊的諸存在へのさまざまな供物がある中で、最初に水をふってきよめられ、ささげられる。スルヨへの供物は、もっとも清浄な方位である北東（kaja kangin）に位置する祭壇パドモサノ（Padmasana/Padma）におかれる。このように、サンヤン＝ウィディが宗教理念の中心的神格だとすれば、スルヨは儀礼活動における中心的神格だといえる。

しかしながら、スルヨがどのような性格の神であるかについては、人々は「太陽神である」という以外、語ることができない。これはスルヨにかぎったことではない。シワォ、ブラーモ、ウィシヌの三神や、サラスワティ（Saraswati）、デウィ＝スリ（Dewi Sri）などのヒンドゥー神、そして寺院で祀られる特定の名をもった神格などをふくめて、これらの神々の人格や相互のちがいは明確に認識されていない。神的諸存在の名称とそのキャッチフレーズ的な機能——たとえばスリは稲の女神である、サラスワティは学問の女神である、など——が認識されている程度である。この神の性格づけにたいするある種の関心のなさが、人々の神観念のひとつの特徴である。ただし、そのことは人々が神を身近に感じていないということを意味しない。むしろ日々の祈りや供物献納、そして寺院祭礼などの折々の儀礼において臨在する神は、個性も曖昧であり不可視であるにもかかわらず、人々にとっては身近であり、またその実在性を感得しうる存在なのである[C. Geertz 1980:218; Howe 1984:196-197]。

いまひとつの特徴は、諸神格が複合的なアイデンティフィケーションをもつという点である。たとえば、植民地時代にフラーデルは、デウィ＝スリが水田と乾田の神ウモ（Uma）、シワォの妻ドゥルゴ（Durga）、マハデワォの妻ギリプトリ（Giriputri）などの女神に同定され、バリ人がこれらをおなじひとつの神の異なるあらわれと考えている、という点を指摘している[Grader 1960:167]。私も、カヤンガン＝ティゴの三寺院について、①ヒンドゥー神を祀っている、②特定の名称の神格（Sang Hyang Tri Upa Saksi, Sang Hyang Tri Upa Sedana, Sang Hyang Tri Pursa）を祀っている、③村の草分けの祖先や、浄化される以前の状態にある死霊を祀っている、などといった、ちがった言説を聞いたことがある。そしてこれらの言説は、たがいに相容れないものとしては捉えられていないのである。

もうひとつの特徴は、神がハルス（halus）だという点である。ハルスは清浄、きれい、なめらか、気品がある、礼儀正しいなどのニュアンスをもつ、バリ人やジャワ人が好み美徳とする性質である。神はもっともハルスな存在であり、ハルスなものの具現である。そして神自身、ハルスなもの、美しく上品なものを好む[cf. Ramseyer 1986:149]。このハルスに対照的な価値が、粗暴、粗雑、怒りっぽいなどを意味するカサール（kasar）である[Howe 1984:197-198, 204-205]。

さて、これらにたいして、おおきくは神々の範疇に入りながらも、こうしてアイデンティフィケーションを重ねあう神々とは一線を画して把握されているのが、ブト・カロという神的存在である。ブトとカロは男女の対ではない別の存在だが、通常こうして対にして言及される。ブト・カロは下界ないし地界の神々であり、あるいは天界の神に随伴してくる魔や鬼神に相当するものである。神々の場合とおなじく、ブト・カロの中にも具体的な名称をもった神格があり、儀礼活動においてはそうした具体的な諸ブト・カロにたいして供物がささげられ、祈りがささげられる。しかし人々の認識において、そうした諸ブト・カロ間の神格や機能の差異はまったく主題化されることがない。

一般に、神—ブト・カロは、善—悪、ハルス—カサール、天—地、上—下といったかたちで、相互に補完的な対立関係をなすものとして捉えられる。これは宗教活動のあり方とも対応する。神や祖霊への供物は清浄な方向とされる東や北向きに、かならず台や祠の上におかれるのにたいして、ブト・カロへの供物は南や外の方を向けて、かならず地面におかれる。また、ブト・カロは生臭いものを好むとされ、ニンニクや玉葱、生姜の類、そして酒（arak, berem）がその供物の主要な要素となっている。生肉や血もブト・カロに特有のささげものである。儀礼活動においては、神に供物をささげる前にかならずブト・カロにたいして供物をささげ、これを懐柔し、あるいはその場から追いはらうという手続きをとる。神にたいするよりも、ブト・カロにたいしての方が頻繁に、そして大量に、供物がささげられ、儀礼がおこなわれる傾向がある。

ブト・カロは何らかの災難をもたらすとされる。また、人がわれを忘れて怒ったときには、体の中にカロ——この場合ブトは言及されない——が入ったのだといわれる。また寺院祭礼などでのトランスでも、神が入った場合だけでなく、ブト・カロが入ったとされる場合がある［cf. Belo 1960; Howe 1984］。端的にいって、ブト・カロは神的存在のネガティヴな面を体現する存在である。それゆえブト・カロよりも人間の方が上位に位置すると認識されてもいる。天界の神デワォ／ブタロ、下界の神ブト・カロ、その中間世界に生きる人間という世界観は、ヒンドゥーの教義知識としても流通している。ブト・カロは神的存在の一種ではあるが、むしろ神々と対極の位置にあるものとして捉えられている。

祖霊神ブタロ・ブタリは、亡くなった死者の霊が火葬つまり一次葬（ngaben/plebon）と、ニェカー／ガスティ（nyekah/ngasti/maligia）と呼ばれる二次葬を済ませることによって浄化され、人格を失い抽象的な神格となったものだといえる。死者の霊はバリ語でピトロ（pitra）というが、この死霊は浄化のすんでいない、具体的にいえば火葬（一次

合葬（ペジェン郊外の村）

銀行がスポンサーとなった火葬の広告
（プリアタン・タガス村）

合葬（プリアタン・プトゥル村）

火葬

火葬には、個人葬のほか、高カストの火葬に低カストが伴葬する場合、村共同で合葬(ngaben massa/pitra yadnya kolektif)をおこなう場合がある。さらに遺体を直接燃やす場合、埋葬してあった遺体を掘り起こして荼毘に付す場合、遺体の代わりに墓土を削りとって死者のシンボル（人体の絵を描いた木札を入れた白布の包み）に入れ、これを燃やす場合がある。

墓を掘り起こすのは通常火葬の三日前であり、このときには地面を叩いて死者の霊を呼び起こす(nguwangun)。遺体もしくはそのシンボルには供物や食事をささげる。プダンドが儀礼執行し、遺体／そのシンボルを浄化する(pebersihan)。火葬の当日は、遺体／シンボルを塔状の台(wadah/bade)にのせ、火葬場に運ぶ。そして動物などを象った張子(penulangan)に移し、種々の聖水できよめてから、おおくの供物とともに燃やす。灰の中から遺骨（死霊のシンボルの場合は木札の灰）をとり出して人型にならべ、その上にクワンゲンをならべる。さらに遺骨の一部を取って聖水とともに石臼の上ですり、これを椰子の実と布でつくった容器に入れる。こうしてできた死霊のシンボルをプスポ(puspa; 花)という。以上の準備ができた段階で、プダンドが儀礼を執行し、プスポ、人型の灰、神と死霊への供物などを浄化し、神と死者の霊に供物をささげ、祈る。そして灰を川か海に流しに行く(nganyut)。これから戻るとムプガット(mepegat; 切る)儀礼をおこなう。そして通常、火葬の三日後にムチャルをする。

葬）のおわっていない段階の霊である。ピトロは、災難をもたらす可能性のある危険な存在である。

ところで、死ぬ前の生きた人間の中にも霊はいる。人間だけでなく、動物をはじめとしてさまざまな存在の中に霊が宿っているとされる。霊はロー（roh）あるいはニャワォ（nyawa）と呼ばれる。人間の霊魂はアトモ（atma）とも呼ばれる。こうした人間の中に宿っている霊は、神々とまったく別の範疇ではなく、むしろ重なる面ももつ。たとえば人生儀礼では、儀礼を受ける当人にたいして供物をささげる行為がおこなわれるが、これは彼女／彼の霊にたいする儀礼行為であるとも、彼女／彼の中に宿っている神にたいする儀礼行為であるともいわれる。教義上は、人生儀礼の供物は体内の各部位に宿るデワォにたいするものであるとされるが、人々の認識においては神、霊魂、霊一般は明確には区別されていない。

神観念と宗教観

以上、神観念と神的霊的諸存在の範疇について略述した。それらの範疇は、部分的に重なりあい、あるいは連続している。人間の霊魂アトモ／ローは、人が死んだあと肉体を離れる。これが死霊ピトロである。ピトロは火葬などの死者儀礼の対象となり、最終的に浄化されて神格化した祖霊神ブタロ・ブタリになる。これはデワォ・デウィとほとんど重なる。ブタロ・ブタリやデワォ・デウィは天界の神だが、これにたいしてその従者であるとともに下界の神であるブト・カロがいる。両者は補完的であるとともに対立的でもある。そして災いをもたらすという点で、ブト・カロはピトロとおなじ性格をもつ。

現在の人々の神観念は、サンヤン＝ウィディという、宗教改革運動の中で見出された唯一神を中心としている。神的諸存在は、場合によっては霊的諸存在もふくめて、最終的にサンヤン＝ウィディという神へと収斂するものとして捉えられている。このような神観念がスムースに浸透したことの背景には、もともとバリ人がさまざまな神格間の関係を重層的・複合的に捉える認識枠組をもっていたことがあると考えられる。つまり、あらたな唯一神をその中に導入しても、神観念の構造自体は変化しなかったし、むしろあらゆる諸神のよって来たる根源を画定するという点では、この重層的で複合的な神観念の構造がより体系的なものに強化されたのだといってもよい。あるいは、サンヤン＝ウィディという、いわば唯名論的な神性を付加することは、多神教的な神観念に一神教的な様相を付け加えることだったということもいえる。そして、あらゆる諸神がサンヤン＝ウィディのかりそめの姿であるとする教義上の論理によって、具体的な神的諸存在に向けられた宗教活動の実態が一神教的宗教理念と整合的な関係をもつことになる。そればかりではない。神々とは異なる範疇として人々に理解されている存在（死霊、霊魂、霊など）にたいする儀礼行為や供物献納などについても、人々はこれを漠然とサンヤン＝ウィディに結びつけて捉えるのである。

このような点で、人々の宗教観は唯一神を基軸にゆるぎなく存立している。具体的な祈りや祭祀の対象になっているのはサンヤン＝ウィディではなく、別の神格や霊的諸存在であり、したがってここから、サンヤン＝ウィディこそ、さまざまな神的霊的諸存在のかりそめの姿であるという理解も成り立つかもしれない。しかし人々の認識はその逆である。あくまで諸神こそサンヤン＝ウィディのかりそめの姿なのである。ギアツに代表される既存のバリ宗教研究は、いってみれば今日のバリ人の宗教観の裏を表にして論じていたということになる。ここでは、この転倒性をあらためて確認しておくことにしたい。

主要な教義知識

神的霊的諸存在にかぎらず、人間や動物などをもふくめたさまざまな存在者は、いくつかの基本原理によってたがいに結びつき、一貫した関係づけを構成するものとして捉えられている。この基本原理は、人々のイメージないし観念の次元にもあるし、儀礼活動や供物に象徴的に表現されてもいるが、重要なのは、そうした基本原理がすでに教義知識の中にとりこまれ流通しているという点である。ここでは、小学校でも教えられ、人々の常識の一部にもなっている、そうした教義知識の一部を紹介しよう。

第一は、パンチョ＝マホ＝ブト（Panca Maha Bhuta）である。世界が土・におい・風・光・水の五元素からなっているという教義知識を、私は火葬の際に何度もバリ人から聞かされた。つまり、火葬で遺体を燃やすのは、人間の肉体をこの五元素に還元し、自然の中で循環させるということである。埋葬と火葬は、肉体を自然の元素に戻すという点ではちがいはない。ただ火葬は、その還元・循環をよりはやくスムースにおこなう方法であり、だから火葬を好んでするのだ、というものである。五元素が何かを正確に記憶していない人もいるが、このイディオムはバリ人のひとつの常識になっている。

これに関連していえば、宗教的関心の高い人々が、ヒンドゥーの宗教活動を、自然の恵みの活用という観点から解釈し語る傾向もある。たとえば、ある寺院司祭はおよそ次のようなことをいう。「儀礼には清浄な水をつかう。またそうした水を、花で供物にふる。花は自然の恵みである。だから花はきれいなのだ。人間は動物や植物などに比べて卓越した存在であるがゆえに、そうした自然の産物を利用できる。しかして人間も、また自然の産物も、すべては神に従属する。だからわれわれ人間は、神がもたらす自然の産物を、神への感謝をあらわす儀礼活動に役立てるのだ。ヒンドゥーとはそうした宗教なのだ」と。この寺院司祭の説明は、現在のおおくのバリ人が漠然ともっている観念を明瞭なかたちで言語化したものと考えてよいと思う。ヒンドゥーが自然や環境に配慮した宗教であり、それゆえ美しい花など自然の産物をもちいるのだ、という説明は、ヒンドゥーの合理化の過程の中で、供物をほとんどつかわないイスラムやキリスト教との差異を念頭において強調され、一般に流通するようになったものだと考えられる。

第二は儀礼の階梯である。儀礼にはウタモ（utama）、マディオ（madia）、ニスト（nista）という、それぞれ最高規模、中規模、軽格に相当する階梯がある。これは儀礼の規模を識別するおおまかな枠組である。たとえば、マディオの中にもさらに上下の差異づけは可能だし、供物／儀礼のある部分／段階をニストにして、別の部分／段階をマディオにするというように、実際には無限ともいえる規模のとり方がある。ただいずれにしても高次のものほど供物がおおく、儀礼の過程も複雑となる［cf. Stuart-Fox 2002:134］。また、高次の儀礼はかならずプダンド（ブラフマノ司祭）が儀礼を執行するが、中規模以下の場合、寺院司祭やその他の司祭が執行することもある。ごく簡単な儀礼であれば、司祭ではなく司祭に準じる人や、場合によっては一般の人々が儀礼を執行する。上位の司祭がおこなうほど浄化の程度が高い。そして供物や儀礼過程が複雑で大掛かりであれば、準備段階をふくめて儀礼に費やされる時間や労力、そして出費もおおくかかる。儀礼の種類によって、どの司祭／非司祭が執行者となるかが決まるという面もあるが、おなじ儀礼でも、その規模に応じてどの司祭を呼ぶのか、あるいは司祭なしで済ますのかが決まるという面もあり、人々はむしろこの後者の一面をより強調する。

　これに関連していうと、こうした儀礼の規模や階梯が、カストの差異を捨象したところで標準化されつつあるという傾向を指摘することができる。第Ⅱ章第1節で触れたように、儀礼の規模や名称・形式は、一部カストを反映しており、高カストにかぎられた供物や儀礼の執行方法も一部ある。しかし人々は、スドロであっても高カストとおなじような儀礼を催行できるのだという面を強調する。また事実、経済的に成功したスドロが高カストに劣らない規模の儀礼を催行したり、

ガルンガンのバロン
　ウク暦で二百十日ごとにめぐってくるガルンガンは、日本の正月に似た行事である。前日までに竹ののぼり (penjor) を立て、豚を潰す。当日はバリ式の正装をし、午前は村や親族の寺院に供物 (gebogan) をもって祈りに行き、また供物や装飾で飾った自家の屋敷寺で祈る。火葬前の死者がいる家は、墓場にも供物をもっていく。昼ころからはバロンが村の道を練り歩く。写真上はプリアタンのプトゥル村の獅子バロン、下はウブドのパダントゥガル村の猪バロンである。
　ガルンガン当日から十日後のクニンガン (Kuningan) にも、諸寺院と墓場に供物をもっていく。クニンガン後にはチャロナラン劇がよく催される。

従来は高カストがもちいていた装飾を一部分模倣したりするようにもなっている。

第三は、パンチョ＝ヤドニョ（Panca Yadnya）と呼ばれる儀礼分類のイディオムである。ヒンドゥーの儀礼は五つの範疇に分類される。すなわち、神の儀礼デワォ＝ヤドニョ（Dewa Yadnya）、ブト・カロの儀礼ブト＝ヤドニョ（Bhuta Yadnya）、人間の儀礼つまりは人生儀礼マヌソ＝ヤドニョ（Manusa Yadnya）、死霊にたいする儀礼ピトロ＝ヤドニョ（Pitra Yadnya）、司祭のイニシエーション儀礼ルシ＝ヤドニョ（Rsi Yadnya）である。

パンチョ＝ヤドニョは、儀礼活動の実践レベルから遊離した教義上の知識である。たとえば、人々は個々の儀礼活動を、「ムサンギ」や「ガルンガン」といった儀礼名で捉えるのであって、マヌソ＝ヤドニョとかデワォ＝ヤドニョといった範疇名で捉えるのではない。チャル／ムチャルはあくまでチャルであって、ブト＝ヤドニョとしてあつかわれるのではない。また実際の儀礼活動の中では、どの範疇に属する儀礼であっても、かならず神とブト・カロ双方への供物献納はともなうのであり、特定の神的霊的範疇にたいする供物献納のみによって成り立っている儀礼はありえない［cf. Stuart-Fox 2002:129］。逆に、異なる範疇の儀礼が補完しあってひとつの完結した儀礼複合を構成することがある。ニュピのムラスティ（デワォ＝ヤドニョ）とチャル＝クサンゴ（ブト＝ヤドニョ）や、結婚式やムサンギ（マヌソ＝ヤドニョ）とマビオカロ／マビオカオナン儀礼（ブト＝ヤドニョ）は、それぞれかならずセットになって催行される。また主催者の意向により、異なる範疇の儀礼をひとつの儀礼過程にまとめておこなう場合もある。具体的には、ムサンギとニェカー／ガスティを同日に催行する場合である。さらに、ヒンドゥーへの改宗儀礼や呪医（balian）がおこなう治療儀礼などは、どの範疇に相当するのか不明確であるし、ニェカー／ガスティのように死者儀礼の範疇に入るものの、むしろデワォ＝ヤドニョとしての性格が際立って認められる、いわば範疇上両義的な儀礼もある。この儀礼は、死霊の祖霊神への最終的な転化を画す儀礼であり、これを反映してか、死者儀礼につきまとう死のけがれ（sebel, centaka）がなく、正装も死者儀礼用の黒ではなく、神やブト・カロの儀礼用の白を基調としたものになるのである。

このように、パンチョ＝ヤドニョは宗教活動の実態から乖離した抽象的な説明概念である。しかしほかならぬこのイ

二次葬

ニェカー／ガスティは、火葬により浄化された死者の霊を祖霊神に転換するための最終的な儀礼である。まず、プダンドが儀礼を執行し、すでに亡くなってガスティを済ませたプダンドの霊 (betara lingga) をプスポにおろし、家の中庭（合葬の場合は村の共有地）につくった祭壇におく。この霊が、ニェカー／ガスティ儀礼の対象となる死者の霊をあの世に導く先導役となる。当の死者の霊のシンボルとなるプスポは、ワリギン (waringin, bringin) の葉でつくる。これをプダンドが浄化する。用意した祭壇にこのプスポをおき、その脇に供物や火のついた蝋燭をおく。翌朝遺族がプスポを燃やし（右の写真）、火葬の際と同様に灰をすり、これを椰子の実でつくったべつのプスポに入れる。祈りののち、これを海に流しに行く (nganyut)（上の写真）。このニェカー／ガスティ儀礼ののち、ふたたびこの死者の霊のシンボルとなるプスポをつくり、これをもってブサキ寺院周辺の種々の寺院をまわり、祈りをささげ、バニン＝チョコルをもらいうける。最後にブサキ寺院本殿で祈ったのち、家に帰り、屋敷寺にこの祖霊神を迎え入れる儀礼をおこなう (memendak/nuntun)。こうして、この死者の霊は屋敷寺で祀られる非人格的・抽象的な祖霊神に組みこまれたことになる。

ディオムに照らして、人々はヒンドゥーの儀礼が五という体系性をもつことを好んで語る傾向にある。こうした点は、第Ⅱ章第1節で触れたカヤンガン＝ティゴの場合とおなじである。人々は「慣習村はカヤンガン＝ティゴという三寺院を祭祀する」と言明し、ひとつの村の寺院体系が三という形式に還元されることを強調するが、そのようにいう当人の所属する慣習村が、カヤンガン＝ティゴに相当する寺院を実質的には二つしかもっていなかったり、カヤンガン＝ティゴ以外にも寺院をもっていたりするのである。しかも後者の場合、そうした三寺院以外の寺院がもつ性格や祀られている神について、人々はさほど明確な概念をもっていない。カヤンガン＝ティゴだけが、その「三」という完結性とともに、いわば突出したかたちで表象され認識されているのである。戦前の民族誌にはカヤンガン＝ティゴについての記述があり、これがある程度人々に共有される知識だったらしいことはうかがわれる。しかし、カヤンガン＝ティゴというイディオムがヒンドゥー三神と結びつき、ここまで強力に人々に浸透するようになったのは、パリサドがこれを重要な知識としてとりあつかって以降だろうと考えられる。たとえば、鏡味［鏡味 2000］は、「慣習村コンテスト」のチェック項目のひとつにカヤンガン＝ティゴがあることを指摘しているが、この慣習村コンテストの枠組自体、あらたに構築された教義を基盤にしたものだと考えられる。

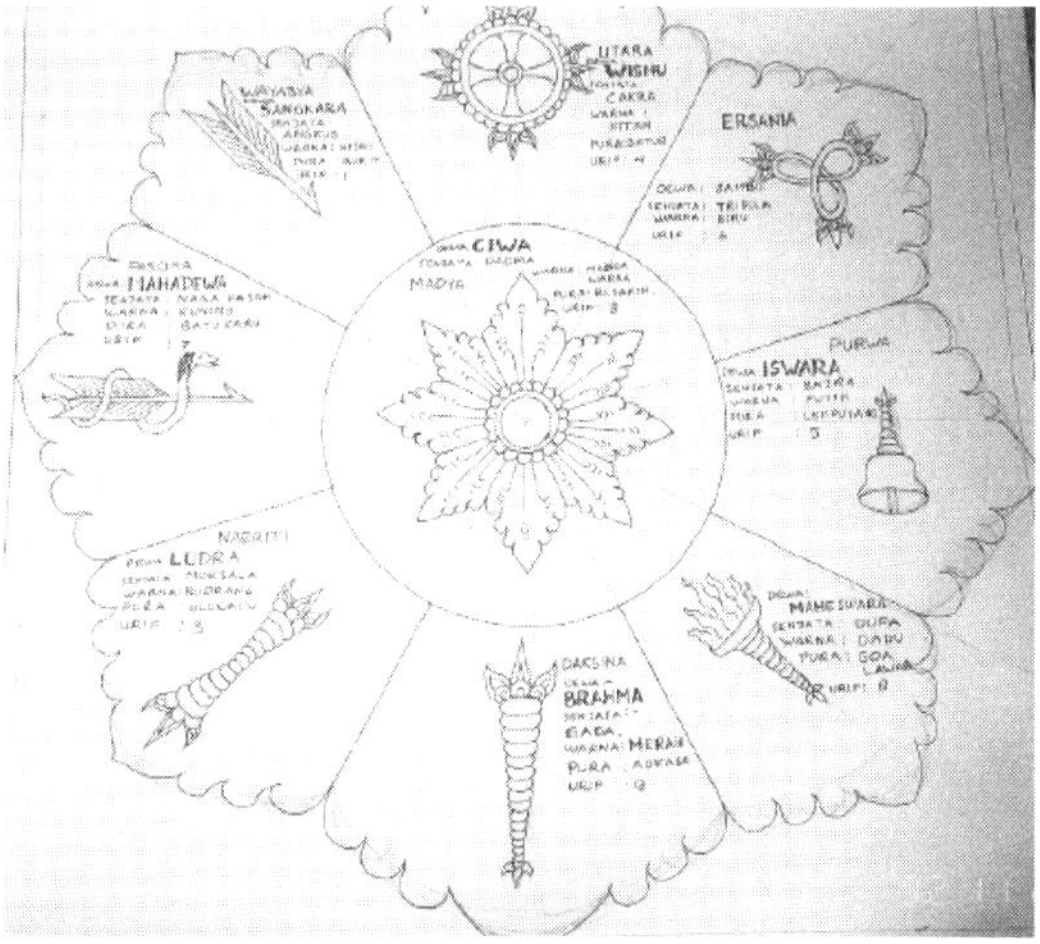

ナワォ＝サンゴ（九元論）
バリ人画家が各方位に対応する神器などを描いたもの。

第四は、方位に関連した教義知識である。カジョ―クロッドとカギン―カウ、つまり北―南と東―西の二つの方位軸に、中央を加えた五元論は、ヒンドゥーの教義でパンチョ＝デワ（Panca Dewa）という。さらにこれに北東・南北などが加わった、八方位と中心からなるナワォ＝サンゴ（Nawa Sangga）がある。これに上と下が加わった十一元論もふくめて、これら方位にもとづく分類イディオムは、いずれも方位に対応する神、神の聖器、曜日、色、音、ウリップ（urip）と呼ばれる聖数をともなっている［Covarrubias 1937:296; Swellengrebel 1960:47］。十一元論は、一般の人々がとりおこなう儀礼活動ではまずみられない［cf. Stuart-Fox 1982, 2002］。しかしパンチョ＝デワォやナワォ＝サンゴは、通常の宗教活動の中にも象徴的に表現されている。たとえば、サテ＝トゥング（sate tunggu）と呼ばれる供物は、九方位に対応する聖器を象った串肉サテを豚の脂身でつくり、これを椰子の実に突き刺したものである。またバンタン＝チャル（banten caru）と呼ばれるムチャル儀礼の供物は、ある種の供物一式を、小さな儀礼では一セット、中規模の儀礼では五セット、大規模な儀礼では九セット用意し、これをそれぞれの対応する場位の地面にならべたものである。またバンタン＝チャルにはサテをつかうことがおおいが、このサテも、相当規模の儀礼になると、それぞれの方位に対応したウリップの本数分を用意する。また、建築浄化儀礼では、あらたに建築した建物にきよめの印の布（urap-urap）をつける。この布には、五方位に対応する神の聖器と、ヒンドゥー三神を象徴するオンカロ（ongkala）という聖なる文字が描かれている。

重要なのは、こうした方位に対応した象徴分類を、バリ人が自覚的に、宇宙の完結性の表現として認識し語る傾向があるという点である。司祭などの宗教的専門家だけでなく、一般の人々、むしろ宗教的知識にあまり詳しくない人々が、カヤンガン＝ティゴの「三」や、パンチョ＝ヤドニョやパンチョ＝デワォの「五」といった聖数を強調し、秩序や事物の完結性について語ろうとするのである。すでに述べたように、こうした傾向の背景には、パリサドが進めたヒンドゥーの合理的な宗教知識の浸透という点があると考えられる。

宗教知識とイデオロギー

以上、今日のバリ人の宗教観を構成する主要な知識やイディオムについて記述した。ここで明らかなのは、人々のバリ宗教にたいするいわば「表」の理解枠組が、基本的にパリサドの提示する教義知識体系のエッセンスに相当するという点である。宗教知識の具体的な内容が人々に全体的かつ体系的に浸透しているわけではない。たとえば、パンチョ＝マホ＝

ブトの五つの元素は何か、この時期にバリ島全体で火葬が頻繁にあるのは後日ブサキ寺院で何という儀礼が催行されるからなのかなど、枝葉末節とはいえない点に関して、人々の理解はパリサドの提示する知識を一部欠落させていたり、微妙にそこからずれていたりする。しかし人々の宗教認識の枠組を規定しているのは、まぎれもなくこのあらたに確立された教義知識の骨格部分である。しかも、人々が単に受動的にそうした知識を受け入れているのではなく、むしろそうした知識の内容や論理をもちいて積極的に、自らの宗教生活や宗教活動をときには抽象的に、ときには具象的に、あるいは比喩的に、説明しようとするのである。そしてその説明の仕方に特徴的なのは、事物を特定の秩序原理や聖数に照らして論理化し、そうした事物や宇宙の秩序性・完結性・調和性を強調するという傾向である。

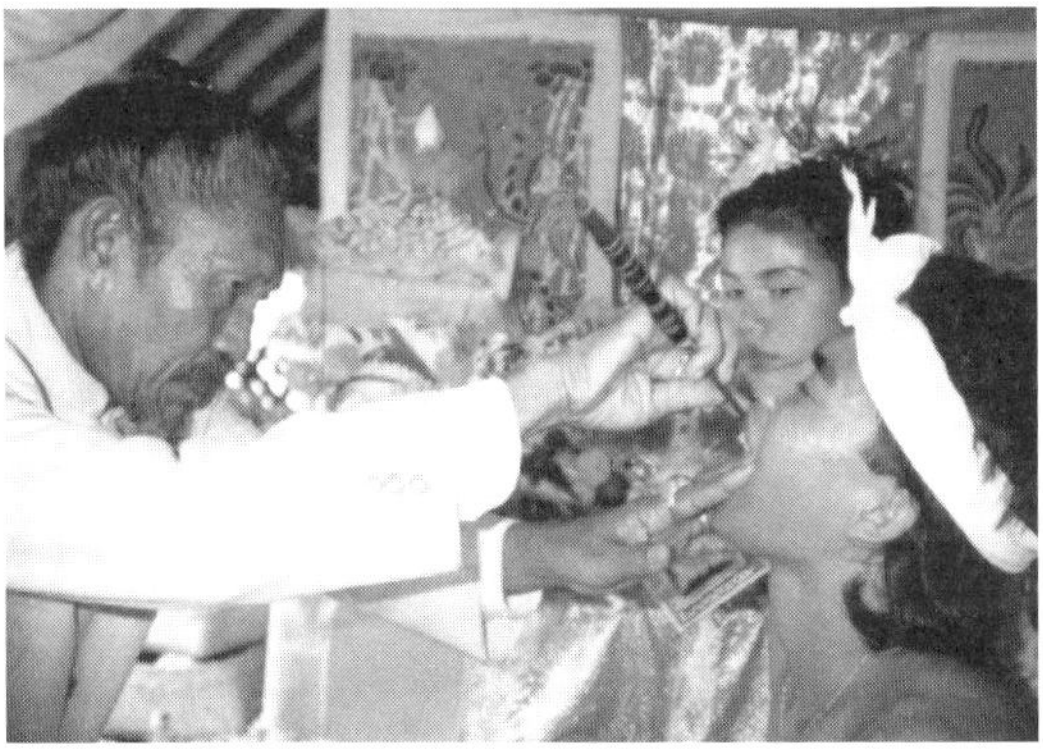

削歯儀礼

ムサンギ／ムパンダスは、十五歳前後以上になった者が歯をやすりで削ってもらい、浄化を受ける儀礼である。キョウダイ全員を一度に済ませることがおおく、また結婚式やニェカー／ガスティと一緒に済ませることもある。まず午前にソンテンがマビオカロ／マビオカオナン儀礼をおこない、けがれをはらう。次にプダンドが簡単なきよめの儀礼行為をしてから、プダンドもしくはイダ＝バグス＝アジが歯を削る。削られた者は一同そろって屋敷寺で祈る。そして夕方にプダンドが浄化儀礼をおこない、オトン儀礼（誕生日の儀礼）をする。最後に儀礼を受けた者が中庭で祈りをささげる。その後、歯を削られた者が儀式的にさまざまな飲食物を少量ずつ口にする(mepedampel)。

たとえばその一例として、ムサンギ（metatah/mesanggih/mepandes）という人生儀礼が挙げられる。ムサンギには、やすりで上の前歯六本を削る行為がともなう。既存の研究は、これをバリ島の周辺地域にもみられる類似の習慣と対比した上で、イニシエーション儀礼のひとつとして捉えたり［Covarrubias 1937:135］、とがった歯を削って平らにすることで動物性を削除する象徴的な行為だと解釈したりしている［吉田禎（編）1992:113］。しかしながら、今日のバリ人はこの削歯行為を、人間の内面にある六つの悪しき性質（Sad Ripu）を減じるための象徴的行為だと説明する。この説明は、中学や高校の「宗教」の教科書にも記さ

古文書
ロンタル椰子の葉にかかれている。

れており、若者をはじめおおくの人々がこうした教義知識を共有している。同様に、ガルンガン（Galungan）と呼ばれる年中行事も、祖霊／死霊にたいする行事であるとか、ブト・カロにたいする行事であるとかいった解釈が既存の研究にはあるが［Cobarrubias 1937:284; Goris 1960c:125-126］、現在では、ガルンガンはダルモ（darma）のアダルモ（adarma）にたいする超克、つまり邪悪なものにたいする善なるものの勝利を記念する日であるという解釈が教義上確立されており、人々もこうした見解を保持している。

このように、人々の宗教理解は標準化された知識の上に成立している。むろん、この種の知識だけではなく、地域において口頭で伝承されてきた知識も、人々の宗教生活を支える重要な要素ではある。また次節で述べるように、人々の宗教活動においては、パリサドの教義や規範に照らすとむしろ逸脱しているといいうる特徴も存在する。しかし、こうした性質を異にする知識の多元的な流通の中において、人々の宗教表象枠組を大枠のところで規定し、一義的な指針や規範の役割を担っているのは、やはり唯一神信仰に関わる宗教観や知識である。

ところで、既存のバリ宗教研究の中には、こうした標準化され流通する宗教知識に注意を向けたものはきわめてすくない［鏡味 1995, 2000; Rubinstein & Connor (ed.) 1999a］。むしろ先行研究において支配的なのは、古文書に書かれている経典レベルの知識を論じた議論［ex. C. Hooykaas 1964; Goudriaan & Hooykaas 1971; Hinzer 1986, 1987］、そして儀礼などに象徴的に表現されるコスモロジーを論じた研究である［ex. Swellengrebel 1960:38-40; cf. Jong (ed.) 1983］。しかし、前者の議論はそうした知識の社会的流通について十分論及しようとしなかったし、後者の議論は、どこまでが人々の自覚する知識内容なのか、どこからが人々が認識しない（観察者が抽出した）象徴表現なのかを、十分区別して論じようとしなかったといえる。そして既存の研究がバリ宗教のコスモロジーとしてあつかったもののおおくは、パリサドがヒンドゥーの教義体系の中にとりこみ、いわば上から人々に浸透させたという意味で、むしろイデオロギー的な様相をもつものだといえる。

現在のバリ宗教のあり方を見るかぎり、既存の研究がバリ宗教の「伝統的知識」として表象しようとしたものは、すでにヒンドゥーの教義体系の中に組みこまれた、イデオロギー的知識となっている。また司祭や知識人に限定された「秘儀的」とされるような知識も、すくなくともその一部はやはり出版物の中に記載され流通過程にのっており、一般の人々でも欲すれば、これにアプローチしうるようになってきている。たしかに地域社会の司祭は、自らが保持する知識を安易に教えようとはしない。とくにマントロ（mantra）と呼ばれる儀礼執行時の呪文は他人に教えない。しかしそれに相当する知識が出版物の中で明示されており、特定の司祭が知っている特定の知識に固執しなければ、その種の知識を学ぶことは不可能ではない。宗教知識の習得に関心があっても、いざそうした行動をおこそうとはしないバリ人がほとんどであるとはいえ、すくなくともこうした啓蒙の過程の中に、ヒンドゥーの知識はあるのである。

第3節　宗教活動の諸様相

次に、これまで記述してきた宗教観・知識と、宗教生活の実態との対応関係について検討しよう。といっても、すでにその主要なポイントは指摘してある。①宗教活動の実質は、供物献納活動としての儀礼にあるにもかかわらず、人々は儀礼をアダットの問題とし二義的なものとみなしている。②ヒンドゥーの本質的な行為契機は祈りであると捉えられている。それは、祈りがアガマとしての理念を体現し可視化する行為契機であるからである。③しかし、こうしたアガマの理念は儀礼活動のただ中にあっては意識されない。そこでは、人々はいわばシモとしての宗教を生きているといえる。④人々は、多神教的といってよい儀礼活動と、一神教的神観念との間に、齟齬や矛盾の感覚を抱いておらず、むしろ後者の理念によって前者を認識し説明する理解枠組をもっている。⑤儀礼にたいする教義知識としてパンチョ＝ヤドニョがあるが、これは儀礼活動の実態に即した整合的・体系的な説明概念ではなく、むしろ現実の儀礼生活から遊離した抽象的な理念にとどまっている。以上のような点である。以下では、こうした点を確認しつつ、宗教活動の主要な局面にみられる特徴について記述していく。

基本的な語彙について

その前に基本的な語彙に触れておこう。「儀礼」を意味する語には、ヤドニョ（yadnya）、ウポカロ（upa kala）、カリヨ（karya）、そしてインドネシア語のウパチャラ（upacara）がある。この中でヤドニョとウポカロは教義知識の脈絡でつかわれる語である。ウポカロは、儀礼でもちいられる供物や道具の総体を意味するとともに、こうした供物や道具をもちいた活動をも意味する、つまり物と事の両面を含意する語である。これが端的に示すように、儀礼をおこなうことはすなわち供物をささげることにほかならない。また「行事」を意味するカリヨは、儀礼を指す語として日常的によくつかわれる［cf. 中谷 2003:102-109］。

「供物」を意味する語としては、バンタン（banten）、サジェン／スサジェン（sajen/sesajen）がある。「供物をささげる」（mebanten, matur banten/sesajen, maturan banten/sesajen）という場合の「ささげる」に相当する語としては、このマトゥル／マトゥラン（matur/maturan）のほかに、ガトゥリン（ngaturin）という語がある。ガトゥリン・バンタン（ngaturin banten/sesajen）は、司祭が儀礼を執行して供物をささげるという意味になる。司祭がガトゥリン（儀礼執行）し、一般の人々がマトゥル／マトゥラン（献納）する、この二つの側面が一体となって、人々の儀礼活動があるといえる。儀礼とは、さまざまな供物や道具を用意し、場合によっては司祭による儀礼的手続きをもって、供物をささげる行為過程なのである。「祈り」はバクティ（bakti）、「祈る」はムバクティ（mebakti）である。ムスポ（muspa）も祈り／祈るを意味する語である。既存の研究ではムスポという表現についてほとんど触れられていないが、私が知るかぎり、後者がよりていねいな表現であるとされている。また、実際の儀礼活動のただ中で参加者にたいして祈りの指示が出るときも、「ムスポ」という表現がつかわれる。そこで、以下では祈り／祈るについてはムスポという語に代表させることにする。なお、スンバヤン（sembahyang, bersembahyang）というインドネシア語もしばしばつかわれる。

次に、宗教活動に参画する際の条件について触れておく。祈りや儀礼など宗教行為に参加する者は、精神的・肉体的に清浄でなくてはならない。具体的にはあらかじめ水浴をし、それにふさわしい服装に着替えておかなくてはならない。いわゆるバリ式の正装をすることが望まれるが、腰に布を巻き、帯をしめるというのが最低条件である。出血中の者、生理中の女性、出産後間もない女性、近親やバンジャールに死者が出た場合などは、けがれている（sebel, centaka）とされ、儀礼の神聖な場に入ることも祈ることもできない。こうした条件は、外国人観光客が儀礼や寺院などの宗教的な場を見学する場合にも適用される。主要な寺院の門前には、英語と図でこうした見学に際しての注意事項を説明した看板が掲げられている。寺院によっては観光客にたいして腰帯や腰布を貸し出し、見返りに喜捨を受けとり、寺院の管理や補修の財源に当てている場合もある。

慣習衣装がもつ意味

宗教活動に参加する際には、慣習衣装（pakaian adat）と呼ばれるバリ式の正装を身につける。男子の場合、腰布（kamen/wastra, salung）を巻き、その上にもう一枚腰覆いの布（saput/kampuh）を巻き、帯（anteng/umpar, selendang）でしめ、頭に頭巾（udeng/destar）を巻き、袖付き・襟付きの上着（separi/kwace）を着る。女子の場合、腰布を巻いて帯でしめ、ブラウス（kebaya/kwace）を着る。神やブト・カロにたいする儀礼では、白や黄色を基調とし、

正装
2004年ウブドでの二次葬（合葬形式）。儀礼参加者の大半が白で統一した正装を着用している。なお、手前左にあるのは浄化儀礼を待つ死者の霊のシンボル。

死者儀礼では黒を基調とする。また人生儀礼の場合、神にたいする儀礼ではなくアダットの儀礼とみなされるので、男子の頭巾をバティック（更紗）にする。このように、正装にはＴＰＯにあわせた区別がある。これが今日、ウブド周辺のみならずほとんどの地域で一般的に見受けられる正装のスタイルである。

鏡味によれば、こうした正装の標準化――鏡味は端的に、鍵括弧つきで「制服」と表現する――は、バリ州政府の指導を背景として、一九九〇年代に顕著になった現象である。それ以前、衣装の色や素材などはまちまちであった［鏡味 1995］。私も、一九九〇年代前半に、山間部にちかい地域で、火葬の際に白やバティックの頭巾を自由に巻いている男子集団を観察したことがある。また、一九九〇年代後半からは、ウブドやその周辺の一部地域において、寺院祭礼の際の男子の腰布・腰覆いをすべて白一色に統一するという、あらたな傾向も観察するようになった。

さて、「慣習」衣装と表現されることからも明らかなように、この正装を身にまとうことは、ヒンドゥーの教義に関わる問題ではない。端的にいって、こうしたスタイルの流行は見栄えの問題だといってよい。つまり事の本質は、人がたくさん集まる寺院祭礼や自家で催行する大規模な儀礼の際に、高価な慣習衣装で着飾って儀礼に臨むということにあると思われる。たとえば日々の簡単な供物献納活動や祈り、あるいは慣習村やバンジャールの集会や行事では、男子は腰布と腰帯（と頭巾）を着用する程度で済ませることがおおい。さらに、儀礼活動の脈絡からはずれたところで毎日のように祈りをする人々は、こうした白や黄の慣習衣装に着替えて祈っているわけではなく、毎日の供物献納活動とおなじく、腰布もしくはズボンに腰帯を巻く程度で済ませている。これらのことが示すように、衣装へのこだわりは、神への信仰や精神的な清浄性の確保といった点と直結しないのである。ただし、人々はこうした正装の着用に、自身の宗教への姿勢、つまり清浄な精神をもって儀礼活動に臨むという意思をこめているという点は指摘できる。最近の男子の白に統一された正装の流行なども、こうした清浄性への志向を表明したものであろう。したがって、正装の着用には単に見栄えの問題には還元できない一面もある。これについては、第4節であらためてとりあげる。

見栄えのよい高価な正装を着用したいという欲求がある一方で、人々は、宗教活動に際しては、最低限腰布あるいはその代替としてのズボン、そして帯を身につけていれば、上半身のシャツは普段着であってもよい、という見解をもっている。実は、これはヒンドゥーの公式の教義にほぼ合致している。一般のヒンドゥー教徒について教義上規定されているのは、祈りの際には清潔な服を着用し、最低限腰覆いか腰帯を巻いていればよい、という点だけなのである。子供たちは洋服に帯だけで儀礼に参加することがおおいが、これは教義にかなっているといえる。いずれにしても、必要なのは内面的にも外面的にも清浄であることであって、こうした「制服」を、しかも色をTPOにあわせて着ることではない。たとえば、死者儀礼に黒を結びつけるのは西洋の慣習やキリスト教・イスラムの喪の考え方に由来する、ヒンドゥーは死者儀礼を悲しみや哀悼に結びつけるものではなく、むしろ現世のくびきからの解放とみなすのであるから、黒の「喪服」の着用はヒンドゥーの教義に反するとさえいえる、という否定的な見解を表明する知識人もいる［ibid:38-39］。慣習衣装の流行は、宗教実践と教義との微妙な関係を示唆する現象なのである。

宗教的専門家

ウブド周辺には三種類の司祭が居住する。ブラフマノ＝カストの者がなる最高司祭プダンド、それ以外のカストの者が通常なる寺院つきの司祭マンク、鍛冶屋のタイトル集団パンデの司祭スルンプ／ウンプ（serumpu,sri mpu/empu）である。ほかに、近隣には居住しない司祭だが、はらいの儀礼を専門におこなうスングノスングウ（senggu/sengguhu）

ダラン

ワヤン＝ルマ(wayang lemah)と呼ばれる儀礼的色彩のつよいワヤンを演じている。ワヤンにも宇宙論的な象徴表現が看取される。

の儀礼執行を観察することがある。また、人々が司祭とみなさない、司祭を補助し儀礼の一部を執行する、いわば準司祭に相当する存在として、ソンテン（sonten）がいる。プダンドの助手役をつとめるイダ＝バグス＝アジ（Ida Bagus Aji）も、準司祭にあたるといってよい。ほかに呪医バリアン（balian）、ワヤン＝クリット（wayang kulit）と呼ばれる影絵劇の語り手兼人形つかいダラン（dalang）も、司祭そのものではないが、それに近いとみなされる存在である。これ以外に、供物づくりのスペシャリストであるとともに、諸儀礼の進行を助ける役割を負うトゥカン＝バンタン（tukang banten）がいる。ウブド周辺で展開するほとんどの儀礼は、プダンドとマンクいずれかの儀礼執行を中心とし、これを他の司祭・準司祭やトゥカン＝バンタンらが補佐するという形態で営まれる。以下、おもだった専門家について簡単な説明を加えていく。

プダンドにはシヴァ派（pedanda siwa）と、ごく少数のブッダ派（pedanda boda）がいる。プダンドは神と同格の存在だと理解されている。たとえば、通常火葬の際に遺体を運ぶためにもちいる塔（wadah）には、天界の須弥山を象徴する屋根があり、カストの地位が高い者ほどその屋根の層が増える。しかし最高位のはずのプダンドの場合、この屋根がない。人々はこれを、プダンドが生きながらにしてすでに神と同等の存在であることの象徴だとする。もっとも、その一方で次のような点もある。人々は、神の像（tapakan）を目前にした場合、腰をおろすなどしてそれより低い位置にいなくてはならないが、プダンドが目の前を通過する場合には、逆に座っていた人々は立ち上がり、両手を胸のところであわせて頭を下げて礼をする。これは人間にたいする敬意の表明の方法であり、つまりこの点ではプダンドは神そのものではないのである。

マンクが寺院つきの司祭であるのにたいして、プダンドは特定の寺院に関係せず、いわば檀家にあたるクライアント

（sisya）に頼まれて儀礼を執行する。およそ重要かつ規模のおおきな儀礼は、すべてプダンドの儀礼執行をともなう。ただし、規模の大小だけでなく、地域的な慣習のあり方によって、プダンドが関与するか否かが決まる儀礼もある。火葬はかならずプダンドが関与するが、火葬をおこなわない地域もあるし、寺院祭礼オダランも、プダンドが儀礼をおこなわずマンクのみで執行するという寺院もある。

ただウブド周辺では、日常的な供物献納活動をのぞけば、およそあらゆる儀礼にプダンドが作成した聖水ティルト＝グリオ（tirtha gerya）がつかわれる。つまり、プダンドの儀礼執行よりも、このティルト＝グリオの方こそ不可欠なのである。プダンドが儀礼の場に来て聖水をつくりつつ、儀礼を執行することもあれば、あらかじめプダンドの住む屋敷グリオに聖水をもらいにいき、儀礼自体は他の司祭や司祭以外の者がその聖水をつかって執行する場合もある。

プダンドの妻の火葬の塔（ブラバトゥ村）

プダンドは、毎朝グリオ（屋敷）の中にあるムラジャン（屋敷寺）で儀礼執行し、聖水をつくる。そのあとグリオにやってきたクライアントたちにたいして若干の儀礼をほどこしたり、あるいは呼ばれてクライアントの屋敷、寺院、墓場などで儀礼を執行したりする。これらいずれの場合も、その儀礼執行の基本的な手続きはおなじである。香煙に手をかざし、マントロを唱え、印（mudra）をむすび［cf. Kleen 1970］、聖水・花・米をかけるという一連の手続きによって、①自身を浄化し、②道具を浄化し、③神々を降臨させ容器の中の水に呼びこみ、大量の聖水を作成する。そして④リス（lis）と呼ばれる箒状のものをはじめとする、浄化のための儀礼道具をきよめる。⑤トゥカン＝バンタンらが、供物や、死者儀礼では遺体や遺骨など、浄化を必要とするものや場所を順次まわり、このリスなどの道具をつかって③の聖水や他の聖水をふり（sirat, nyirat）きよめる。⑥供物のエッセンス（sari）を、風をあおいで（ayab, natab）、神々や死霊にとどけ、ささげる。⑦プダンドの儀礼執行とともに、一堂そ

プダンド
右がプダンド＝シウォ、左がプダンド＝ボダ。

ろって祈る。⑧プダンドが招聘した神々に帰還してもらい、儀礼を閉じる。⑨助手役のマンクやトゥカン＝バンタンらが、プダンドからもらいうけた聖水と聖米（bija）を、祈ったあとの人々に配る。

プダンドが唱えるマントロはウェーダ（weda）という。つまりヴェーダである。現在ではインドのヴェーダ文献が出版され流通するようになっているが、もともとバリにはウパニシャッドを中核とするヴェーダの四文献は伝わっていなかったようである。しかし高島は「たとえ教義の理解があやふやだとはいえ、このプダンダは千年前のインドの教えの基本においては忠実な継承者なのである」と述べる［高島 1994:69］。高島によれば、プダンドの儀礼執行においては、プダンドとシヴァ神との一体化という、すでにインドではほとんど意識されなくなったシヴァ派の儀礼の本質が維持されている［ibid:66］。ただし、こうした高島の指摘するような点が、バリのヒンドゥーの教義においてどう認識されあつかわれているのかは、確認できていない。

マンクの儀礼執行は、基本的にプダンドの儀礼執行を簡素化したものだといってよい。もっとも一般に、マントロも印をむすぶ所作も、プダンドにくらべればあやふやでぎこちない。マンクが儀礼の場にもちこむ道具は鐘くらいのものである。浄化にもちいるリスも、プダンドの儀礼のものよりちいさく、そのパーツの数もすくない。また、プダンドはかならず地面よりも高いところにしつらえられた場所に座って儀礼を執行するが、マンクはかならずしもそうとはかぎらない。マンクは寺院司祭であるが、各家でおこなう儀礼も執行する。とくにカヤンガン＝ティゴのマンクは、プダンドに次いで人々から儀礼執行を依頼される存在である。親族寺院のマンクも、その親族の成員から儀礼執行を依頼される。どの司祭を選択するかは儀礼の種類と規模による。けがれの程度が高く、それゆえ高度な浄化が必要となる火葬や、何年に一度というような寺院や屋敷寺の大祭、主要な人生儀礼、あるいは他の儀礼でもより豪華に儀礼をおこないたい場合などは、プダンドに儀礼執行を依頼する。そこまでの浄性をかならずしも必要としない場合には、出費が比較的低くすむ程度の規模にし、マンクに儀礼執行をもとめることになる。

なお、マンクは、自身の寺院の祭礼（オダラン）の際には、人々が持ってくる供物を浄化し、神にささげるという作業をおこなう。寺院祭礼の当日（piodalan）には、成員が共同で作成した供物をささげる儀礼行為があるが、ウブド周辺のほとんどの寺院では、寺院祭礼でもっとも重要なこの供物の献納儀礼はプダンドがおこなう。したがってマンクは、この日以外の共同の供物や、人々が各自の家でつくってもってくる個人的な供物を神にささげる儀礼を執行する。もっとも、人々がそろってひとときに供物をもってくるわけではないため、寺院祭礼の期間、夕方から夜にかけて、マンクは何度も断続的に儀礼を執行して、この供物を浄化し神にこれをささげるという行為を繰りかえす。聖水を花もしくはプブウ（pebuu）と呼ばれるちいさな道具で供物にふりかけ、供物のエッセンス（サリ）をあおいで（ayab）神におくりとどける。そして近くに座っている人々にも聖水をふり、人々が祈ったあと、さらにきよめの聖水をかけ、聖米を与える、というものである。

マンク

スルンプ／ウンプは、鍛冶屋のサブカストであるパンデの儀礼を専門的におこなう司祭である。通常はプダンドに依頼するような儀礼を、プダンドにかわっておこなう。他のタイトル集団の人々がスルンプに儀礼執行を依頼することはないが、パンデがかならずスルンプに儀礼執行を依頼するわけではなく、

ニュピ前日のオゴ＝ホゴ（デンパサール）

ニュピはサコ暦の新年にあたる。数日前に村単位で諸寺院の神像をもって海に行き、浄化する (melasti)。ニュピ前日の昼には、村の中心の辻でプダンドとスングウがチャル＝クサンゴをおこなう。その夕方には、各集落でブト・カロをモティーフにつくった張子オゴ＝ホゴ (ogoh-ogoh) をもって練り歩くとともに、各家で太鼓や鍋を叩いて家の中をまわり、ブト・カロつまりは邪鬼を退散させる。ニュピの当日は悪霊が村を徘徊しているので外出してはならない。観光客も原則この規範にしたがう。

プダンドの浄化儀礼を受けることもある。

スング／スングウは、ウブドでは、ブト・カロにたいする規模のおおきな儀礼にのみ排他的に関わる司祭である。ニュピの前日に村でおこなうはらいの儀礼チャル＝クサンゴ（Caru Kesangga）や、男女の双子が生まれた四十二日後におこなうムチャルの際に、スングに儀礼を依頼する。いずれの儀礼も、スングとプダンドが同時平行的に儀礼執行する。

ソンテンはウブド周辺に限定的な存在のようである。私の知るかぎり、既存の研究においてこうした名称の司祭は言及されていないし、ギャニヤール市にもこうした名称の存在はいないようである。バリアン＝ソンテン（balian sonten）などともよばれる。ソンテンはマンクではなく、バリアンつまり呪医／呪術師の一種であるといわれるが、ソンテンはあくまで儀礼執行に携わる存在であり、治療行為や卜占などをおこなうバリアンとはまた区別されて認識されている。ソンテンは、人生儀礼に際してその前段階の儀礼としておこなわれるマビオカロ／マビオカオナン（mabiakala/mabiakaonan）儀礼や、埋葬、ムプガット（mepegat）、火葬の前段階のはらいの儀礼など、けがれをはらう一部の儀礼を専門的に執行する。これらの儀礼は、マンクがおこなうには「よごれた」儀礼だとされる。

トゥカン＝バンタンは、字義どおりに訳せば「供物屋」であり、供物にとくに精通した人を指す。トゥカン＝バンタンは、儀礼の準備段階においては複雑で大規模な供物の作成に携わる。あるいはそうした複雑な供物の作成に不慣れな者にこれを教えつつ、全体の供物作成作業をリードする。供物をつくるのはおもに女性であり、トゥカン＝バンタンも基本的にすべて女性である。なお、火葬の際の遺体を運ぶ塔（bade/wadah）や遺体を入れて燃やすための張り子（penulangan）を作成したり、サテつまり串肉をもちいた供物を作成したりする、男性のトゥカン（職人）もいる。ただしこのトゥカンは、職業という性格が強く、ヴォランティアであるトゥカン＝バンタンとは性格を異にする。

司祭をめぐる規範と葛藤

以上、司祭およびこれに準じる存在などについて概観してきた。これらの存在は、宗教活動の諸局面をたがいに分業しあっている。しかしその一方で、彼らの役割は代替がきくものだと考えられてもいる。人々は、儀礼はそれをおこなう能力と経験のある者がおこなえばよいのであって、特定の専門家でなくてはならないというわけではない、と語る。つまりプダンドが儀礼を執行しようが、マンクが執行しようが、あるいはこうした司祭ではなく一般の人が執行しようが、それは本質として変わるところがないというのである。事実、たとえばバリ島の外で移民としてあらたな村を開墾し生活するバリ人ヒンドゥー教徒の場合、教義書などを参照して供物を準備し、司祭なしで儀礼を催行し、よく知っている者がマントロを唱え、皆で祈りをささげる、というかたちで、宗教実践を営むのである［Setjaja 1996］。バリ島内ではこうしたケースはまずありえず、特定の司祭や準司祭に儀礼執行を依頼することになるが、実践面はともかく理念の次元では、こうした諸司祭の役割や司祭と一般人の関係を相対的なものとみる理念は、かなり一般的なものである。そしてこれは、パリサドが浸透をはかってきた考え方でもある。

ただし、パリサドが提起し浸透させつつある規範が、かならずしもそのままのかたちで人々に受け入れられているわけでもない。たとえば、人々は司祭を階梯的にみる認識枠組をもっている。大規模な儀礼をプダンドに、中規模の儀礼をマンクにそれぞれ依頼する慣習や、ニュピの前日のムチャル儀礼で、プダンドを北にまた上位に、スングウを南にまた下位に配して、両者の位階関係を可視的にする慣習は、人々がもつ司祭の上下関係についての認識を反映している。しかし、これらはいずれもパリサドが構築した司祭についての規範からはずれている。パリサドは、一九六〇年代に司祭に関する種々の規定を設けたが、この中に正規の司祭スリンギ（sulinggih）と、補助的な司祭ピナンディト（pinandita）とを分別するというものがあった。プダンド、スルンプ、スングウらは前者に、マンク、ダラン、バリアン、そしてバリ＝アゴにあたる村が抱える司祭などは後者に相当するとし、前者の正規の司祭はいずれも対等で平等な地位にあるとしたのである［Pitana 1999］。しかし、この二つのカテゴリーはいまのところ教義上の形式的枠組にとどまり、一般の人々が司祭を認識する際の準拠枠とはなっていない。ピナンディトという名称は、あるいはその後一九九六年のパリサドの会議ですべての司祭の総称として提起されたパンディト（pandita）という名称も、一九九〇年代末の時点ではまだ人々に浸透していないのである。また、ウブドのみならずバリ島全体において、人々の宗教生活はなお寺院司祭マンクの儀礼執行にかなりの程度依存するが、こうした実態は、厳密にはパリサドの構築した司祭規範から逸脱していることになる。むろんムチャル儀礼におけるプダンドとスングウとの位置関係も、司祭の平等性をうたったパリサドの規定に反している。このように、私が観察するかぎり、一九九〇年代の司祭をめぐる人々の認識枠組や宗教実践は、一九六〇年代に構築された宗教規範からまだほど遠い状況にある。そもそも、プダンドとマンクを儀礼の規模に即してつかい分けるべき儀礼催行者としてみる人々の認識は、司祭の地位をめぐる規定や理念のいずれにも合致しない。この認識は、既存の慣習に由来するもの、あるいはこれとあらたな規範とのいわば妥協の産物として醸成されたものだと考えられる。

この点で、パリサドの規範は司祭をめぐる人々の宗教生活を全面的に規定するにはいたっていない。ただし、一九九〇年代の一部の地域では、司祭をめぐる規範や理念の浸透を示す突出した現象もまた看取しうる。ピタノ［ibid］は、そうしたパリサドの平等主義的規定をラディカルに適応させようとして、既存の宗教実践と折りあわず、社会的な緊張を招いた五つの事例を報告している。彼が挙げる例は総じて、ブサキ寺院やバリの北部・西部におけるジャガトナト寺院（ヒンドゥーの唯一神をまつった寺院）など、地域をこえたレベルで祭祀体系があらたに構築もしくは再構築された寺院の儀礼をめぐって、ウンプやスングウら正規の司祭として認定された司祭を抱える親族集団が、集団としての紐帯を再強化させようとして、ブラフマノ中心主義的な宗教実践と衝突を起こした事件だといえる。あるケースではそうした集団とプダンドとの間に妥協が成立し――儀礼のある段階をプダンドが儀礼執行し、他の司祭が別の段階を儀礼執行する――、あるケースでは成立した妥協が反古にされ、結局はプダンドが儀礼催行の排他的な中心となり、またあるケースではプダンドが全面的にこの平等性を理解し、プダンドとウンプがおなじ高さで、しかもウンプがプダンドの北側に座って、一堂そろって儀礼を執行するというかたちで、司祭の平等性が実践面で完璧に実現されるということもあった。また、一九九九年のブサキ寺院でのパンチョ＝ワリクラモ（Panca Walikrama）儀礼では、最終的にパリサドの保守派が折れ、バリのプダンドのみならず、インドネシア諸地域からのすべての司祭カテゴリー（sarwa sadhaka）が参加して、この一大儀礼を催行することになった［Bagus 2004:87, 90］。このように、地域レベルで既存の宗教実践への反発がもちあがることは決して一般的とはいえないが、こうした一種のいわば闘争を通じても、司祭の平等性――もっとも、そこにはブラフマノ優位の既存の体制への反発があるのであって、かならずしもパリサドの提起する司祭の平等性に全面的に回収されない面をもつ――がこれから徐々に社会に浸透していく可能性はおおいにある。

いずれにしても、その場合の鍵となるのが、ブラフマノ＝カストとくにプダンドである。というのも、ピタノも触れているように、宗教行政に関わる政府の高官やパリサドの中心人物のおおくは高カストとくにブラフマノ＝カストであり、彼らは司祭をめぐる平等主義的理念を理解している――そもそもそれは、公務員および国民が遵守すべきパンチャ＝シラに沿った理念であり、否定することができない――ものの、それを実践にうつすことにはためらいがちだからである［Pitana 1999:191］。むろん、中には率先してこうした司祭の平等性の実現に取り組もうとする者もいる。端的にいって、こうした革新的な方向性と保守的な方向性との綱引きの中に、一九九〇年代の司祭をめぐる認識や宗教実践があるといえる。全体としてはなお司祭の階梯性・分業性を支持する雰囲気が支配的ではあるものの、これにラディカルな問いかけが若干なされつつあるというのが、一九九〇年代の状況だといえる。

儀礼活動の諸特徴

次に供物と儀礼について述べる。一地域のバリ人の儀礼活動の総体を体系的に記述したといえる民族誌は、まだ存在しない。既存の研究は、いずれも特定の儀礼や儀礼の一面を記述したものである［ex. Belo 1953, 1960; Covarrubias 1937; Weltheim et al (ed.) 1960; van Baal et al (ed.) 1969; Hooykaas 1973; M. Hobart 1978; Ramseyer 1987; 永渕 1988a, 1988b; Eiseman, Jr. 1990a, 1999; 鏡味 1992a, 1992b; Stuart-Fox 1982, 1992b, 2002; Danandjaya 1989; 吉田禎（編）1992, 1994; Hauser-Schaublin 1997; Rubinstein & Connor (ed.) 1999a; Ottino 2000; Howe 2001］。ここでは、個々の儀礼や供物のあり方に触れることは一切省略し、いくつかの論点を指摘するにとどめる。

第一点は、バリ人の宗教活動が多種多様な供物から成り立っているという点である。教義上は、神との交流をのぞむ清浄な心があれば十分とされており、人々もこの点を強調する。しかし実際には、神、死霊、祖霊、ブト・カロなどとコミュニケートするために供物は不可欠である。後述するように、供物献納行為から切り離されたところでおこなわれる祈りにおいても、チャナンと呼ばれる供物を、ささげものとしてではなく道具としてではあるが、もちいるのが通常である。

ではどういったものが供物となるのだろうか。基本的に価値あるもの、美しいものはすべて供物となる。これが第二点である。ベテル＝チュー、タバコ、米やご飯、果物、菓子、肉、飲みもの、花、布、宝石、武器、音楽、舞踊、演劇などはその代表である。美しい舞い手の舞踊、心を打つ物語の演劇は、行為としての供物である。より美しいもの、つまり色や形がよく見栄えのするものが選ばれ、供物としてつかわれる。ラムゼーヤーは、神的霊的存在との関係は、人間とくに高カストの人々との関係に類比するものとして捉えうるとし、贈り物としての供物がきわめて重要な交流の手段になると論じる［Ramseyer 1986:149］。人にたいして何かを提供する行為（sumbang）と、神的霊的存在や寺院にたいして何かを提供する行為（maturan）とは、語彙も異なり、概念上も区別されているが、しかし後者が前者に類比して捉えられているということはいえる。たとえばある寺院司祭は、寺院祭礼オダランを、家の訪問にたとえ次のように述べる。「彼

チャロナラン劇のトランスシーン（プリアタン）

〔＝神〕が家〔＝寺院〕を訪問する前に、まず家をきれいに掃除しておかなくてはならない。これがムチャルに相当する。やってきた人には食事やお菓子を出してもてなす。これがスサジェン（供物）である」。また別の寺院司祭は、ムチャルの際の供物を、この儀礼後に帰っていくブト・カロへの手土産にたとえる。このように、儀礼は訪問者にたいするもてなしや準備に、供物は訪問者にたいする御馳走や手土産に、相当するのである。

第三に、演劇的パフォーマンス(2)に顕著にみられる点であるが、供物には、神を楽しませるという一面とともに、その儀礼に集う人間を楽しませるという一面がある。それは闘鶏や、寺院祭礼に典型的である。また、ある種の演劇では、地域や主催者に関するあてつけや機転の利いたアドリブを適時に盛りこみ、どこでもおなじ上演内容になることを避けるという配慮もみられる〔cf. Zurbuchen 1987:227, 237〕。また、個々の演劇は、比較的儀礼的色彩の強いもの、といった一定の傾向をもつが、おなじ演目が地域や上演機会によって、儀礼的色彩が強くなったり娯楽的色彩が濃厚になったりするという振幅の幅もある。とくにワヤン＝クリット（影絵劇）やチャロナラン劇（バロンとランダが登場するトランス劇）などにそうした幅の広さがある。

第四に、一部の供物には、贈り物として価値あるものという性質に加えて、宇宙の主要な構成要素を象徴するという性質もある。その代表がプルゲンバル（peregembal）とサテ＝トゥング（sate tunggu）である。すでに触れたように、サテ＝トゥングは豚の脂身で九方位の神の聖器を象るというかたちで、宇宙の秩序を象徴的に表現する供物である。一方プルゲンバルは、米粉でつくった具象物によって宇宙の構成要素を表現する供物である。大地をあらわす木、立っている鳥、飛んでいる鳥、卵を孕んでいる鳥――実際に卵を埋めこんでつくる――などの鳥、種々の動物、儀礼傘や儀礼幟、田で働く人、着飾り化粧した少女、子をおんぶした少女

プルゲンバルとサテ＝トゥング

――神にささげる供物なので、若くて美しい少女なのだという――、男女のからだ、建物、種々の花、そして少女・犬・樹・花などを別々につくってからひとつにまとめた「庭」、方位に対応する五神の聖器、これらがプルゲンバルの主要なパーツである。形状、色、個数の基本は決まっているが、規模に関しては裁量の余地がある。ちいさなプルゲンバルはこれらのパーツを椰子の葉でつくった筒状の容器に入れ、おおきなものは三メートルほどの高さにパーツを組み上げる。プルゲンバルは宇宙を満たす諸要素をひとつに凝縮した供物である。「神がすべてをつくったので、神への感謝の意をこめてプルゲンバルをつくる」とあるトゥカン＝バンタンはいう。

プルゲンバルにかぎらず、供物をつくる際には細部の装飾にまで関心をはらい、美を演出しようと工夫を凝らす。この美への配慮によって、さまざまな供物は多彩な形状および色彩を付与される。行為としての供物だけでなく、物質的な供物についても、演者／作成者の個性や工夫、アドリブなどが重要なポイントとなる。そのため、いかなる機会にいかなる供物がもちいられるかはほぼ決まっているが、その一方で細部にいたるまでまったくおなじ外観の供物や演劇によって構成された宗教活動もない、ということになる。これが第五点である。

バリ人の宗教活動は、そのひとつひとつが小を組みあわせて中を、中を組みあわせて大をつくりあげるというかたちで構築されている。その場合、個々の構成要素それぞれに関して独自性が演出されるとともに、第2節に触れたようにその規模や豪華さを変える裁量の余地がある。しかもその集積体としてのひとつの儀礼活動が、場合によっては異なる種類の儀礼活動とひとつにまとめられて催行されることもある。さらにこれに地域による慣習の差異や、人々の改良が加わる。こうした要因が絡みあって、バリ宗教はまさに複雑で多様なものとして映るのである。

ラメの実現

さて、それではこうした多様な供物と実践からなる宗教活動に共通する、何らかの一般的な特徴はないのだろうか。そのひとつは「ラメの実現」という点である。ラメ（rame）は複雑でにぎやか、満ちあふれた、といった意味のバリ語であり、興奮、事物の過剰、トランスや闘鶏の激しさや盛り上がりなどをも意味する語である。ラメはバリ人の好む事物の状態であり、大規模な儀礼、あふれんばかりの供物、踊り手のきらびやかな衣装、寺院や屋敷の美しく／滑稽な／グロテスクな彫刻、そして市場など、すべてはラメであることが望まれる［Bateson & Mead 1942:3; Belo 1960:76, 116; C. Geertz 1973i:446］。人々が喜んで参加する寺院祭礼やガルンガンだけではなく、葬式などの悲しく負担もかかる儀礼もふくめて、宗教活動はできるかぎり質量ともに豊かな供物をもちいて、ときには過剰なまでにラメになるよう、つまり盛大になるように演出される傾向がある。儀礼秩序をぶち壊しにするトランスや、違法行為である賭博を公然とおこなう闘鶏もふくめて、バリ人の儀礼活動は全体としてこれらさまざまな意味の様相をもったラメ的な状況を実現することに向けられている。また、チャロナラン劇で意識的に神がかり状態（nadi, kerauhan）になる者もいるように、儀礼活動の主催者や参加者が、意識的にラメ的な事態を実現しようとする傾向も観察される。

寺院の魔の彫刻

ただし、これには三点を補足しておく必要がある。ひとつは、こうしたラメな儀礼活動に参画できる者とできない者との間の格差が拡大しているという点である（第Ⅱ章第1節参照）。いまひとつは、人々が儀礼よりも重視する祈りは、「ラメの実現」の対極にあるような行為だという点である。祈りの際にはお祭り的な楽しさや感情の高まりは抑制されることになる。もっとも、そうした厳粛な雰囲気こそ、祈りに集中しようとする当事者たちにとっては至高の「楽しみ」だということもいえるが。いずれにしても、祈りは物資・行為・感情の過剰性の希求という供物献納＝儀礼活動の根本原理に相反する性質をもっているのである。

そして、パリサドは儀礼を過度にラメ的に演出することはよいことではないという規範を提起しており、こうした考え

結婚式（nganten/pawiwahan, mekerab kambe）

通常は、事前に新郎方が供物をもって新婦の家に行き、新婦をもらい受けたい旨の承諾を得ておく（ngideh/nunas)。結婚式は新郎の家でおこなう。スグ＝アグンとマビオカロ／マビオカオナン儀礼のあとに、中庭で新郎新婦が粥をつくり、買い物をし、新郎が短剣クリスで草の編物（tikar）を刺し貫くといった､夫婦一体の食生活・経済生活・性生活を象徴する儀式的行為をおこなったあと（上の写真)、二本の枝に渡した糸を二人で歩いて切るという移行を象徴する行為をする。水浴び場で新郎の服を新婦が儀式的に洗濯し、服を着替えたのちに、二人で屋敷寺に入り、マンクの儀礼執行とともに祈る。

次に新婦の家に向かい、そこでマンクの儀礼執行とともに、屋敷寺で二人が祈る（pejati)。これは、新婦が実家を離れ新郎の家の成員として入ることを画す儀礼である。そしてふたたび新郎の家に戻り、プダンドの浄化儀礼を受ける（下の写真)。

なお、写真はバリ人男性と日本人女性の結婚式であり、新婦方への儀礼的訪問はなかった。また女性は、結婚式の十日前に、ヒンドゥーへの改宗儀礼を、グリオ（プダンドの屋敷）でおこなった。

方が多少なりとも人々に浸透しつつある。これが第三点である。つまり、一方では儀礼の規模を競いあう傾向が根強くあるが、他方では多大な物資の蕩尽にたいして反省のまなざしを向けようとする傾向もあるのである。これが端的にあらわれるのが、火葬の簡略化という一部にみられる傾向である。火葬は簡素なものでも数日、中規模以上のものでは何週間もの準備を経た上で、とりわけ盛大に催行することが期待される儀礼である。しかし現在、とくにデンパサールなどの都市部では、パリサドの方針を受け、規模をちいさくして一両日中に荼毘に付し、一連の死者儀礼を速やかに済ますという形態もみられるようになっている。その場合は必要な供物を一式購入することがおおい。ウブド周辺に在住の人々も、「火葬を豪華にすることよりも、簡略ではあっても原理のみをやろうというのが、パリサドの方針である」と述べる。この原理重視の方針は、労力の面でも金銭の面でも主催者の負担の軽減に道を開くものであるため、今後さらに広まっていく可能性が高い(3)。ウブド周辺をふくむおおくの地域では、儀礼を可能なかぎり盛大におこなおうとする意志はなお支配的である。ウブドは、ジャボ（低カスト）であってもお金をかけて豪華な儀礼を催行することで有名な地域でもある。しかしながら、ウブドでもそうした宗教活動のあり方にたいする懐疑的な認識が、すくなくとも一部の人々の間には、浸透しつつある。

付言すると、現在では複数の儀礼（ムサンギと結婚式、ムサンギとニェカー／ガスティなど）を一度に組みあわせたり（儀礼の集約化ないし複合化）、慣習村やバンジャールが数年単位で合葬形式の火葬をおこなったり（儀礼の集団化ないし共同化）、という方法がかなり浸透している。経済的に余裕のある人々は、その都度ひとつの儀礼を主催するが、そこまでの余裕のない人々にとって、こうした方法はきわめて経済合理的といえる。合葬形式は、植民地時代に貧者のために案出され試行され、これが戦後パリサドによる原理重視・簡素化の方針と、ブサキ寺院における大儀礼の前にすべての遺体を荼毘に付しておくというあらたな規範の実行とともに、バリ全体に広まったものと考えられる。もっとも、現在ウブド周辺で観察するかぎり、儀礼の複合化と集団化はかならずしも儀礼の簡素化に直結していない。つまり、一部の人々にとっては、儀礼の規模を減じるためでなく、出費をある程度抑制して一定の（場合によってはかなりの）規模の儀礼を催行するための方法となっているのである。その意味で、こうした儀礼催行方法と、原理重視・儀礼の簡略化という趣旨とは、かならずしもつねに合致するわけではない。

儀礼と祈り

儀礼はさまざまな点で関係者の分業によって成り立っている。とくに聖水を作成し、これを供物や儀礼対象にふりかけ、供物のエッセンス（サリ）を風をあおいで送りとどける、という儀礼執行の過程は、司祭やトゥカン＝バンタンらがもっぱらとりしきる作業である。これにたいして大半の人々は、儀礼の準備（場の設営、供物の作成、供物などの運び入れなど）にもっぱら携わり、儀礼がはじまれば、儀礼の場にいることが必要かつ十分な義務であって、トゥカンらの手伝いを頼まれる場合をのぞいて、ほとんど何もすることがない。しかしながら、こうした儀礼に集う人々全員が一緒になって、おなじ身体行為をおこなう機会が、神々への供物の献納のあとにやってくる。それが祈りである。

サイバン（右）とチャナン（左）

祈りは、代替もそれ以上の分業化もできない、ひとりひとりがおなじ行為を遂行するという点で、まさにインディヴィデュアルな行為である。毎日おこなわれるようなごく小規模の供物献納行為（ムサイバン、マトゥル・チャナン）をのぞいて、およそあらゆる儀礼活動には、供物の献納のあとに一堂そろっての祈りがともなう。祈りは人々と神との交流の契機である。第2節で触れたように、人々は、人間の生の全体が神の恩寵から成り立っているという観念をもっているが、この恵みを与えてくれる神に感謝し、あるいは災難をもたらしかねないブト・カロや死霊を慰撫する具体的な精神的行為が、祈りである。人々は祈りにおいて繰りかえしの身体行為を実践する。これが、事後的な反省（あとからの捉えかえし）と相まって、自らの内面において神を感得する直接的な契機となるのである。その意味で、儀礼における祈りは、神々への供物献納活動にともなう行為だが、この供物献納過程に回収されえない、それ自体完結した行為でもある。またそれゆえ、祈りだけが儀礼の脈絡から離れたところでおこなわれる余地もあるのである。

私は一度、ある寺院の祭礼で、雑念があって集中できないから祈るのにふさわしくないといって、儀礼の場を退席した若者（男性）を見たことがある。かならずしもすべての人々がある種の精神的安定や緊張感を祈りの必要条件と考えているわけではないが、祈りを主体的な行為として理解するバリ人はすくなくない。一般に人々は、祈りの際、雑念をはらって神を心に思い浮かべることに精神を集中しようとしたり、心の中を無の状態に保とうとつとめたりするようである。司祭の儀礼執行をともなう祈りにおいては、司祭の指示の下、スルヨをはじめとしてさまざまな具体的神格にたいして祈りをささげることになるが、こうした祈りに際して、人々はその都度個々の神格を明瞭に差異化して意識しているわけではなく、むしろ内面では漠然と唯一神を念頭において祈りをささげているようである。とくに儀礼の脈絡から離れたところでおこなわれる祈りの場合、唯一神にたいする精神的交感の機会として明確に意識される傾向がある。

また祈りにおいて、個人の願い事や、問題解決、病気の回復を念じることもよくあるようである。インドネシア語では、この祈願としての祈りはドア（doa）と呼ばれ、神への帰依を本質とするスンバヤンとは概念上区別される。つまり、一般にバリ人はムスポ＝スンバヤンと理解しているものの、バリ人がおこなっている祈りの中には、スンバヤンというよりもむしろドアとして捉えられるものがすくなからずあるのである。ただし、そうした特定の願い事をすることは、神にたいする祈りとして適切でないという自覚をもつ人々もすくなくない。あるバリ人は「自分が関わっている事柄の目標、金やビジネスなどを祈っても、神は受けとることはない」と明言する。「祈りの際には、神にあやまちを許してもらうよう、そして人類に幸福を与えてくださるようにと祈る」という者もいる。抽象的に「平穏／祝福（keselamatan）を祈る」という人もいる。

祈りの行為手順について触れておこう。ブト・カロをふくめ、神的存在に祈る場合は両手を頭上で合わせる。死者儀礼では、この神への祈りのあとに、両手を胸で合わせて死霊に祈る。基本は、花などをもった（神への）祈りを三回連続でおこない、その前後に手に何ももたない祈り（muspa tangan puyung）をおこなうというものである。ただし、儀礼において司祭の儀礼執行にあわせて祈る場合と、司祭の儀礼執行をともなわない場合、つまり家族で小規模の供物献納活動をおこなってから一堂そろって祈る場合や、儀礼の脈絡からはずれたところで個人的に祈る場合とを比べると、基本的な行為の流れはおなじだが、以下のような点で後者がより簡潔な行為となっている。①正装を身につけず、正装に準じる服装や最低限の儀礼衣装で済ませる傾向がある。②聖水の種類がすくなく、聖米は用意しないことがある。③司祭が執行する儀礼では、たくさんの神的存在が臨在するので、場合によっては一度に十回かそれ以上つづけて祈るが、家族や個人の場合は、花をもった（神への）祈りは三回だけとなる。④司祭の鐘の音やマントロにあわせて祈るわけではないので、それぞれの祈りの時間も短くなる。

また、儀礼の脈絡を離れた祈りの場合、祈りの場所はもっぱら自家のサンガ／ムラジャンの中、とくにその北東の隅にあるパドモサノの前でおこなうこととなる。パドモサノはこの場合唯一神サンヤン＝ウィディを祀った社とみなされる。おなじく官庁、病院、学校などでのセレモニーで唯一神にたいして祈りをささげる場合も、パドモサノの前でおこなうことがおおい。またパドモサノに相当する施設がなければ、部屋の北東隅上方にしつらえられた供物棚プランキラン（perangkiran）の前で、これに向かって祈りをささげることになる。パドモサノとおなじくプランキランも、特定の神格や祖霊にたいするものではなく、ヒンドゥーの唯一神にたいするものとされる。

祈りの諸形態

次に、儀礼の脈絡の外にある、いわば単独の祈りの諸形態についてみていく。

まず、パリサドが推奨している、線香や水、花さえも必要としない毎日の祈りがある。これはトリ＝サンディオ（tri sandya）と呼ばれ、日の出、正午、日の入りの三回おこなうものとされている［鏡味 1992b:326］。この祈りの規範は、イスラムの礼拝を参照枠にして、戦後あらたに構築されたものである［cf. Ramstedt 2004b:12］。バリ島外、とくにジャカルタなどの都市部に居住する比較的若い世代のヒンドゥー教徒に、毎日のようにこうした祈りをする者がいるようだが［鏡味 1992b:326; Setia 1994(1986):420-429〕、バリ島内のバリ人の場合、この一日三回の祈りを毎日おこなう者はごく少数にとどまっているといえる。ただし、バリ島ではテレビで祈りの時間を喚起する放送をおこなっているし、小中学校では毎日のように集団で、朝礼の際、昼、そして下校の際に、運動場や教室でこれをおこなう。通常祈りは座っておこなうものだが、運動場では立ったままする。この種の祈りは、供物や花・水・線香といった物質的要素を一切媒介させず、純粋な精神的営為という形式で、唯一神と交流する機会を提供するものといえる。

私の見聞するかぎり、学校などでの行事を別にして、個人的に毎日祈るという人は、一日一回程度、朝もしくは夕刻おこなっているにすぎない。また彼らは花（チャナンという供物の中のもの）と線香と水をもちいる。この毎日一回祈るという生活習慣をもつバリ人自体も少数派である。ウブド周辺でのかぎられた数の人々へのインタヴューから推定しても、こうした祈りを実践するバリ人は一割にも満たない程度であろう。司祭などの宗教的専門家やその家族、あるいは一般に宗教に強い関心をもつ者に、毎日とくに朝、自家の屋敷寺で祈る習慣をもつ者をみかける傾向にある。ただし、この習慣が司祭という職業に連関するわけではない。たとえば、プダンドは毎朝自家の屋敷寺で聖水を作成し祈るが、これは聖水作成という儀礼行為に連関した祈りであって、司祭として儀礼の脈絡を離れたところで祈りをささげる必要があるわけではない。毎日の祈りの実践は、宗教に高い関心をもち、精神的な清浄性を確保したいという個人的な理由によるものである。そうした雰囲気をもった家族の中で育つことによって、これが習慣として身につくという点はあるが、あくまで当人の自発的な意志によるものである。たとえばキョウダイの中でも毎日祈る習慣をもつ者ともたない者がいる。

次に挙げられるのは、たとえば子供が病気をしたとか、何か気になる事柄があるといった場合の祈りである。こうした場合、呪医バリアンをつかうこともあるが、そこまではせず、自家の屋敷寺などで祈るということがある。神に祈願する、あるいは祈りによって神と交流することで自身の内面にある不安を打ち消そうということであり、こうした祈りは比較的おおくのバリ人が実践しているようである。またこれに類する習慣として、たとえばオートバイや自転車に乗っていて道で転倒したという場合、バリ人は道端に生えている草などをむしりとってこれを花の代わりにつかい、その場で三回祈りをささげることがある。突然の転倒はブト・カロの仕業と考えられているが、この場合の祈りは魔にたいするものではなく、やはり唯一神にたいするものなのだという。

次に、儀礼活動の一契機ではあるが、当の儀礼活動の一連の経過とは独立したところで個人的に祈るというケースがある。これはかなり見受けられる。十五日ごとにめぐってくるカジャン・クリオン、そして満月（pernama）と暗月（tilem）の日には、特定の供物を自家で準備してこれを屋敷の所定の箇所にささげ、屋敷寺で祈るという家がおおいが、通常午後から夕方におこなわれるこの儀礼活動の際に家にいない場合、たとえば仕事や学校から帰ってから、ひとり屋敷寺で祈るということがある。場合によっては出かける前の朝のうちに祈るということもあるが、通常は帰ってきてから祈りをする。というのも、すでにその儀礼機会に関する供物献納がおわっていれば、バニン＝チョコル[4]（banyin cokor）ができているので、これを自身にふったり飲んだりして、一層のきよめをはたすことができるからである。この種の祈りも、儀礼活動の一連の過程の外にあるという点で、個人的な祈りの一種といえる。

またダンサーやガムラン奏者などの中には、重要な上演の機会の前に、精神を集中させ霊力（taksu）を導き入れるために、屋敷寺で祈るという者もいる。中には、寺院祭礼で霊的力をもったバロン（Barong）やランダ（Rangda）の面をかぶって踊る前に、このバロンやランダにいたずら者が呪術をかけているかもしれないので、その呪術に打ち勝つようとくに集中して神に祈る、というダンサーもいる。これらも、神へ舞踊／演奏を奉納するという一種の供物献納に連関しているとはいえ、儀礼活動に組みこまれた必然的な行為契機ではなく、むしろ個人的に自発的におこなう祈りと考えてよい。

こうしたさまざまなケースをふくめて考えると、儀礼活動の脈絡からはずれたところで祈りをしばしばおこなうバリ人はかなりいるといってよい。私が知るかぎり、鏡味［鏡味 1992b］以外にこうした祈りに触れた研究がまったくないので、この種の祈りがいつごろからどの程度社会に浸透していたのかを判断することは難しい。ただ、おそらくこうした儀礼外の脈絡での個人的な祈りは、もともと既存の宗教実践の中に（一般的といえないまでも）すでに存在した慣習のひとつであり、それがパリサドによるトリ＝サンディオの発明と奨励とともに、徐々に裾野を広げてきたのだと私は考えている。いずれにしても、今日のバリ人の宗教生活において、この種の祈りは一定の位置づけをもっている。さらに、決して数はおおくないが、日々の宗教生活を毎日の（儀礼の脈絡からはずれた）祈りに集約して生きているといえるバリ人も存在する。

私の友人の一人で、ウブドの観光客向けレストランで住みこみで働く女性（二〇〇〇年時点で二十代後半）は、毎日夕刻の水浴びをしたのちに、このレストランの裏にある従業員用の寝室に入り、この部屋のプランキランの前で祈るのを日課にしている。「こうしてお祈りすると集中できて気持ちがいい。頭の中がひとつ、つまり神だけになる」という。彼女は、子供のころから父や祖父らに教えられて毎日屋敷寺で祈りをしていたことから、家を離れて働くようになっても、その習慣をつづけているという。実家を離れひとりで暮らす者が毎日欠かさず祈るというのは、かなりまれなケースである。儀礼の脈絡を離れた祈りは、屋敷寺でおこなうのが通常だからである。事実「［自家の］ムラジャン（屋敷寺）以外のところでは、普段毎日している祈りもしない」という者もいる。ウブド周辺で住みこみで働く人々に聞くと、カジャン・クリオン、満月、暗月などの日に、実家を離れているためプランキランの前で祈る程度で、毎日祈りはしない、という者が圧倒的におおい。しかも彼女の場合、月給の一割程度を、この日々の祈りにつかうチャナンや線香代に費やし、ありあわせのざるを使い古しのビニール紐でつったプランキランをつくって、心の清浄性をもとめて毎日祈っているのである。

また、私の別の友人の兄は、仕事の関係で長くイタリア生活をつづけていて、なかなかバリに帰ることができない。ときおりバリ島にいる兄弟姉妹や親と電話で話すことがある程度である。しかし彼は毎日、バリにいる家族や自身の関わる寺院のことを頭の中で考えながら、神に祈りをささげており、さしあたりはこれで十分なのだという。

個人的な祈り

ありあわせのざるとビニール紐でつくったプランキランに供物（チャナン）をおき、線香を添え、水を花でふって風を送り、祈る。なお、窓枠にあるチャナンは実家の家族のための供物ということである。

彼のような海外生活を送るために儀礼活動に関われないバリ人を、例外的なケースとしてあつかうべきではないだろう。こうしたバリ人と、国内だがバリ島外に移住したバリ人、そしてバリ島の中ではあるが、住みこみで働くために自身の村から離れて生活するバリ人たちは、連続線上において理解されるべきだと考える。とくに観光地や都市部での住みこみ労働は、現在のバリの、とくに若者たちの典型的な生活スタイルのひとつである。彼らのおおくは、地元と職場との距離にもよるが、数ヶ月に一度程度帰省するとき以外、ほとんど宗教活動から離れたいわば世俗的な生活を送らざるをえない状況におかれている。こうした人々の中で、儀礼の脈絡を離れた祈りを毎日のように実践する者はきわめて少数だが、場合によっては、そうした祈りがこのような生活を送る人々にとってかけがえのない意義をもつこともあるのである。

祈りと宗教生活

以上の議論をまとめよう。まず、祈りを重視する意識は人々にかなり浸透しているものの、祈りの実践については人々の間にかなりの偏差がある。具体的にいえば、一日三回の祈りを、イスラムの礼拝のようにヒンドゥー教徒の義務にまで高めようとするパリサドの意向は、いまのところ人々の広汎な支持を得るまでにいたっていない。儀礼の脈絡から離れた精神的行為としての祈りは、せいぜい一日一回の実践というかたちで、局所的に一部の人々に広まっている程度である。こうした毎日の祈りを実践するバリ人と、半ばルーティーン化された集団的な儀礼活動にともなう祈りがもっぱら神との接点であって、日々の祈りはまったくしないというバリ人とでは、後者の方がおおいだろう。宗教生活に占める祈りの本質的重要性という認識は人々に広範に浸透しているものの、祈りを日々の習慣として実践する規範それ自体はまだ浸透していない、というのが一九九〇年代の状況である。

次に、毎日祈る少数の人々と、そうした祈りはまったくといってよいほどしないという人々の間に、ときどきは儀礼の脈絡から離れたところで祈るという者が、かなりの割合でいる。ところが、彼らの祈りの動機は、心の清浄性をもとめて毎日祈りをささげる習慣をもつ者とはむしろ対照的なところがあり、願い事や心配事、あるいは呪術への警戒心といった、いわば呪術＝宗教的といいうるような理由から、その都度祈るという傾向が看取される。儀礼の脈絡を離れたところでおこなわれる祈りがすべて、イスラムにおける礼拝などに対比して理解されるに足る、アガマとしてのヒンドゥーの理念に即応した祈りではないのである。また儀礼の中での祈りにおいても、無心の神への帰依をおこなう者から、もっぱら祈願をおこなうだけの者までがいる。このように現在のバリ人の祈りにおいては、唯一至高の神にたいする礼拝的な祈り（スンバヤン）と、祈願としての祈り（ドア）とが、なお社会的には未分化の状態にあり、おなじ身体行為としての祈りが異なる意図や動機づけから実践されているのである。いいかえれば、祈りの中には教義に照らせば相矛盾する意味あいをもったものが混在しているということであり、個人によって祈りの内実は異なる意味あいをもつ余地があるのである。しかし人々はそうした内実の差異にはほとんど無関心であり、おなじ形式の身体行為をともに実践しているという次元で、祈りを捉えているといえる。

最後に、既存の研究との関係について触れておく。従来の人類学的バリ研究において、祈りはほとんど注目されることのない問題領域だった。儀礼に関する研究でも、祈りに詳しく触れたものはほとんどないし〔cf. Belo 1953:51-52; Goris 1960b:110-111; Korn 1960〕、儀礼活動の脈絡からはずれたところでおこなわれる祈りの場合、鏡味〔鏡味 1992b〕が若干触れている以外、その具体的なあり方に触れた研究自体ほとんどない。その理由は明らかである。パリサドの影響によって、今日ますます祈りが宗教生活に占める重要性が高まってきているわけだが、既存のおおくの研究は、パリサドの進める宗教合理化を視野に入れず、伝統的な宗教生活のあり方を捉えようとしてきたからである。民衆の多彩な儀礼活動に関心を寄せる視点からは、祈りは儀礼活動の長い過程の末端に位置する、あまりにもシンプルでパタン化された行為としてしか浮かび上がってこない。祈りは当事者全員によるつねにおなじ行為の繰りかえしであり、地域による独自性にも欠けている。しかもトリ＝サンディオやそれに準じる毎日の祈りは、それ自体「伝統的なバリ宗教」とはまったく相容れない行為現象である。また儀礼の脈絡の外での祈りは、集団的なものではなく、個人の意志によって偶発的におこなわれるものである。もっぱら地域の諸組織との関連で多様な儀礼活動に注目してきた既存の研究の視野からは、こうした祈りが主題化される余地はほとんどなかったのである。

しかしながら現在のバリ宗教を論じる上では、祈りという、このつねに誰にとってもおなじ行為の繰りかえしからなる活動こそ、あらためて注目されるべき問題だといえる。それは、単に祈りが現代バリ宗教に顕在化している一神教的様相を端的に示す行為であるからだけではない。それとともに、あるいはそれ以上に重要なのは、祈りという行為が、ヒンドゥーの理念と宗教活動の実態との微妙なずれを媒介する位置にあるという点である。人々は祈りを唯一神とのコミュニケーションの機会として捉える認識をもっているが、実際に人々が実践している祈りにおいては、多彩な神々にたいする言及がなされたり（儀礼の際の祈り）、またイスラムなどに対比される礼拝（スンバヤン）と呪術＝宗教的な祈願（ドア）としての様相とが識別されずに共在していたりする。祈りは、一神教的様相と多神教的様相、あるいはアガマとしての様相とシモとしての様相という、異質なバリ宗教の二つの面を接合する接着剤、あるいは蝶番なのである。祈りは、さまざまな神的霊的諸存在にたいする供物献納活動を実質とする人々の宗教活動と、唯一神信仰というヒンドゥーの理念像とを媒介し、調停する身体行為なのである。

教義と慣習のもたれあい

最後に、本節の議論から三つのポイントを抽出し、まとめとしておこう。

第一は、教義と実践、あるいは理念と実態との間の関係性である。ヒンドゥーの教義では、儀礼はパンチョ＝ヤドニョという五範疇に分類される。しかし、これは教義上の分類枠組であって、儀礼活動の実態に即したものではない。儀礼の実態は、決して特定の神的霊的存在にたいする活動に完結するものではなく、個々の儀礼では多様な諸存在にたいする複雑で複合的な供物献納活動そして祈りが組みあわさっている。こうした宗教実践の複雑さを反映してか、個々の儀礼活動の具体的な内容や規範についての説明をこえて、儀礼の総体を教義に即して体系的かつ一貫したかたちで説明する神学的な議論は存在しないようである。また、ここでは具体的な言及を避けたが、儀礼や供物については多大な地域的偏差があり、これは「デソ＝カロ＝パトロ」というイディオムによる一種の追認のかたちでしか教義にとりこまれていない。つまり、ヒンドゥーの教義知識は、儀礼の実態というものを論理整合的かつ総合的・体系的に規定するにはいたっていない。もともとヒンドゥーの改革運動は、アガマとしてバリ宗教を純化しようとするものであったので、アダットの具体といってもよい儀礼実践を教義に十分組みこめていないのは、当然といえば当然かもしれない。

第二は、これと関連する点だが、儀礼活動の実態の中には、部分的にヒンドゥーの教義と相容れない要素や特徴があるという点である。その一端は儀礼正装の華美化や、司祭の階梯性をめぐる認識と実践などにうかがわれるが、とりわけ供物や儀礼が相変わらず盛大に催行され、経済的に豊かになればその余力を儀礼につぎ込もうとする志向性が支配的であるという点にあらわれている。物質的な過剰と規模の肥大化への志向がなお強力に存在するという点は、原理重視と不要な儀礼慣習の省略を志向するパリサドの基本原則とは相容れない。祈りを重視し、精神的な清浄性を第一とみなす人々の認識は、パリサドが提起するヒンドゥーの教義や理念に即応するものだが、その一方で人々の宗教実践はかならずしもこの理念に貫かれたものではなく、これに相反する局面をも内包したものなのである。

ただし、人々の宗教実践の中には教義知識に親和的な局面も相当ふくまれているということは指摘しておかなくてはならない。第2節で指摘したように、出版物を参照して儀礼の意義を理解したり儀礼歌や供物のつくり方を学んだりした者が、直接経験や口頭で学んだ年配の者とともに宗教活動を支えているという状況に、それが端的にあらわれている。つまり、現在のバリ人の宗教活動は、司祭の項で述べたような例外的といってよい事件をのぞけば、全体として教義に親和的な局面と教義に反する／非関与的な局面とが、かならずしも相矛盾しあうことなく、いわばたがいにもたれあいながら両存する状況にある。これが第三点である。

このことは、祈りと供物献納活動との関係にまさに集約されたかたちであらわれている。儀礼活動の実質は神的霊的諸存在にたいする多大な供物献納行為の集積体である。しかし、この、多神教的といってよい活動が、第1節・第2節でも指摘したように、一神教的な神観念とこの神との精神的な交流の機会とされる祈りという行為契機に照らされることによって、説明され理解されているのである。ヒンドゥーを唯一神信仰のアガマであるとみなす宗教観は、この宗教観を体現する祈りという行為契機を媒介にして、多神教的な宗教実践を支えているといえるのである。

祈りという行為が、ヒンドゥーの理念あるいはイデオロギーと、このイデオロギーにかならずしも合致しないものをもふくむ宗教実践とを媒介する契機になっているということでの論点は、単調な身体的行為としての儀礼がイデオロギーを、あるいは権力形態を、身体化し内面化させることに寄与するということを論じた、ブロックらの議論［Bloch 1986; Auge 1977; 竹沢 1987; 田辺（編）1989］に重なってくるといえる。もっとも、これらの議論枠組に回収されない微妙な問題を、現代バリ宗教は示しているということもいえるように思う。これについては、あらためて次節で触れることにしよう。

第4節　バリ宗教の再解釈

最後に、本章のこれまでの議論を総括しながら、バリ人の宗教観と宗教実践との連関について整理しよう。そして、第Ⅱ章第4節からのもちこし課題である、戦後のバリ宗教の変容についても整理しておこう。

宗教イデオロギーと実践

第1節と第2節から明らかなように、人々は自らの宗教ヒンドゥーを、唯一神を信奉するアガマのひとつとして捉えている。また、この宗教観・神観を基軸にした宗教知識が人々に相当程度浸透しており、そうした宗教知識を参照枠として、人々が自らの宗教活動を捉えようとする傾向も看取される。人々の宗教理解・宗教表象の基本的な枠組は、もちろん部分的には未消化なものもあれば曖昧なところもあるが、大枠としてはパリサドが浸透させようとしてきたアガマとしてのヒンドゥーの理念あるいはイデオロギーにほぼ沿ったものだといえる。これが第一点である。

このように上からのイデオロギーがほぼ順調に浸透したことの背景には、バリの人々をとりまく政治社会情勢があると考えられる。一九六五年のいわゆる「九・三〇事件」後に、共産党員・シンパがバリでは推定で数万人以上殺害されあるいは行方不明になるという惨劇を経て、一九七一年に成立したスハルト新秩序体制は、いわゆる秘密警察をも動員しつつ、反体制派とりわけ共産主義者=無神論者にたいする警戒を基点とした社会の管理体制を強化した。こうした社会に蔓延する「政治的な無力感」[Bagus 2004]と、アガマとして公認を受けたとはいえ、ムスリムやクリスチャンの側からはなお「多神教的」とみなされがちであるという圧力が、上からの指示があからさまな抵抗なく一般の人々に受容される土壌をなしたと考えられる。

ところで、おおくのバリ人にとって、宗教生活の実質は、さまざまな神的霊的諸存在にたいする供物献納行為の集積体としての儀礼活動にある。この儀礼活動には唯一神はほとんど介在しない。つまり、唯一神にたいしてささげる供物もなければ、唯一神を祀る寺院も地域社会にはなく、司祭が唯一神にたいして祈るよう指示することもほとんどないのである。そしてこうした儀礼の向けられる対象という点以外にも、人々の儀礼活動にはアガマとしての理念に相容れない特徴が存在する。ここでとくに注目すべきは、儀礼活動を一層豊かなものに、ラメなものにしようとする、根強い志向性である。精神的清浄性の追求・物質の削減というパリサドの理念が人々に浸透していないわけではないが、それは現実の宗教活動のあり方を規定するまでにはいたっておらず、むしろその理念に相反するような、見栄えのする装飾や供物で儀礼活動や儀礼の場を彩ろうとする意志の方が、宗教活動を規定する重要な契機をなしているのである。つまり、人々の宗教理解枠組はヒンドゥー・イデオロギーに即したものであり、こうしたイデオロギーを反映した要素や規範が宗教実践に部分的に入りこんではいるものの、宗教活動の全体の中にヒンドゥーのイデオロギーがふかく根を下ろしているとまではいえないのである。これが第二点である。もっとも、その場合重要なのは、この宗教イデオロギーを反映した行為や規範と、これを反映しないような要素や慣行とが、基本的に相矛盾しあうことなく両存しているという点である。

さて、宗教イデオロギーと、（このイデオロギーを反映しない要素や慣行を多々ふくむ）宗教実践との関係を考える上では、次のような点に注目する必要がある。人々の宗教活動の中には、唯一神のかりそめの姿とはいいにくい霊的諸存在にたいする供物献納行為もふくまれている。しかし人々は、そうしたいわばアニミスティックとさえいいうる儀礼活動をも、漠然と唯一神に結びつけて理解しており、このこと、つまり一神教的神観念の教義枠組が宗教実践における実際の祭祀対象を十分論理的に説明できていないことに、さしたる矛盾は感じていないようなのである。また、たとえばパンチョ＝ヤドニョのイディオムや、カヤンガン＝ティゴをめぐる教義知識などについても、私にはこれらは現実の宗教生活を整合的に説明できていない、その意味では実態から遊離した概念群のように思われるが、人々においては、そうしたイデオロギー的知識と現実との間のずれが「ずれ」としてさしあたり顕在化して捉えられていないようである。このように、単に人々の宗教理解がヒンドゥーのイデオロギーに沿ったものだというよりも、むしろこのイデオロギーに整合しないようにみえる宗教生活の局面があるにもかかわらず、この理念と実態とのずれが露呈しないかたちで、すなわち「図」として前面に出ることなく「地」のままで、宗教生活の諸相が全体としてヒンドゥー・イデオロギーの枠組の中に回収され理解されているといえるのである。人々の宗教表象の枠組は、一神教的理念に回収できない様相を、いわば糊塗するようなメカニズムをもっている。これが第三点であり、それゆえこれまでの記述において「イデオロギー」という語彙をもちいたのである。

第四点は、こうしたイデオロギー構造――宗教イデオロギーの枠組の中に、これに相容れない宗教実践が回収されて捉えられるメカニズム――に関与する宗教行為の契機として、祈りを考えることができるという点である。主要な儀礼活動の最後におこなわれる祈りは、繰りかえしの身体行為において、多神教的な宗教儀礼活動の過程を一神教的な理念に媒介する契機となっている。さらに儀礼の脈絡を離れたところで単独でおこなわれる祈りは、こうした宗教イデオロギーを基盤としてその意義が強調されるようになった、このイデオロギーをいわば体現する実践行為である。もっとも、この儀礼を離れたところでおこなわれる祈りは、現状では局所的にみられる現象にすぎず、こうした祈りが宗教生活の中心軸をなすような生を送る人々はごくかぎられた数にとどまっている。さらに、精神的な清浄性を重視し、儀礼のとくに物質面での簡素化を目指そうとするパリサドの方針も、一部の人々が部分的に実践するところとなってはいるものの、やはり十分浸透しているとはいいがたい。第二点として上で指摘したことだが、おおくの人々にとっての宗教生活の基調は、むしろこうした宗教イデオロギーをかならずしも直接に反映しないものとしてあるといってよい。

以上を総括していえば、人々の宗教生活には、一方ではヒンドゥーのイデオロギーに沿った部分も観察されるが、他方ではそうしたイデオロギーと相容れない特徴をもった部分も存在し、この二つがもたれあう状況の中に、現代バリ宗教のあり方をみてとることができるということになる。これに関連してもうひとつ注目される点がある。それは、ひとつの現象がこの二つの様相をともにもっているといいうる場合があるという点である。これが第五点である。その典型的な例が、伝統衣装（儀礼正装）の標準化という近年の傾向である。これは精神的な清浄性の表明という順イデオロギー的な面と、見栄えを問題にし、服装の簡素化というよりもむしろ華美化につながるという点で、反イデオロギー的といってよい面との、二つの様相が表裏一体になった現象である。また儀礼活動を念入りにおこなおうとする人々の志向性にも、こうした両面性は看取される。人々は、ただ単に見栄えや威信の獲得といった動機から、派手な儀礼活動を展開しているのではない。むしろより一層の儀礼的清浄性をもとめるという、これ自体は宗教イデオロギーに即した動機にもとづいて、より高位の司祭に儀礼執行を依頼するのであり、それに見合った質量ともに豊かな供物を用意するのである。現在のバリ人の宗教活動において、この二つの動機はない交ぜになっており、むしろ当事者は、後者の動機つまり清浄性の追求という点に即して、自らの行為を理解し正当化しようとふるまうことがおおいといえる。付言すると、それゆえ「威信をめぐる競合」をバリ人の儀礼中心主義的な宗教生活の動機づけとみなすギアツの解釈［Geertz & Geertz 1975; C. Geertz 1980］は、現在のバリ人の宗教理解枠組に照らした場合、やはり一面的なものであり、現状の分析としては妥当な議論とはいえないだろうと私は考えている。

話を戻そう。この第五点として挙げた現象は、次のような現代バリ宗教のもつ局面を示している。つまり、ヒンドゥーをアガマとみなす宗教イデオロギーがますます浸透する中で、儀礼活動の中の盛大さや華美化への志向という、われわれにはこのイデオロギーに反するとも映る要素の中に潜在する、順イデオロギー的様相（より高次の浄性の希求）が人々によって見出され、これに即してこれらの要素が解釈されることによって、そうした要素がただちに排除されたり縮小化されたりせず、むしろ逆にその要素や要素がもつ傾向が一層強化されることさえあるのだ、という点である。別のいい方をすれば、第五点に挙げた現象は、いわば宗教実践の側が宗教イデオロギーの被解釈可能性に変更を迫ることによって、宗教イデオロギーもまた既存の宗教実践に内在している慣習的なルールや規範と折りあいをつけながら、宗教生活の中に定着していく余地をもっているという点を示しているといえる。現代バリの宗教イデオロギーと宗教実践との間には、人々の解釈過程を媒介とした、微細な動的メカニズムが見出される。それゆえ、宗教イデオロギーが宗教実践を一方的に規定していくとか、人々の宗教理解枠組が全面的にこのイデオロギーを受容したものであるなどといった単純化した理解は、妥当な議論枠組とはいえないのである。

近年ヒンドゥー・イデオロギーはますますバリ人の社会生活に浸透してきており、人々がこの理念に沿って自らの行為を方向づけたり、この理念に即した宗教知識に照らして自らの活動を反省的に捉えたり、という傾向が顕著になってきている。おそらくこうした傾向は今後も一層強くなっていくだろう。しかしながら、このイデオロギーがバリ人の宗教生活の全体を根底から規定するような影響力を発揮するようになるまでには、なお相当の紆余曲折があると予想される。というのも、イデオロギーの受容のされ方、社会的な定着のあり方自体が、今後変容を遂げていく可能性が十分あるからである。人々の宗教生活の中には、パリサドの提示するアガマのイデオロギーないし理念像を純粋なかたちで反映した宗教規範や宗教実践——原理尊重、儀礼の簡素化、祈りの重視など——がある一方で、既存の宗教実践に内在している慣習的なルールや規範との妥協の上に、こうした宗教イデオロギーが再解釈されて人々に浸透するようになったといえるような実践の局面——伝統衣装の標準化、司祭の儀礼執行や供物を介したより高度の浄化への希求、そして第3節で触れた司祭の階梯性をめぐる葛藤と妥協など——もある。しかも、第Ⅳ章第3節で触れるように、パリサドが進めるブサキ寺院の儀礼体系の再構築の中に、こうした儀礼を介したより高度の浄化を希求する志向性がいよいよあらわになってきているという点もある。私は、見栄えのする衣装を身にまとい派手な儀礼を催行する傾向は、今後衰微していくどころか、経済の好転がつづけば、むしろ逆に強化されていくのではないかと予想する。ただし、むろん、そうした状況にたいして、すくなくとも一部のパリサド関係者や他の宗教エリートらは批判的な言説を提起しており、この啓蒙運動の展開次第では、そしてバリの経済状況のなりゆき次第では、イデオロギーにたいして両義的な宗教実践は今後衰退していく可能性もある。また付言すれば、スハルト体制の終焉とともに進んだ言論の自由化の流れを受けて、二十世紀末にはパリサドにたいする批判的な言説も見え隠れするようになっている。このように現状は複雑であり、今後の行く末は流動的と考えざるをえない。重要なのは、現状のこの複雑性を単純な枠組に還元して理解しないことであろう。

以上の議論をあらためて一般化しよう。現代バリ宗教において、宗教イデオロギーと宗教実践との間には相互規定的な、そして偶有的な連関性がある。大枠のところでは宗教イデオロギーが宗教実践を規定しようとしているのだが、局所的にはこのイデオロギーの被解釈可能性もまた宗教実践に規定されている。われわれはバリ宗教の現状を、こうした解釈の動的過程に注目して理解しようとしたのである。

ある時代のある社会に関して、イデオロギーつまり観念体系が人々の社会生活を規定する主要なあるいは支配的な装置であると解釈しうる場合もあるだろうし、慣習的な実践が社会秩序の循環的な構築に主要な役割を演じていると理解しうる場合もあるだろう。またこうした共時的分析だけではなく、慣習的実践が支配的な状況からイデオロギーが支配的な状況へ、という定式化によって理解しうる場合もあるだろう。ウェーバーの宗教合理化論や、これを参照したギアツの内在的改宗論の議論枠組は、まさにそうしたものだったといえる。たしかにアガマのイデオロギー、あるいはその背景にあるパンチャ＝シラのイデオロギーが、宗教生活に行使する影響力に注目することで、二十世紀後半のインドネシア諸社会の宗教の社会過程は、ある程度描出することが可能である［Kipp & Rodgers (ed.) 1987; Ramstedt (ed.) 2004a］。しかしながら、バリ宗教の現状は、こうした一元的で一方向的な理解枠組によっては捨象されてしまう微妙な性質も、またもっている。

われわれはこの微視的過程に注目し、イデオロギーと宗教実践との、解釈過程を媒介としたいわば相互の綱ひき状況に、今日のバリのヒンドゥーの特徴をみてとろうとしたのである［cf. Bourdieu 1980］。

現代バリ宗教の変容

次に、右の議論との関連で、戦後のバリ宗教の変容について簡単に整理しておこう。ただし、第Ⅱ章第4節で触れたように、ギアツが論じた一九五〇年代末の状況と、私が知る一九九〇年代の状況とを媒介する十分な民族誌データがなく、またギアツらが記述している点がその当時まったくあらたに現出した事態なのかどうかも明確でないため、この宗教変容の内容や経過を歴史過程を追って明確に跡づけるという作業は、見送らざるをえない。ここでは、あくまでバリ人の宗教生活の現状を把握するという議論から導かれるかぎりで、この宗教変化にたいする妥当な理解のあり方について、若干の整理をおこなうにとどまる。

第一に指摘しうるのは、戦後の宗教変容が、まずもってあらたな一神教的宗教観の確立と、これにかなう教義知識や行為規範の構築と浸透に存するという点である。ただし、ここで重要なのは、人々の宗教認識・知識が、こうしたアガマとしてのヒンドゥー・イデオロギー一色で覆われているものではないという点である。第2節で、これを人々の宗教観の「表」に位置するものとしたのはそのためである。人々は、理念というほど強い自覚をともなうものではないが、自らの宗教に多神教的な様相があることに十分意識的である。アガマとしてヒンドゥーを捉える表象と、さまざまな神的霊的諸存在にたいして供物をささげたり祈ったりする宗教実践をもふくめたところでヒンドゥーを捉える表象とを、場合によっては無自覚に切り替えることによって、人々は宗教にたいする理念像と宗教実践との間にさして矛盾を感じることなく生きている。

人々が自らの宗教を反省的に捉える際には、アガマとしてのヒンドゥー観が前面に出てくるが、通常の宗教生活のただ中においては、そうした理念が主題化されることはなく、むしろ人々はシモとしての宗教を生きている。つまりヒンドゥーは、一神教的なアガマとしての様相と、そこに多神教的なアダットを含んだところのシモとしての様相という、二つの意味の様相をもつこととなったのである。こうした複合的なヒンドゥー観の確立とその浸透ないし定着の過程こそ、バリ宗教の変容の内実だといえる。これが第二点である。

このように考えると、戦後のバリの宗教変化の核心は、ギアツがいうような伝統的な宗教の合理的宗教への転換（conversion）というよりも、まずもって宗教にたいする認識の更新にあると定式化するべきであろう。それは、それまであった宗教認識にもうひとつの宗教認識——ただし際立って明確な理念——があらたに付け加わるという意味での、意味構造の変容（transformation）として理解されるべきものだと考えられる。これが第三点である。

もっとも、ギアツが調査をおこなった時点からおよそ半世紀がすぎた現在、こうした神観念や宗教理念の浸透に連関して、一部の教義知識や行為規範も徐々に浸透してきている。それは具体的には、①標準化された宗教知識の虫食い状の浸透、②一般の人々がヒンドゥーの行事を抽象的に説明する傾向、③精神的な清浄性の重視、具体的には祈りの重視や儀礼の簡略化、④伝統衣装の標準化、⑤ブラフマノ司祭の地位の相対化、といった点である。伝統衣装の標準化は、先に触れたように順イデオロギー的であるとともに反イデオロギー的でもあるという両義的な性格をもつが、これも宗教生活におけるあらたな規律化現象のひとつである。一九九〇年代では、宗教活動の全体が根本的な変化を示しているとまではいえないが、教義知識の社会的浸透とこれに連動した若干の行為規範面の変化、そして今後のさらなる変化を予感させる兆候をいくつかの点で認めることができる。人々の宗教生活は、大枠の方向性としてはアガマとしてのヒンドゥーの理念に沿ったかたちで再編されつつあるといってよい。これが第四点である。

問題は、こうした二十世紀末の状況を、宗教の意味論的な変容をこえた、宗教の「転換」の前兆として、つまりは一九五〇年代末に関するギアツの議論枠組に即して、捉えることが妥当なのかどうかである。これにたいして、私は明快な回答を用意できていない。ちかい将来に、暫定的なかたちであるにせよバリ宗教の改革運動の到達点が明らかになった段階で、ギアツの解釈は実は先見の明をもったものだったということになる可能性もあると私は考えている。ただ現時点では、ギアツのような単純化された議論枠組に即した語り方は妥当なものではないと思っている。こうした議論枠組では、人々の解釈過程を間に挟んだかたちで、宗教イデオロギーと宗教実践とが微妙に絡みあい錯綜し流動的な状況が構成されているという、現代バリ宗教の複雑な綾を十分把握することができないからである。

以上をまとめよう。戦後のバリ宗教の変容は、まずもって人々の宗教観ないし宗教解釈の次元に存する。本章は、バリ宗教の現状を人々の宗教認識に注目しつつ記述しようとするものであったが、結果的にこの視角は、バリ宗教の変容の所在を明確にする上でも示唆に富むものだったといえる。そして、実体論的な視点から宗教の直線的な変化／転換を主題化しようとしたギアツの議論枠組では、まずもって宗教認識の更新という点にある戦後のバリ宗教の変容を十分理解することも、人々の宗教解釈を間に挟んだ微細な動的過程がバリ宗教の複雑でなお流動的な現状を構成しているという点を捉えることも、難しいといえる。

第2節の最後でも触れたように、バリ人の宗教知識や宗教認識に十分言及した民族誌的研究はおどろくほどすくない。儀礼活動の記述や古文書に関する研究が質量ともに相当程度蓄積されているのと対照的である。バリ宗教の戦後の変容や、一神教的神観念の構築に注目した研究はいくつかある［Rudyansjah 1986; 福島 1991; Bakker 1993; Picard 1999, 2004; 杉島 1999; 山下 1999; Howe 2001; Ramstedt (ed.) 2004a］。しかし、それらはバリ人の宗教観（ヒンドゥー観）の複雑なあり方に十分目配りしたものとはいいがたい。また、これら以外のおおくの研究は、宗教変化に言及しても、変化の様相よりも伝統の維持存続性の方が、バリ宗教の顕著な特徴であるとみなす傾向がある［ex. 吉田禎（編）1992:158, 184; Barth 1993:219］。既存のおおくの研究は、実体論的な視点に立って儀礼中心主義的にバリ宗教を捉える理解枠組をもっているので、宗教認識の次元にまずもってあるといえるバリ宗教の変容を、十分主題化できていないのである［吉田竹 1996］。一方本書は、バリ人の宗教認識の次元に焦点をあてることによって、この宗教変容という点でも、また同時代のバリ宗教の理解という点でも、ギアツらとは異なる結論を結果的に導き出したのだといえる。

もっとも、ある意味で議論はまだ半分しかおわっていない。バリ宗教を解釈過程の次元に注目して主題化するということは、単に現在のバリ人の宗教解釈を記述することにとどまるのではなく、それがどのような諸解釈・諸表象との連関の中で醸成されたものなのかを記述することをも、なすべき作業の中にふくむはずだからである。そもそも、第II章で指摘したように、これまでのバリ宗教研究がほぼ一貫して、バリ人の宗教理解枠組を主題化しようとせず、紋切り型の儀礼中心主義的表象を自己生産しつづけてきたのだとすれば、このような傾向自体、解釈学的な問題関心の対象となるべきものであろう。問題がおおきいだけに素描にとどまらざるをえないが、次に章をあらためて、バリ研究が軌道にのる植民地時代に遡行し、人類学的バリ宗教表象とバリ人の表象との間にみられる乖離の起源を探ってみることにしたい。

註

（1）バリ＝アゴ（Bali Aga）がヒンドゥー以前の古層文化を保持する原住民である、という表象は、現在広く浸透している。しかしバリ＝アゴとされるある村からは、十世紀前後の王権の碑文が発見されており［Swellengrebel 1960:31］、かつてはヒンドゥー王権と交渉をもっていたことがうかがえる。また、現在バリ＝アゴはパリサドの提起するあらたな理念や規範を受容しつつある。バリ＝アゴにはカストの位階やこれに即した複雑な儀礼規範がなかったので、パリサドが提起する簡略化された形式の宗教儀礼などはむしろ受容しやすいのである。反パリサド的傾向をもつバリ＝アゴの村もあるが、全体としてはパリサドの影響はかなりバリ＝アゴにも浸透している［Reuter 1999］。バリ＝アゴは、ヒンドゥー＝ジャワ王権の文化の影響をあまり受けなかった地域だといえるが、ヒンドゥー以前の文化を残存させる地域とはいえないし、現在ではまぎれもなく戦後の改革運動の影響下にあるのである。

（2）舞踊・演劇を、①儀礼活動の一部であるワリ（wali）、②神へのオプショナルなもてなしであるブバリ（bebali）、③娯楽的なバリ＝バリアン（bali-balihan）という三つのカテゴリーに分類する議論がある［Bandem & De Boer 1981; cf. 吉田禎（編）1992:161-166］。この分類枠組は、宗教改革運動の浸透に平行して、知識人によって提起され、一般のバリ人にいくらか浸透するようになった、教養知識に親和的な表象枠組である。パンチョ＝ヤドニョの場合とおなじように、人々はこうした範疇名を知っているが、個々の具体的な演劇的パフォーマンスをこの範疇に即して捉えているわけではない。また宗教活動にともなって演じられる舞踊や演劇の実態は、この分類枠組に収まらないあり方をしている。たとえば、③にあたる世俗的舞踊が、寺院の内庭で儀礼活動のただ中で演じられるということもあるのである（第Ⅳ章第2節参照）。

（3）パリサドによる指導以外にも、こうした儀礼の簡略化を促す潜在性をもった契機はある。そのひとつは、女性の地位の向上をかかげる政府の指導である。私が二〇〇〇年夏に見聞したあるバリ人女性のケースを記そう。この女性は、女性問題を担当する政府の部局ではたらく高官である。彼女は、仕事上関わっている女性の地位の向上を自身の生活のモットーとしても掲げ、つねに家族ら周囲の者に、女性が教育の機会をもっともとめるべきこと、家庭に閉じこもることなく働くなどして社会との接点をつねにもつべきことを訴えるとともに、バリの女性を家庭の中に拘束するひとつの重大な要因として、膨大な供物の作成作業――日常的につかう供物を日々つくりおくとともに、中規模以上の儀礼に必要な供物を準備しておくおわりのない作業――を挙げ、供物を慣習にのっとってたくさんつくる必要などない、重要なのはそうした物質面ではなく精神面であって、毎日つくってささげる供物も要所におけば数を減らしてもかまわない、そのあまった時間を労働や勉強に役立てるほうがずっとよい、と主張している。事実この女性の家庭では、毎日ささげる供物の数を本来の半数程度に減らしている。また彼女の家庭では、主要な儀礼（たとえば子供の誕生日）の供物も一式購入して済ませている。この女性の家族には公務員や教員がおおく、自家で消費する供物をすべて自前で作成できないということも、こうした宗教実践の一因と考えられる。ただし近隣の人々はこうした考え方や生活様式を理解できず、供物を購入することを宗教心のなさの証明と捉え、日々の供物を減らしているという行動を恰好のゴシップの種としている。この点で、この女性のケースはきわめて突出した例外的なものである。しかし、パリサドや政府の複数のチャンネルを通した啓蒙運動のなりゆき次第では、将来こうした供物の簡略化が局所的にせよ、人々に浸透していく余地はあると考えられる。

（4）サンガ／ムラジャンや、寺院の主要な祠や社に供物をささげる際、供物の脇に花などを入れた水をおいておく。当該の神が供物のエッセンスを受けとる際に、この水に神の力が宿る。これがバニン＝チョコルである。供物をささげたあとに祈るが、この祈りのあとに、バニン＝チョコルをふり、飲む。屋敷寺の場合、北東の隅にあるパドモサノに水をおくことがおおい。このバニン＝チョコル（banyin cokor betara guru）や、同様の手続きを経て作成されるカヤンガン＝ティゴの寺院の聖水（tirtha desa, tirtha dalem, tirtha puseh）は、各種の儀礼に頻用される。

第Ⅳ章

バリ宗教の系譜学

前章第1節で、私は既存の人類学のバリ宗教にたいする理解枠組が、現代バリ人の宗教理解枠組とある意味でアイロニーともいえる対照性を示すと述べた。では、この二つはいかなる経緯でかくも対照的なものとなったのだろうか。あるいは、第Ⅱ章第4節で提示した仮説に立っていえば、人類学的バリ研究が同時代のバリ人の宗教理解のあり方からそれほどまでずれた表象枠組を保持しつづけてきた背景には何があるのだろうか。本章では、バリ宗教表象のいわば系譜学的考察を試みる。

具体的には、第Ⅱ章で簡単に示したような学術的なバリ宗教表象と、第Ⅲ章で検討した今日のバリ人の宗教表象とが、植民地時代以降の歴史過程の中でいかに構築されてきたのか、その過程を素描することが、ここでの課題である。本来ならば、現地で発行されている新聞、観光パンフレット、観光客や政府関係者の日記や公文書記録など、さまざまな一次資料に詳しく言及して、可能なかぎり多様な表象の内容を記述することがのぞまれるが、ここでは最近の歴史人類学的バリ研究の成果を整理する作業を通じて、そうした無数ともいえる諸表象のうち主要なバリ宗教表象の基本的な枠組や特徴を記述し、「バリ宗教」表象の構築と変容のアウトラインを明らかにすることで満足する。

第1節　バリ宗教の誕生

ここでは、「バリ宗教」という表象枠組の成立とでもいえるような出来事の連関について記述する。ハウもいうように、経済や政治やバリ人の生といったものから切り離して、何らかの実践や信念の領域を「バリ宗教」として表象するという技法ないし慣習は、オランダの植民地支配下において、オランダ側の表象枠組を基盤として成立したものだと考えてよい。もともと宗教に相当する領域は慣習的諸活動の中に埋め込まれていたし、「宗教」に相当するバリ語もなかったと考えられる。「宗教」や「文化」を自分たちがもっているという認識は、オランダ人やムスリムなどが提起するバリ人の宗教文化にたいする批判的な言説を契機として、こうした概念がバリ人にとっても見出されるという過程抜きにはありえなかったのである［Howe 2001:4］。ここでは、この「バリ宗教」という表象枠組が立ちあがる前後の状況を、植民地体制の確立に絡めて、記述することにする。なお、本節の議論は、拙稿［吉田竹 2001a］を若干修正し略述したものである。

西欧の原的バリ表象

まず簡単に、植民地体制確立の前段階における西欧のバリ表象について触れておこう。

バリが西欧に知られるようになったのは、十六世紀末からである。一五九七年に、アジア進出をもくろむ新興勢力オランダの船団がバリを訪れ、当時のバリ島統一王朝（ゲルゲル朝）の王に会見した。乗組員にとってバリはすこぶる印象のよい島であり、当初は交易上重要な拠点になりうると思われたが、オランダが東インド諸島の交易ネットワークを掌握した時点では、バリは主要な交易ルートからはずれた位置にとどまった。すぐれた特産品に恵まれなかったこともあり、オランダが東インド全体の政治支配にのり出すまで、バリへの本格的な介入は回避された。そしてその後オランダの支配下におかれたバリは、観光地として、いわばその「楽園」イメージを特産品とするようになっていくのである［Vickers 1989:11-36; 中村潔 1990:179-180; 吉田禎（編）1992:28-29］。

西欧では、バリにたいする固定的なイメージが醸成された。それは、南海の島バリは、ヒンドゥーの絶対君主が粗野で好戦的な民衆を支配する封建的な社会だ、というものである。バリは当初から、このヒンドゥーという宗教を一義的な指標として表象されたのである。東インド諸島において、ジャワやスマトラはイスラム社会であり、バリは西隣のジャワだけでなく東隣のロンボック島のササック人ともいわば挟撃されるかたちで、イスラムの中に孤立してヒンドゥー教を信奉している。このインドから伝わった宗教を強力な基盤として、支配者層が封建主義的体制を敷いて民衆を支配している。こうしたイメージは、上で触れたオランダ船団をはじめとする西欧からのバリ訪問者による情報をもとに、とくにバリの諸王が奴隷の供出に関わっていたという点を背景に、生まれたものといえる［Vickers 1989:11-36］。そしてもちろんここには、インド的イメージを投影してバリをみるオリエンタリズム的想像力がおおきく作用しているということもいえる［cf. Boon 1977］。

十九世紀になると、こうした西欧のバリ表象にひとつの転機が訪れる。フランス革命からナポレオン戦争にかけてのヨーロッパの混乱に乗じて、一八一一年から五年間、イギリスがオランダ領東インドを占領・統治するが、この間イギリス植民地政府の副総督をつとめたラッフルズが、バリをジャワとの関連で理解する議論を提示したのである。東洋学者でもあった彼は『ジャワ史』［Raffles 1988(1817)］を著し、ここでバリを、イスラムの到来によって解体されてしまったヒンドゥー＝ジャワ文化の生きた博物館（living museum）だとした。ラッフルズは、ジャワに比べてバリは文化的に粗野であり、民衆たちの宗教活動は未開的な要素をもっていて「ヒンドゥー」と呼ぶべきものではないとしたが、一方ではそうしたバリ人の特性や気質を、いわゆる高貴な野蛮人のもつ一種の美徳として評価もした［Vickers 1989:11-36; Picard 1999:19; R. Rubinstein 2000:16］。

しかし、バリ文化・バリ人気質をある意味でポジティヴに捉えるラッフルズの解釈は、ふたたび東インドを支配するようになったオランダ政府（バタヴィア政庁）に受け継がれはしなかった。オランダ当局にとっては、バリ人は「高貴な野蛮人」どころか、ヨーロッパ人にたいして敵対的で、周辺海域で略奪行為もおこなう不遜の輩にすぎなかった。実はこの「略奪行為」の中には、海岸部に居住するバリ人が難破船の物資を勝手に持ち逃げし所有してしまうという、国際ルール違反の問題がふくまれていた。交易をおこなう西欧人やアラブ人・中国人らにとってこの行為はむろん「略奪」だが、バリ人は浜に打ち上げられたものを神からの贈り物とみなす認識をもっていたため、難破船の物資も当然のように神の恵みとして所有したのである。こうした民衆レベルの慣習と、海岸部に拠点をもつバリの王たちによる密貿易が、バリ人は敵対的であるとするオランダ側の認識の定着にかなり影響したと考えられる。そしてもうひとつは宗主権問題である。バタヴィア政庁は、一度ならずバリの王たちにオランダの宗主権を認めさせていた。しかしバリの王側が主権の承認ということの意味をよく理解していなかったこともあり、何ら実効的意義をもたなかったのである。このことについてオランダ側は再三にわたって警告を発していた［Vickers 1989:11-36; Schulte Nordholt 1996:164-167］。

こうした経緯を受けて、オランダは十九世紀半ばにバリにたいして武力行使を敢行し、まず北部を実質的な支配下におき、二十世紀のはじめにはバリ島全体にその支配を拡充することになる。これについて論じる前に、オランダの支配がおよぶ以前の段階における西欧のバリ表象について整理しておきたい。

十九世紀半ばまでのオランダ側のバリ表象は、総じてネガティヴなものだったといえる。ラッフルズはバリの王や貴族が保持するヒンドゥー文化・文明をこの社会の根幹をなすものとみなし、ここにバリの豊かさを見ようとしたが、こうしたヒンドゥー＝ジャワ論の視点に立ったポジティヴなイメージは、オランダ政府のとる認識ではなかった。逆に当局においてほぼ一貫していたのは、奴隷や殉死（王の火葬の際に妻が燃えさかる火中に身を投じる）に示されるような封建的な社会制度が存続し、粗野で好戦的な人々の上に、豪奢な宮廷生活をおくる王がいる、といったイメージであった。しかしオランダが二十世紀に入ってバリ島全土にわたる統治を確立し、バリ社会文化についての研究と観光化が進むにつれ、支配的になっていくのは、この置き去りにされていたラッフルズが提示したような表象だったのである。それについては後述することにし、次にオランダによるバリ支配確立の過程についてみていこう。

古典国家の終焉

オランダは、当初はバリを直接支配することを目指してはいなかった。しかし十九世紀半ばに北西部を支配して以降、当時のバリの社会状況の中で次第に介入を余儀なくさせられ、二十世紀の初頭にはバリ島全土の直接統治へと方針を転換するようになる。ここではこうした過程について、おもにシュルテ＝ノルドホルトの研究［Schulte Nordholt 1996］にもとづいて素描する。彼の研究は、オランダ側の資料とバリでの聞き書き資料とを丹念につきあわせ、既存のバリ理解にたいしていくつかの修正をせまる議論を提示しており、現段階では信頼性が高いと考えられる。

まず十九世紀後半のバリの状況について簡単に触れておこう。当時のバリは、かつてのゲルゲル朝から分離独立して成立した、九つの王国が存在した。つまりクルンクン（Klungkung）、ギャニヤール（Gianyar）、バドゥン（Badung）、タバナン（Tabanan）、ジュンブラノ（Jembrana）、バンリ（Bangli）、ブレレン（Buleleng）、カランガッサム（Karangasem）、そしてムングウィ（Mengwi）である。この中でゲルゲル朝の直系にあたるのがクルンクン王国であり、その王をオランダ側はバリの諸王を統括する最高位の王とみなしていた。ただ実際のところ、クルンクンの地位はほとんど象徴的で儀礼上のものだったといえ、のちにオランダ側もそのことを知るようになる。またこの中で最小のムングウィは、十九世紀末には周辺諸国の連合軍によって攻め滅ぼされ、分割併合されることになる［C. Geertz 1980:11］。このことが端的に示すように、当時これらの王国はたがいに同盟締結とその破棄、そして抗争を繰り広げていた。

また王国の内部の勢力関係も複雑だった。ある地域を治める領主と他地域を治める領主との間に抗争があったり、王とその国内の地方領主との間にも場合によっては紛争があったりした。そもそも王はその王国の領域内を統一的に支配していたわけではなかった。一般に各地域はそれぞれの地方領主が支配しており、その支配が強固なものであれば、王が影響力を行使しうる余地はかぎられていた。またバドゥンのように、王家とその有力な分家とが共同して中心部を支配するという形態や、十九世紀半ばの一時期のクルンクンのように、王家の未婚女性が事実上の王として、弟とともに王国の統治にあたるという形態もあった。さらに特定の支配者を頂くことなく、自治的に村落秩序を構築していた地域もあった。とくにバリ＝アゴ（Bali Aga/Bali Mula）と呼ばれるいくつかの村は、年齢階梯制によって長老を中心とした村落自治をおこなうなどの形態をもち、外部の政治勢力からの干渉を可能なかぎり拒否し、いわゆる閉鎖型の自律的な村落体制を、歴史過程の中でつくりあげたと考えられる［C. Geertz 1980; Wiener 1999; Schaareman 1986］。

こうした社会秩序の錯綜した状態を背景として、人々の宗教活動とくに呪術的な儀礼演劇が活性化したという一面もあったようである。ヒルドレッド＝ギアツによれば、現在バリの宗教儀礼劇としてよく知られているチャロナラン（Caron Arang）は、一八九〇年前後にバトゥブラン一帯ではじめて劇として上演されるようになったらしい。チャロナランの物語をモティーフにした劇構成の中で、ランダの面をつけた者がしゃべり踊るようになったのは、このころだというのである［H. Geertz 1995］。永渕［永渕 1998:122-123］は、この時期の南部バリが王国間の戦乱だけでなく、コレラの発生によっても混乱した状況にあったことから、バトゥブラン周辺の人々が、王が統御できなくなっている荒ぶる力（sakti）——サクティは、アンダーソンがジャワの場合について論じているのと同様に、それ自体は善なる力にも邪悪な力にもなる［Anderson 1990; 永渕 1998:120-122］——がのぞましい方向に回収されることを願って、ランダという強力でまかり間違えばおそろしい魔力をふるう存在を中心に据えた、あらたな演劇を創造したのではないかと論じる。当時の社会状況をバリ人（とくにバトゥブランの人々）が「混乱」とみなしていたのかどうかはかならずしも明確ではないが、後述する二十世紀初期の大地震の際に別種の呪術的儀礼活動が活性化したことをあわせて考えると、こうした解釈はかなり説得力をもつものといえる。

さて、話をふたたび十九世紀半ばのオランダ政府の対応に戻そう。先に述べたように、①「略奪」行為、②密貿易、③宗主権承認、などの問題が重なるにつれて、オランダ政府の中では、バリを植民地化しオランダの支配下におくべきだという声がおおきくなってくる。こうした中でオランダは、一八四六年に最初のバリ遠征を敢行するにいたる。しかしこれはバリ軍の抵抗で失敗におわる。これが勇猛果敢で好戦的なバリ人というイメージをさらに高めることになる。結局一八四九年の三度目の武力行使で、ようやくオランダはバリ連合軍を破り、北部バリ一帯（ジュンブラノ、ブレレン、カランガッサム）を押さえることに成功する。オランダ軍はつづいてバリの中心部である南部への進攻をうかがうが、ここでデンマーク人商人マズ＝ランゲの仲介により、南部バリ王国連合とオランダとの休戦協定がこの年の七月に締結される。これによって南部進攻は一時棚上げになる［Vickers 1989:11-36; Schulte Nordholt 1996:164-167］。

この協定締結は、バリの近代史において重要な契機をなす出来事だったと考えられる。ここでは四つの点に注意をはらっておこう。第一は、休戦協定締結がバリ社会の再統合のきっかけをなしたと想像される点である。バドゥンのクタ（Kuta）——ランゲの交易の拠点であり、いまは観光の一中心地となっている——でおこなわれたこの平和条約締結の儀式には、南部バリの諸王とその従者らおよそ三万人が列席した［ibid:166-167］。バリの諸王がこうして一堂に会し、オランダ側の提示する条約に調印したことは、バリのエリートたちがオランダという外部の圧倒的な力の存在を認識するとともに、その外部との対置において存在しているバリ社会の単位性を実感する契機になったと考えられる。

第二はこの休戦協定の意味である。オランダ側にとってこの協定締結は、バリの諸王を力づくで屈服させた上で、あらためてオランダの宗主権を認めさせるというものだった。一方、オランダが征圧した三王国をのぞく南部バリの諸王にとっては、プライドを傷つけられたという点をのぞけば、この条約締結は実質的なデメリットをともなわないものだった。彼らは定期的に使節を送る必要もなく、奴隷貿易を禁じられもしなかった。さらに、オランダが一時占領した地域も、バリ側に返還されたのである。もともとオランダは懲罰を与えることを意図していたのであり、バリをただちに政治支配することは目指していなかった。いわば、オランダだけでなく、南部バリの王たちもまた勝者だったのである［ibid:164-167］。

第三は、この出来事が王や地方領主たちの間の権力ゲームに与えた影響である。この休戦協定以降、しばしば王や有力領主たちは会合をもち、オランダ政府側と折衝を重ねていくことになるが、そうした会合が重要な政治の舞台となっていく。つまり、オランダという外部勢力を交渉相手にするというあらたな状況は、従来の政治力の基盤（土地、マンパワー、婚姻による同盟関係、交易による財力など）をもつ一部の王家の威信の低下をもたらすとともに、他方ではそうした基盤をもたない勢力の伸長をもたらし、権力ゲームのあり方をより一層複雑なものにしていったのである。たとえば、この休戦協定に際しては、クルンクン王は威信を低下させ、たいして休戦協定の締結に貢献したバドゥンの王は、おおいに威信を高めることになった［ibid:166-168］。

また、国王ではない地方領主の中に、国王に比肩する影響力と政治力をもつ人物も台頭してくる。その代表が当時のウブド領主（Cokorda Gede Sukawati）である。彼は戦闘においてたぐいまれな能力を発揮し、皆を統率したという。またしばしば夜を徹して寺院にこもり、神々に祈りをささげたため、彼の青銅剣クリス（kris）には神々が宿るのだと人々が噂したという伝承が、ヨーロッパ側の資料にも記されている。もともとウブドはギャニヤール西部の一村にすぎなかったが、彼とその父の時代に急速に勢力範囲を拡大させ、一時期はギャニヤール王家をしのぐほどの力をもつようになった。オランダはのちに彼を国王に準じる重要な存在として認め、会議に出席させるようになる。後述するように、ウブドをふくむギャニヤール王国は一九〇〇年にオランダの保護領となるが、このときの仲介役を果たしたのは彼であった。また彼の息子は、ジャワでオランダ式の高等教育を受け、西欧の文化やオランダ語に親しみ、植民地行政高官として昇進していく。彼は欧米人との間に親交をもつことに成功し、これが一九二〇年代以降のウブドの観光化につながっていくのである[Schulte Nordholt 1996:183, 193, 200; 永渕 1998:8-9, 32-34; MacRae 1999]。

さて、第四はこうしたバリ人支配者層とオランダとの関係についてである。オランダはバリの支配者たちに懲罰を与え、彼らが太刀打ちできない圧倒的な力をもつことを見せつけることに成功した。ことはオランダの目論見どおりに進んだといえる。ところが、オランダの思ったとおりにいったことが、オランダの予期せぬ方向に事態を進めていく結果を招くのである。オランダは、十九世紀後半のバリの支配者たちの権力ゲームの中に巻き込まれていくのである。

たとえば、一八五四年にオランダがブレレン王国の首都シンガラジャ（Singaraja）に監督官（controleur）をおいたのは、ブレレン内の領主たちが、ここを支配下におさめようとするバンリ王の先手を打って、オランダの直接支配下に入ることを望んだからである。これがオランダによるバリ支配のはじまりである。しかしこの監督官の職務は、紛争の回避という曖昧なものであった。監督官は、オランダの主権を認めようとしないブレレン内の領主たちにたいして二度武力行使をおこなったものの、オランダの宗主権を侵害するような行動をおこさないかぎり、隣国同士の紛争や同盟締結などにたいしては武力を発動しようとしなかった。端的にいって、オランダは統治に消極的だったのである。ただし、一八六〇年代後半になると、原住民の福利を考慮する観点が提起され、南部バリでの奴隷交易、妻の殉死、手足を切断する刑罰、王の圧政などにたいする批判的な関心が高まるようになる。一八七三年には北部バリの住民に関する調査もおこなわれる。その浩瀚な報告書の中には、バリ人民衆がオランダ側に助けをもとめているということを調査者は確信するにいたったという点が記されている。こうして植民地政府による一層の監督の必要性が認識されるようになり、一八八二年にはブレレンにバリおよびロンボックを管轄する理事官（Resident）がおかれることとなった。北西部バリ（ブレレンおよびジュンブラノ）は、こうしてオランダの直接統治下に入った［Schulte Nordholt 1996:169-172］。

ただこうした措置は、バリの王たちに、オランダが南部バリにもやがて直接統治をおよぼすのではないかという疑念を抱かせるものだった。南部バリの諸王たちは、一八五四年以来、隣国との戦争に際してあらかじめこれをオランダ側に打診したり、来訪するオランダ人官吏を慇懃にもてなしたりし、オランダとの間に友好・親密な関係を築き、自身の威信と勢力を確保・拡大することをもくろんだ。とくにクルンクン王は、こうしたオランダとの協調路線と、諸王たちと連携して反オランダ共同戦線を張る路線の両方を天秤にかけていた。しかし結局後者のもくろみは結実しなかった。逆に南部バリは諸国が入り乱れての戦争状態に入っていく。発端は、自国内の領主たちから見放され、周辺王国から侵略を受けたギャニヤール王が、オランダの保護をもとめたことであった。南部バリを直接支配する気のない植民地政府は、しかしこれに介入しようとせず、ますます諸国間の紛争——クルンクン対ギャニヤール、ムングウィ対バドゥン・タバナン連合、ムングウィ対ギャニヤール、クルンクン対ムングウィ、カランガッサム対クルンクンなど——の複雑な絡みあいはエスカレートしていった。アチェ戦争をはじめとして、バタヴィア政庁は東インドの各地において土着の勢力との／同士の紛争に巻き込まれていたこともあり、バリ問題の収拾は後回しにされた。こうして問題がこじれにこじれていく。一八九一年のムングウィ王国の滅亡は、そうした紛争の一コマであった［ibid:170-189］。

オランダは、一八九四年にロンボックに軍を派遣し、現地のバリ人王朝を破り、この島を植民地政府の直接支配下においた。このロンボックの王朝はカランガッサム王国の分家筋であり、実質的にはバリ島のカランガッサム王家もオランダの軍門に下ったことを意味した。しかしオランダは、ロンボックと同様にカランガッサムを直接管理下におくことはためらった。南部バリの紛争に巻き込まれたくなかったのである。そこでオランダは、カランガッサム王国を保護領（Gouvernementslandschap/Protectorate）とし、カランガッサム王をこの保護領の代表たる領事（Stedehoulder）とした。すなわちこの地を直接支配するのではなく、この領事のいわば後ろ盾となって、間接的に統治しようとしたのである。この手法は、オランダ側にとってもバリ側にとっても望ましいものであった。そして一九〇〇年には、ギャニヤールが第二の保護領となった［ibid:170-189, 199-200］。

世紀がかわった一九〇一年、議会開始の女王演説を受けて、オランダ政府は「倫理政策」を正式に掲げることにした。オランダは植民地経営によっておおいに潤ったが、そのことにおいて「名誉の負債」を負っている。これをいまや返済すべく、原住民社会の発展と向上につとめなくてはいけない、というものである。そしてそのためには、たとえ経済的なメリットに乏しい地域であっても、封建的な領主の圧政と専横に苦しむ民衆を解放し、文明社会の正義を広くゆきわたらせるべきだ、という主張が前面に押し出されることになった。こうしてオランダ政府は、封建主義的社会体制から民衆を解放するという点での倫理政策の実現のために、当の民衆を組織化した現地軍にたいして武力行使をおこなうという、アイロニーといわざるをえない対応をとることになった。そして一九〇四年にバドゥンの一漁村サヌール（Sanur）の住民たちが、沖あいの難破船（オランダ国旗を掲げた中国船）の物資を「略奪」したことについての王側との補償交渉が決裂したことを受けて、オランダ軍はついに、一九〇六年九月にサヌールに上陸した［ibid:210-213; 永渕 1998:30］。

ププタンという悲劇

この武力行使はオランダ側にとって予想もつかないかたちで終了した。白装束（白い正装）に身をかためて王宮に集まっていたバドゥンの王族や民衆たち数百人は、オランダ軍が侵攻してくると王宮を出て王家ゆかりの寺院に向かい、ここで祈りをささげた。そしてひきかえすと、オランダ軍にたいしてクリス（青銅の短剣）や槍をもって立ち向かった。これにたいしオランダ軍が発砲し、子供や女性をふくむおおくの人々が死んだ。さらにここに集ったバリ人は自らクリスをもって自害した。推定で死者三千六百人以上とされる。この出来事は「ププタン」（puputan）と呼ばれた。バドゥンを攻略したオランダ軍はタバナンにも攻め入り、王とその息子を捕えたが、彼らもすぐに自決した。最終的に一九〇八年のクルンクンにおける武力行使をもって、オランダはバリ全体を支配下におさめた。このクルンクンにおいてもププタンは繰りかえされた。こうして、オランダに抵抗したタバナン・バドゥン・クルンクンの三王家は潰され、逆にいちはやくオランダに下ったカランガッサムとギャニヤールおよびバンリの三王家は存続することになった［C. Geertz 1980:11-13, 141-142; Schulte Nordholt 1996:210-216; 永渕 1998:30］。

ここで注意しておいてよいのは、この「ププタン」をめぐる解釈の問題である。ウィーナーによれば、白い正装を身にまとい、クリスをもって集団で戦うという形態は、バリ人がしばしばとった戦闘の方法であり、これに類似する戦闘行為――ププタン以外の名称でも呼ばれた――は植民地支配以前にも、またそれ以降にも、しばしば観察される。しかしオランダは、この王国の滅亡に際しての出来事のみを「ププタン」と呼び、この出来事を「集団自決」という様相に注目して捉えた。つまり王族の妻が夫の火葬の際に殉死するのとおなじく、人々が王とともに集団自決することをもくろんだのだと理解したのである。のちにインドネシア独立に際しては、インドネシア人ナショナリストたちも、ププタンをこうした殉死の意味あいで捉える表象枠組を継承することとなる。しかし「ププタン」をこうした悲劇的集団自決とみなす理解枠組は、オランダ側が構築したオリエンタリスティックな解釈にすぎないのである［Wiener 1999］。

以上のオランダ侵攻までのところでいったん議論を整理しよう。ここまでのオランダ側のバリ表象の特徴として、二つの点が挙げられる。

ひとつは、この時期のオランダ側のバリ理解は、それ以前の理解の延長線上にあって、基本的に変わっていないという点である。オランダ植民地政府はほぼ一貫して、バリをヒンドゥーを奉じる封建国家の社会として、そうした国家がたがいに抗争を繰り広げる末期的状況にあるものとして、理解していた。インドにおける場合と同様に妻の殉死を禁止しようとしたり、王国の制度によって執行されるある種の刑罰に制限を加えようとしたりした点をみても、政府側のバリ理解は、インド（あるいはジャワ＝ヒンドゥー）のイメージを投影してバリをみるオリエンタリスティックな従来の理解枠組を継承したものと考えてよい。そしてこうした理解枠組は、学術的な表象と不即不離のものであった。たとえばその代表格は、文献学者フリーデリッヒの研究である。彼は一八四六年の遠征軍とともにバリ島に赴き、マズ＝ランゲの援助を受けてバリに滞在し、カウィ（kawi）と呼ばれる文語体で書かれた古文書を調べた。彼の研究は、ラッフルズの理解枠組をバリでの調査研究によって補完するものだった。ただし、ラッフルズはバリの民衆の宗教活動をヒンドゥーと呼ぶべきではないとしたのにたいして、フリーデリッヒはそれこそがヒンドゥーにほかならないと確信していたというちがいはあるが。いずれにしてもフリーデリッヒの研究は、バリ社会の核心をヒンドゥーという宗教にみる理解枠組の確立におおきく寄与するものだった。そしてこの理解枠組は、その後の二十世紀のオランダによるバリ植民地支配を規定するものともなる［永渕 1998:35-36; Picard 1999:19］。

もうひとつは、このようなオランダ側のバリ理解の偏向ないし誤りを白日の下にさらしたのが、ププタンという悲劇だったという点である。オランダ植民地政府のバリへの対応は、つねに後手にまわるものだった。その挙句にププタンという事件がおきた。政府側は、いかに自分たちがバリ人の心性やその文化を把握できていなかったかを痛感させられた。発砲するオランダ軍にたいして、クリスをもった王族や民衆がそろって「死の行進」をし「集団自決」する——オランダ側はそのようにププタンを理解した——という、あってはならない、ありえない出来事がおきたことで、政府は国の内外から非難を浴びた。

もっとも、ここで重要なのは、ププタンによってオランダ側が何を学んだかである。彼らにとってププタンは、勇猛／野蛮なバリ人、殉死をいとわぬバリ人といった、それまでの西欧がもっていたバリ人イメージを総括する出来事であったと考えられる。つまり、ププタンは、上に述べたようなバリ理解の既定の枠組の中に回収されて捉えられたのである。だからこそ、それ以降オランダ政府はバリの宗教文化を尊重する政策をとろうとするが、それはバリ人の側のバリ理解をとりこんだものにはなりえなかったのである。ププタンは、オランダ人側とバリ人側との間にあるたがいの理解のずれをあらわにするものではあったが、そのずれを埋めていく契機とはならなかったのである。ププタンが正確な意味で「悲劇」である所以はここにある。バリ人たちを死に追いやったのは、オランダ側のバリ理解とバリ側のオランダ理解との修復不可能な懸隔であった。しかしオランダ側はそのずれを、相変わらずオリエンタリスティックなバリ理解によって埋めようとしていくのである。二十世紀のオランダ支配下では、バリ人側のバリ理解はほとんど問題とされず、西欧人側が表象し発見する「バリの伝統文化」や「宗教」が尊重されるべきものとなり、こうした権力主体の側に帰属するバリ表象がバリのあり方をかえていく原動力になっていくのである。次に、こうした経緯をみていくことにしたい。

植民地支配体制の確立

オランダは、とりあえず既存の古典国家の範域を行政単位とし、南部バリの六国家それぞれに監督官をおき、これらの上に立つ副理事官をバドゥンの首都デンパサールにおく体制をまずつくった。そしてそれぞれの行政単位の中で、複数の村落をひとまとまりの下位行政単位として括り、このレベルを統括する官吏プンガワ（penggawa）に地方領主を当てた。それまでは領主や王への忠誠が二重である村や、逆にそうした帰属関係をもたずに孤立的・閉鎖的にふるまう村もあったが、そうした複雑な帰属関係が一元化される体制がつくられた。組織はのちにしばしば再編成されるが、これがインドネシア独立後にも継承される行政体系の雛型となる。さらに、政府は複数のスバッ（水利組合）を上位レベルでひとつの組織にまとめ、より効率的な水の供給と徴税が可能となるような体制もつくった。また、バリの慣習法を記した古文書を参照して法制度を定め、バリ人関連の訴訟をとりあつかう原住民裁判所を設け、裁判官に知識人エリートであるブラフマノ階層の人物や司祭をもっぱら当てた。こうして司法・行政・徴税の組織体系を構築し、社会秩序の維持と農業生産体制の基盤確立をめざした［Schulte Nordholt 1996:217-230; 永渕 1998:38］。

こうした行政単位の運営にあたっては、一定の学校教育を修めた原住民官吏を当てることもあったが、地域の事情に疎く、また当該地域の人々との間に円滑な関係を築くことに失敗することもあったので、王族の中の有力者や地方領主の近親、あるいは王の後継者や領主そのものに、行政官吏の職を任せることもすくなくなかった。領主や王族が従来保持していたような、臣民から物資・労働力を調達する権利や、田地の使用権を与えて一定の収穫と労働力を回収・調達する制度（pecatu）は禁止もしくは制限されたが、彼らの中のすくなからざる人々は、植民地体制下において官吏としての地位を獲得したのである。また複数の村からなる地域を監督するための簡素な官庁が建てられることになるが、この官庁(kantor)は、それぞれの地域における中心的な村の中心地に建てられた。つまり王宮やその周辺の敷地に行政官庁が建てられたり、あるいは王家・領主家の者がそうした役職者であれば、王宮そのものがその機能を担ったりしたのである。こうして、たとえばムングウィ中心部のように、王宮を中心として政治・社会・経済・寺院の組織体制が再構築される地域もあった［Schulte Nordholt 1996:219-230; 永渕 1994a:272］。

植民地体制を、混乱を避けつつできるだけ速やかに浸透させるためには、既存の古典国家の遺産をもちいることが合理的でもあり、安上がりでもあった。ただしオランダ側には両論があった。一方では、バリ社会の根幹は一般民衆の生活する村落レベルにあり、王族・貴族層は外来者なのであるから[1]、貴族層の影響力を除去して体制を組み立てるべきだという議論が提示された。この主張は、先に触れたフリーデリッヒの解釈をその根拠にしていた。そもそもオランダは支配者層を「悪」として武力行使におよんだのであり、こうした方向づけはこれまでの経緯からも当然といえた。しかしその一方で植民地政府の中には、かならずしも貴族層は外来者とはいえない、なぜなら彼らこそヒンドゥー文化の保護者だったのだし、ジャワでは失われてしまったマジャパイトの末裔なのだ、という見解に立つ立場もあった。こうした考え方は、遡ればラッフルズの認識に由来するものであるとともに、イスラムにたいして敵対的なスタンスをとる裏返しとしてヒンドゥーにたいして親近感を感じる、当時の傾向を背景としたものでもあった。しかしこの見解には、すでに弱体化した貴族にこれからの文化の担い手としての役割は期待できないという意見も提起された。要するに、外来者であると考えられた貴族層がバリの伝統文化のよき保持者であるという当時のオランダ側の認識自体に、貴族の処遇をめぐるディレンマの根本的な問題があったのである［Schulte Nordholt 1996:230-232］。

そしてこうした認識を背景として、カスト制にたいする対応がおこなわれる。政府は一九一〇年に、バリにおいてカストは社会の基盤をなすものであるからその存在を認める、ということを決定する。つまりバリ社会の階層差・身分差を公式に認定したのである。インドだけでなくバリにおいても、個々のタイトル集団の上下関係や帰属するヴァルナ範疇はまちまちだったし、とりわけ戦国時代の様相を呈する十九世紀にはカストの位階は流動的で錯綜していた。しかしインドのイメージを投影してバリを捉える植民地政府は、古文書の知識や、これに詳しいブラフマノや王族・領主の見解を根拠にして、諸集団をヴァルナ体系の中に固定化して整理した。その過程で、かなりの数の低位の高カストが地位の上昇訂正をもとめて裁判をおこすということも生じ、その半数の訴えは認められるということもあった。またシュルテ＝ノルドホルトによれば、バリではトリワンソ（上位三カスト）と、外部者を意味するジャボ（jaba）との対立が重要なカテゴリー区分である一方、「スドロ」はこのジャボの中の上位者を指してもちいられていたが、オランダ政府はこのジャボを「スドラ」であると捉えてしまった。そして上位カストには、そのおおくが現地人官吏をつとめていることもあり、強制労働を免除するなどの特権を与えて優遇する一方、「スドラ」とした諸集団の間にある相当な格差にはほとんど注意をはらおうとしなかった。こうして植民地体制下に、四つのヴァルナ範疇に各集団が帰属し、おおきく支配者層（上位カスト）と「スドラ」とに分かれ、位階秩序を形成するという「カスト体制」が、バリにおいてつくりあげられたのである［Vickers 1989:69-73, 132-155; Schulte Nordholt 1996:234-239］。

こうした中で、リーフリンクの議論はおおきな影響力をもった。彼は監督官をつとめるとともにバリの慣習法を研究した人物であり、どちらかというと支配者層の文化に関心をよせる傾向があったそれまでの東洋学者とちがい、宮廷の影響力から自律していると彼が考えた村落社会にもっぱら焦点をあてようとした。もっともそれは、植民地体制下において王の地位がいったん括弧に括られたことによって、バリ社会をイメージする際の具体的な対象として村落地域社会が見出されたということでもある。リーフリンクは、バリ北部においてバリ社会の原型を発見したと論じた。つまり自律的で平等主義的な村落自治がおこなわれている地域があり、これこそバリの本来的な姿だというのである。彼はこれを「村落共和体」と呼んだ［Liefrinck 1927］。シュルテ＝ノルドホルトによれば、リーフリンクの議論のポイントは、①デサ（村）は共和自治体である、②村内は民主的である、③村落社会は宗教的共同体である、といった点にある。リーフリンクの議論は、既存の西欧側のバリ表象を更新するものではなく、むしろその枠組の内部にとどまるものであったが、その一方で彼の議論は二つの点で重要な意義をもつものであった。ひとつは、彼の議論が、村落や民衆のレベルに焦点をあててバリの社会文化を理解する視点の確立を決定づけたという点である。もうひとつは、彼の議論が、村落がうまくいっていればバリの統治はうまくいっているのだということを意味するものとして、行政官吏たちに好意的に受けとめられたという点である。こうして、村落レベルにおける民衆の生活を基点にバリを捉える学術的＝政治的表象が、二十世紀前半に確立したのである［Schulte Nordholt 1996:232, 240; Picard 1999:19］。

リーフリンクの議論は、北部バリの特定地域のデータにもとづくものであって、南部バリにはむしろ当てはまらないものである。ヒンドゥー王権が十分浸透している南部の地域では、村の中は平等主義的とはいいがたい。また貴族層と平民層、そしてステイタスの高い平民と、ステイタスが低く平民とあまりかわらない貴族層とが混在するし、村レベルの慣習法と王国レベルのルールとはかならずしも厳密に区別しえない。ところが植民地政府は、行政高官でもあるリーフリンクの学術的表象を、いわば真正のバリ理解であるとみなし、南部バリにおいて村落やカストのあり方が複雑かつ錯綜しているのは、バリ本来のあり方から逸脱しているということなのだ、と理解した。それゆえ現状の村落体制をそのオリジナルな状態に戻すこと、つまりはシンプルな村落組織に再編成することが必要となる。こうして、バンジャールと慣習村とが複雑にからむ南部バリの村落は、およそ二百家族（屋敷集団）をひとつの単位としてつくられた、成員権や境界に曖昧なところのない村（行政村）に分割・再統合された。またバンジャールや慣習村には地域によってさまざまな名称をもった役職者（ex. kelian banjar, bensesa, mekel）がいたが、あらたな村にはプルブクル（perbekel）という名称の村長がおかれる体制に統一された。このプルブクルの上に、プンガワォという先に触れた役職がいることになる。このあらたな村落行政体系は機械的な区画化によるものだったため、一部の地域では、積年の敵対関係にある慣習村同士がひとつの村にまとめられるなどの問題も生んだ。こうして、カスト体制の確立とおなじく、オランダ側が確立するにいたったバリ表象（この場合は「村落共和体」モデル）を青写真として、バリ村落の再構築がおこなわれたのである［Schulte Nordholt 1996:233-234, 240-241］。

しかし、オランダ側にはあらたな体制を構築しているという自覚はなかったようである。そしてシュルテ＝ノルドホルトによれば、オランダ人官吏がこうした村落体制の改編を「改編」と自己理解していなかったもうひとつの理由がある。それは、彼らがリーフリンクの主張の中の、バリの村落共和体は一義的に宗教的共同体であるという点を、いわば改釈していたことである。リーフリンクは、「宗教共同体」としての「村落」をかならずしも特定の実体に即して論じたわけではない。むしろバリ地域社会（デソ）の一般的特質を、宗教が社会生活・村落生活の中にいわば埋めこまれているという点にみただけである。ところが彼のあとのオランダ人官吏は、この「村落」をきわめて実体論的に捉え、既存の慣習村やバンジャールなどを村落共和体とみなし、これらの村落組織において営まれている地域社会レベルでの宗教活動にたいしてオランダ政府が干渉せず、こうした宗教活動が基本的に変わらないかたちで営まれていれば、バリの伝統的な社会・文化・宗教は植民地体制下において変わっていない、という理解をしていたのである。シュルテ＝ノルドホルトは、このようなオランダ人官吏の側の認識に触れつつ、こうしてバリの「宗教」が、政治や行政といった「世俗的」領域から分離されたのだと論じる［ibid:241-242］。

このシュルテ＝ノルドホルトや、本節のはじめに触れたハウ［Howe 2001］がいうように、「バリ宗教」という表象枠組は、もともとバリ人側にあったものではなく、オランダ側にあったものだと考えられる。すくなくとも私が知るかぎり、この当時バリ人側に「宗教」をひとつの独自の意味領域として切りとって表象する機序があったことを示す資料はない。そしてオランダ植民地政府は、こうした自らのもつ「バリ宗教」表象に準拠して、バリの統治を進めていく。つまり、自分たちは政治や行政の改編をおこなっているのであって、「村落」や「宗教」の改編にはタッチしていないしすべきではない、という彼らの認識は、次には、むしろそうした「村」レベルの「宗教」文化を尊重し復興していくことこそ重要なのだ、というバリ統治の基本的方針を用意するのである。そしてこのように方針が確定していくと、当初はあつかいを決めあぐねていた貴族・王族にたいする対応も決まってくる。彼らがバリの伝統文化や宗教の保持にとって欠かせない存在であることが認識された以上、当然植民地支配、とくに文化の統治のメカニズムに、彼らを組みこんでいくことが必要になるのである。
それでは次に、永渕［永渕 1994a, 1998］の議論を参照し、植民地時代におけるバリ宗教文化の復興を、一九一七年の大地震後の状況に注目しつつ、記述していくことにしよう。

地震とバリ文化の復興

一九一七年一月二十一日午前七時前に、バリ島南部を大地震が襲った。植民地政府の統計によれば、北部では死者・負傷者とも十数人ずつであったが、南部では死者・負傷者ともそれぞれ千人を上回った。道路や水路施設が寸断・破壊され、後日米価が四倍に跳ね上がるほど、稲も深刻な打撃を受けた。家屋や米倉そして寺院などの倒壊も激しいものだった。南部バリの人々は、この地震を王国の崩壊を決定づける事件として位置づけたようである。また翌一九一八年には世界的なインフルエンザ（スペイン風邪）の流行がバリにも波及し、おおくの死者が出た。さらにその翌年には南部バリでネズミが大発生し、地震の年とおなじく収穫の激減をもたらした。南部バリの人々は、こうした災難を神の怒りと考えたようである。当時のある司祭は、十九世紀末以来の政治的・社会的な混乱の中で、神々にたいする儀礼の義務をなおざりにしていたことが、南部バリを不浄の状態にし、このために神によって罰せられたのだと書いているが、このような認識はおおくのバリ人の共有する感覚だったと考えてよいだろう［永渕 1994a:262; Schulte Nordholt 1996:258-259; Stuart-Fox 2002:300-303］。

こうした降りつづく災難の中、たとえばムングウィにおける村々のように、あたらしくつくったバロンに村を歩いてもらい、見えざる悪を追いはらおうとする地域もあった。またおなじ意図から、サンヤン＝ドゥダリ（Sanghyang Dedari）という流行病や凶作をはらうための儀礼舞踊を頻繁に催行するようになった地域もあった。さらに後述するように、ブサキ寺院の儀礼体系が旧王族を中心に再構築され、バリ人ヒンドゥー教徒にとっての総本山的存在となっていくのもこの時期からである。このように一九一〇年代後半のバリ社会は、すくなくともバリ人にとっては、混乱と貧困そして恐怖——神はバリを見放したのではないかという——が支配した時代だったと考えられる。それゆえこうした村レベルでのはらいのための儀礼活動が活性化したのであろう。それ以前の状況についてはあまり明確ではないものの、バリ宗教は十九世紀末から二十世紀初頭の混乱の時代を決定づける地震をきっかけとして、バリ人によっていわば再興されたといえる面をもっていると考えられる。ところがその後しばらくして、一九二〇年代以降にバリにやってきた人類学者や外国人観光客は、こうして活性化したバリ人の宗教活動を、バリの「伝統文化」として、つまりは以前からずっとつづいているものであるとして、理解し表象したのである［Vickers 1989:140-141; Schulte Nordholt 1996:258-259］。

ブサキ寺院本殿 (Pura Penataran Agung)

さて、植民地官吏となっているバリ人エリートたちは、植民地政府にたいして、バリ人自らによる秩序回復は不可能であり、政府の主導によってこの地震によって倒壊した建築物を再建してほしいと訴えた。彼らが助成を願ったのは、具体的にはブサキ寺院をはじめとする主要な寺院と、彼らが居住する王宮の再建だった。ブサキ寺院では、地震直後にひとまず神の許しを請う儀礼がおこなわれた。そしてカランガッサムの領事（旧王族）を中心に、ギャニヤールやバンリなど一部の旧王族が集まって話しあいの機会をもち、理事官にブサキ寺院の復興を願いでる文書を、全バリ人の名において提出することにした。理事官側は、旧王族にかぎらず司祭などもふくむ各界のバリ人代表を招集した会議を開き、この問題をバリ人の宗教信仰問題であるからバリ人側の主体的な関わりあいにおいて進めるということにした。こうした措置の背景には、すでに指摘した「宗教」と「政治」の分化があったと考えてよい。そして一九一八年の東インド総督のバリ来訪をきっかけにして、バリの伝統文化保存政策や旧王朝の復活策が検討されはじめる。理事官やバタヴィア学術協会が、文化保護という点でとくにブサキ寺院の復興を重視したこともあり、政府は文化的価値を有する建築物の復興を決めるにいたった［永渕 1994a:277-278; Schulte Nordholt 1996:263; Stuart-Fox 2002:300-304］。

王宮についてはまた別の問題があった。というのも、王宮は王族たちの屋敷であるという点では私的なものであったが、それが官庁をかねている場合には公的な存在でもあったからである。ギャニヤールの領事（旧王族）は、具体的な数字を示して王宮の再建のための費用を政府に負担するようもとめた。政府側はこれについて協議し、結局助成することを決めた。理事官は一部を援助し、一部は王族側が旧来の王国の制度をもちいて人々から物資や労働力を募ることを認めることで、財政拠出を減らす方法を考案したが、バタヴィア政庁はこれが王制の部分的復帰につながること、またそうした労働徴集が民衆の一層の負担を招くことを懸念し、政府の援助のみにすることを決定した。この判断には、ギャニヤールの王宮が募った労働奉仕にたいしてスカワティの住民が反対し暴動をおこした事件——この事件は、集団戦闘としてのププタンの特徴を示す出来事でもあった［Wiener 1999］——も影響したと考えられる。政府はどの王宮にどの程度の援助を与えるかを決める作業に入った［永渕 1994a:285-287］。

こうして政府が地震後のバリ文化の復興に関わることとなるのだが、実際は一九二〇年代に入って、理事官の交替とともに援助は予算打ち切りになってしまい、その後はもっぱらバリ人の手で再建が進められることになる［ibid:276, 287］。しかし、王宮とブサキ寺院の再建をめぐるオランダ側とバリ人側（かつての王族や司祭たち）との折衝においては、バリ宗教文化の構築をめぐっていくつもの興味深い問題が指摘できる。永渕［ibid］はそれを詳細に論じているが、ここでは次の五点を指摘するにとどめたい。

第一は、この地震後の復興をめぐる議論の中に、バリ文化にたいする認識の差異を垣間見ることができるという点である。まず王宮復興をめぐる政府内の議論を簡単に整理しよう。復興計画の中心人物であったモーエン（Moojen）——民間の建築家で、バリ文化復興の責任者になりたい旨を申し入れ、一九一八年五月に政府と契約を結んだ——は、バリのバリらしさを復興させるという観点から王宮復興を考え、予算の見積もり作業をおこなおうとした。しかしバタヴィア政庁

陶器を塗りこんだ寺院の壁

の内務部は、こうした文化財的性質を王宮がもつことも考慮に入れてはいたが、基本的には官庁機能を担うがゆえに王宮の再建が必要だと捉えていたのであり、むしろ王宮の王宮らしさが復活することには危惧を表明した。それがバリ人にとって、かつての王の権威の復活と印象づけられることをおそれたのである。さらにほかにもさまざまな見解があった。たとえば、一般の民衆にたいして援助しないのに旧王族・領主の住居だけを特別にあつかうのは、その特権性を認めることになるから、王宮の損壊を政府が財政援助する必要はないとするものである。これはオランダ統治の理念を一貫させようとする立場といえる。しかし一方では、オランダ政府はバリの既存の国家をひき継いでいるがゆえにバリ統治の正統性をもつのであり、この点で再建には責任をもたなくてはいけないという考え方もあった。モーエンもそうした観点に立っていた。また王宮だけでなく寺院再建もふくめて、モーエンの立場に否定的な見解もあった。つまり、モーエンはオランダ人が考える真正なバリ文化という、いままでバリには存在しなかった文化の怪物をつくりあげようとしているのであって、それは不要であるばかりか危険でさえある、そもそもバリにおいてヒンドゥー文化が残存しているのは本来バリ人が保守主義だからであって、放っておいてもバリ人はバリ文化の特徴をもった寺院や王宮を復興しようとするし、またそうするだけの組織力もある、というものである。またバリ文化はバリ人にとって自由な変容を遂げていくものであって、外部のオランダ人が文化保護を訴えて政策を実施すべきではない、最低限の保護策は必要かもしれないが、原則として非介入放任主義でいくべきだとする見解もあった。しかしこれには理事官が強く反論した。バタヴィア政府は結局、モーエンや理事官の見解を基本的に採用することになった［永渕 1994a:274-275, 287-296; Stuart-Fox 2002:302-304］。

このように、ここには「バリ文化」をめぐってたがいに拮抗しあういくつかの解釈＝言説の立場が表出している。そしてそうした諸見解がぶつかる中から、バリの宗教伝統文化をバリ人主導によってではなく、むしろ植民地政府が率先して保護していくという方針が明確になってくるのである。これが第二点である。実際のところ旧王族・領主の中には、自身の王宮の壁にヨーロッパ製陶器を塗りこんだり、王宮内の建物にパリ、アムステルダム、ベルリンといった名前をつけて呼ぶなど、西欧的装飾をとりこんだり模倣したりする風潮はかなりあったようである。すくなくともバリの旧王族・領主たちは西欧にある種の憧れを感じていたと考えてよい。しかし政府は、王宮はともかく寺院つまり宗教的建築物に関しては、バリの伝統文化に沿ったものをつくるべきだとする方向づけをおこなった〔永渕 1994a:295-298; Schulte Nordholt 1996:256〕。モーエンの主張に反対して、当時の教育宗教省考古学担当局長が論じた「文化の怪物」が、まさに現出することとなったのである。

しかし文化保護政策の実現にあたっては、こうした「怪物」生産にたいする危惧は表面化しなかったようである。すくなくともモーエンは、バリの真正なる伝統文化の存在を信じていたし、地震前のバリが中国文化やヨーロッパ文化を移入していたことを指摘して、こうした「あやまち」が地震後の復興においておこらないようにすべきだとも考えていた。彼は自身の現地調査などから、真正のバリ伝統文化を再興することがバリ人自身の希望であるということを確信していたので、自分の仕事はオランダ人の意志を排除しつつ、もとのままのバリ文化を再興することだと述べてもいた。しかしながら、モーエンがどの程度バリ人の認識（エリートだけではなく、さまざまなバリ人の多声的な見解）を自身の意見に反映させていたかは疑問である。上記の論争の中で、それぞれの当事者はある程度バリ人の地震にたいする認識や世界観について言及しながら自らの主張を展開しており、彼らがまったくバリ人の理解を無視したところで議論を戦わせていたというわけではない。しかし、やはり彼らは自らの手持ちのバリ宗教文化にたいする理解枠組をよりどころとして、バリ文化をいかにとりあつかうべきかを勘案していたということはいえるだろう〔永渕 1994a:291, 296-297〕。つまり、この地震をめぐる論争においては、バリに一定期間滞在する官吏や研究者が増え、バリ宗教・文化・社会に関する知識が相当の蓄積をもちながらも、結局はオリエンタリスティックな理解枠組にそれが回収されてしまったのである。これが第三点である。もっとも、逆のいい方をすれば、この文化復興においては西欧側の表象の中に立ち上げられた「バリの伝統文化」というイメージが実体化され現実化されていくのだが、そうした政策の進行のいわば背後では、バリについての多様な解釈＝表象が生産されてきているということになる。

第四は、ブサキ寺院をめぐる認識についてである。バリ人エリートとオランダ政府側とは、たがいの折衝の過程において、ブサキ寺院をバリ宗教文化の象徴的存在とする認識を、いわば共同で確立させていった。バリ人側は、諸勢力間の敵対によってブサキ寺院がなおざりにされたことが地震の原因だという点を、理事官に出した文書の最初に述べており、オランダ側の協力をあおぎながらブサキの再建と儀礼執行をおこなっていきたい旨を述べている。知られているかぎり、諸王がブサキ寺院を共同管理していたことはなかったし、十九世紀末の時点では、バリの王たちは自身の王国に関連する部分をそれぞれが管理するにすぎなかった。またその管理も、戦国時代の様相を示す中では不十分なものであった。しかしバリ人側は、全バリ人がこのブサキの管理に参加していくことをうたったのである。また植民地政府としても、バリ文化社会の保護者としての立場を内外に示す意味から、文化復興の中心的存在を設定することは好都合であった〔永渕1994a:274-276, 278-281; Stuart-Fox 2002:297-309〕。こうして、ブサキ寺院をバリ宗教文化のシンボル的存在として位置づけ、これを最重要の復興対象としていくことの合意ができていく。その折衝過程では、双方から戦略的な発言や文言が発せられているように感じられる。つまりこうしたやりとりの中で、バリ人側とオランダ人側は自らの要望や主張を提起しあいながら、たがいにたがいの意図や思惑のずれを多少なりとも了解しあっていったようなのである。バリ人側とオランダ側が、意図や中身のずれはありながらも、バリ宗教文化にたいする認識の枠組を共有しあうということは、これまでのなりゆきを考えると画期的である。

第五点は、この中途半端におわる地震後の文化復興事業を受けた、もっぱら教育面で試みられたバリ文化保存政策についてである。オランダは、当初は現地人にたいして高等教育をおこなう姿勢をみせたが、一九二〇年代になると、なお未開的特徴をもつこの社会においては、むしろ初等教育（三年間）を拡充する方がよいという考え方に転換する。ここには、東インドで広まりつつあったナショナリズムや独立運動の影響からバリを遮断するという意図もからんでいた。また、ジャワでのカルティニ学校設立の動きを反映して、一部のオランダ人が、とくに高カストの女性の就学を念頭におき、バリ＝ヒンドゥー学校を設立しようとする運動もおこす。結局のところこれは実現しなかったが、こうした政府および民間の原住民教育には、ひとつの共通した方針があった。それは、オランダ式の近代教育をそのまま実践するのではなく、バリ文化の保存あるいは発展に寄与するようなかたちの教育こそ、バリでは必要だという認識である。忘れ去られつつあるバリの伝統文化を支えるために、建築物にバリ様式を採用する、初等教育においてバリの伝統絵画・伝統的舞踊・伝統的歌謡・伝統的文学を積極的にとり入れる、あるいはその他教育以外の領域においても、バリの伝統や文化、慣習などを保存・強化していくことが、試行されたのである。このバリ的なものの保存や育成の志向は、バリの「バリ化」（Baliseering）と呼ばれた［中村潔 1990:183-188; Gouda 1995:89-94; Schulte Nordholt 1996:278-279］。

このバリの「バリ化」をめぐっては、さしあたり次の点を確認しておけば十分であろう。①この現地人教育におけるバリ文化保存政策は、バリ人の民族性やバリ伝統文化を本質化し審美化するオリエンタリスティックなまなざしに支えられたものだった。②ここでバリの伝統文化として措定されているものは、植民地体制下においてオランダが（一部のバリ人エリートの知識と権威に依拠して）価値づけ見出したものであり、バリの「バリ化」は、初等教育を受ける側のバリ人にたいして、オランダ側がバリの伝統文化とみなしたものを押しつけるという、倒錯の過程にほかならない。③一部のバリの知識人層、とくにジャボ階層出身の官吏や教員たちは、こうした蒙昧主義的な教育政策がバリ社会の行く末や自分たち新興エリートの地位を脅かすものと理解し、オランダ政府や高カストへの反感を強め団結していく。この③については、第3節であらためて触れることにしよう。

オランダ政府は一九二九年に旧王家を復活させ、旧王の地位にある八名を行政担当官に任命した。この間接統治体制に向けての準備に平行して、ブサキ寺院の祭祀運営をはじめとする公的問題については、この八名とウブド領主そしてオランダ人高官らによって構成されるインフォーマルな組織であるパルマン＝クルト＝ヌガロ（Paruman Kerta Negara: 国家繁栄連合）が協議し管理する体制にした。こうした一連の措置は、宗教活動にたいする関与という次元で、旧王族・領主層が自らの威信を人々にアピールする恰好の機会を提供するものとなった。オランダ側にとって、旧王族・領主層は官吏として若干の裁量の余地をもってはいても、政治権力を失った操り人形にすぎなかったが、彼らの一部は、ブサキ寺院や自身の統治する地域に存在する大寺院の祭祀を大々的に復活させ、舞踊や音楽を中心にした宮廷文化を活性化させることによって、文化保持者としての自らの地位や権威を再確立するのである［永渕 1996b:56-57, 1998:77; Schulte Nordholt 1996:265-266, 281-282; Stuart-Fox 2002:305-307］。つまり、実質的な政治力をもぎとられた彼らにとって、「宗教」あるいは伝統文化の領域こそ、「政治」をおこなう舞台であり道具になったのである。ロンボック島のバリ人の中には、財力を寺院祭祀や王家の儀礼とくに葬式に注ぎこみ、そのために没落した王族がでたほどだった［Gerdin 1975］。彼らは単に人々にアピールしただけではなく、たがいにその儀礼主催者としての地位を競いあい、過度に豪奢な儀礼祭礼を催行したあげく、破滅してしまったのである。第I章第2節の議論にしたがっていえば、儀礼はオランダ側にとっては「宗教文化」の様相をもつ象徴だったのにたいし、旧王族たちにとっては、それは「政治」の様相をももつものだったのである。

オランダ政府は一九三八年に植民地支配体制を再編し、バリを大東部（De Groote Oost）に編入するとともに、バリの八人の旧王位者を自治官（zelfbestuurder）に任命し、彼らの自治権と「王」としての地位を正式に認めた。王家の地位を認めたことは、当初の武力行使をともなったバリ支配の理由づけの根幹に関わる問題であり、そこには異論もあったが、「東洋的制度」にたいする楽観的な期待もあって、バリ人支配者を立て、バリ式に統治をおこなうことで、最終的に合意がなされたのであった〔Schulte Nordholt 1996:307-309〕。

この自治権承認の儀式は、この年の六月のガルンガンの日に、ブサキ寺院で——身内の死にともなう不浄状態にあった支配者が複数いたため、正確には寺院本殿（Pura Penataran Agung）内ではなくその正面の一画で〔Stuart-Fox 2002:305-308〕——催行された。供物が用意され、ブラフマノ司祭がマントロを読み、参加者はオランダ式の制服を着、写真を撮り、スピーチをし、シャンパンを飲んだ。このバリ式とオランダ式の交叉した儀式は、オランダ側にとって、政治力を無化した上でバリの宗教文化を復興させ、バリ人のオリジナルな生活文化を支えるよき支配者として自己を、そして自己とバリ王族との友好関係を、内外にアピールするためのショーであった。一方バリ人支配者にとっても、そうした植民地支配者としてのオランダ人と肩をならべ、文化の復興と保存という次元で自らの威信と権威を行使しうることをオランダが保証したという点で、やはり晴れやかなガルンガンにふさわしい祝い事であった〔Schulte Nordholt 1996:309-310〕。

そしてこの年の九月には、理事官の同意を得て、八自治官が最高評議会（Paruman Agung）を立ち上げた。この組織が機能するようになるにつれ、類似の機能をもった非公式の会議体であるパルマン＝クルト＝ヌガロはその使命を終えることになる〔Stuart-Fox 2002:308-309〕。この最高評議会の成立は、バリの間接統治体制の最終的な仕上げだった。

第2節　観光化と伝統文化

前節で触れたようなバリ文化復興は、当時のバリ研究の進展とバリの観光化とに密接に連関しているところがある。ここでは、この二つの相互作用的な進行に留意しながら、学術的なバリ宗教表象の確立について記述する。なお本節の議論は、拙稿〔吉田竹 1997〕を加筆・修正したものである。

コルンの慣習法研究

オランダでは、東インド諸島の植民地化と平行して、諸地域の慣習法（adatrecht）についての研究が進展した。「文化」や「伝統」ではなく、現地のアダットという語を採用して、土着の宗教文化や社会体制の総体を表象した点は、注目されてよいだろう。それは、一方ではそれぞれの地域の慣習を多少なりとも尊重しようとするオランダ当局の配慮と相互連関するが、しかし他方では、「バリ化」にみられたように、近代化よりも保守主義的な政策に向かう傾向にもつながった。

バリの慣習法の調査研究は、十九世紀半ばの北部支配とともにはじまった。リーフリンクの研究が、それまでのヒンドゥー王権に注目する視点から、民衆レベルの宗教儀礼や社会生活に注目する視点への転換を決定づけるものであったことは、すでに触れた。ここでもう一人の慣習法研究者に触れておく必要がある。それは植民地官吏でもあったコルンである。コルンは『バリ慣習法』［Korn 1932(1924)］において、バリの諸地域の慣習法の複雑なあり方と地域的な多様性を詳述した。この研究は高い評価を受け、その後のバリ研究におおきな影響力をもった。たとえば、儀礼中心主義とならんで、戦前戦後のバリ研究に一貫して見出されるもうひとつ重要なバリ宗教表象として、バリ文化の多様性という点がある［吉田竹 1988］。バリ文化が地域ごとにきわめて多様であり、隣接する地域や組織においても異なっていて、容易に一般化できない、という表象のパタンは、コルンを起源としている。またコルンの研究は、植民地統治にもおおきな影響力をもった。一九三〇年代のオランダ人官吏にとって、この『バリ慣習法』は必携の参考書だったといえるほど、記述内容に信頼感があったのである［Schulte Nordholt 1996:235; 永渕 1998:40］。

もっとも、ここには皮肉な一面がある。コルン自身は、何らかの一般論化をおこなうことなく、バリの多様な現実をただ克明に、厚く記述することを主題としていた［Boon 1977:53］。しかし彼のあとの植民地官吏は、その記述内容をバリの複雑な事象を一望監視するための手ごろなマニュアルとして捉えかえし、そこに書かれた事実に「そうあるべき事実」

としての権威性をもたせてしまったからである［cf. Picard 2004:69］。また、コルンは進化論的発想をもってはいたが、バリの伝統的なあるいはアルカイックな文化や社会のあり方のみを記述したわけではなく、ヒンドゥー王権にからむ労働奉仕や土地体制から、植民地時代にあらたに発足した近代的な諸団体までをも言及の対象にしている。にもかかわらず、おそらくは慣習法研究がひとつの学派として発展していく中で結果的に、彼の議論の中の村落や民衆レベルの現象をとりあげた部分がクローズアップされていくのである。これには『バリ慣習法』という書名の影響もあるだろう。こうして彼の議論は、それぞれの地域社会の（民衆レベルに根ざした）自律的な法秩序をもっぱら論じたものとして、すでに確立された慣習法研究の議論枠組［cf. 馬渕 1974; 倉田 1987］の中へと回収されていくのである。

「村落」の「一般民衆」に注目するまなざしは、ひとつの恣意的な表象形式であるにもかかわらず、二十世紀のバリ研究を規定する枠組でありつづけた。むろんここには、第I章において二十世紀人類学のパラダイムと呼んだものの影響もある。ただ、そうした人類学一般の認識論の問題だけでなく、バリ研究自体の中に支配者と民衆とを分化し前者を括弧に括ってしまう表象枠組が醸成されていたことがおおきく影響したであろうという点は、あらためて確認しておきたい。そしてそうした表象枠組がいわば自明視されるようになった時点から、ボアズ学派のアメリカ人人類学者によるバリ研究と、そしてバリの観光化とが、はじまるのである。

観光化のはじまり

第一次世界大戦後、荒廃したヨーロッパの外に慰安を見出す観光が、西欧の上流階級に広まった。植民地政府は、当初はバリの観光化にたいして両義的な立場をとったが、不名誉なププタン事件の後にバリの文化保護と社会体制の回復に成功したことを内外に示すことになるという意味もあって、やがてバリを観光地として売りだすようになる。その背景には、十九世紀以来のバリのイメージ、つまりエキゾチックなヒンドゥー＝ジャワ文化の支配する南海の島という表象が、植民地体制下の文化の保護と再生産に支えられて、あらためて強調されるようになったという経緯がある。バリはアジア（ヒンドゥー文化）と太平洋（南海の楽園タヒチのイメージ）の交わる場として、その観光上の位置を獲得するのである［Vickers 1989:1］。

バリが欧米において注目されるきっかけをつくったのは、バンリに政府の嘱託医として滞在していたドイツ人クラウゼが本国で出版した写真集であった。その写真集は一九二〇年に初版が出たのちに、一九二二年にいわゆる縮約版が出版され、世界にバリの魅力を伝えるものとなった［Krause 1922］。また、アメリカの映画人アンドレ＝ルーズベルトがバリで撮った映画『グナ・グナ』がヒットしたことは、アメリカでバリが注目されるきっかけをなした。さらに一九三一年には、パリ植民地博覧会においてオランダがバリを中心にした展示をおこない、バリ人のガムラン奏者と踊り手がショーを披露した。欧米人は、こうして写真や映像、そして博覧会で現物を観ることをとおして、バリ人とその文化の生き生きとした姿に魅了された。椰子と田園の風景、腰布だけをまとい胸をさらした女性——これがおおくのヨーロッパ人をバリにいざなったという——、あふれる供物と神々の彫刻でうめつくされた寺院、膨大な物資を一瞬にして蕩尽する火葬、狂ったようにクリスを胸に突きたてる男たちのトランス、めくるめくシンコペーションのガムラン音楽、少女のかれんな踊り。こうしたものをもとめて、バリに足を運ぶ者たちが増えてくるのである［Picard 1990; 山下 1992, 1999:39-43; 永渕 1994, 1998:80］。

ここでパリ植民地博覧会について触れておく。この博覧会のオランダ館の展示は、当初からバリ中心と決まっていたのではない。作業を進めた中心人物に、ブサキ寺院などの復興作業を終えてオランダに帰っていたモーエンがいたが、彼をふくめて、当初はジャワをメインに据えることを考えていたようである。しかし計画を進める過程で展示案を公募したところ、採用されたのがジャワ在住の建築家の出したバリをテーマにしたプランだったこと、そして目玉となるはずの舞踊団も、ジャワとバリの混成チームの計画がジャワ側の突然のキャンセルによってバリ人のみの派遣となったことから、結果的に文化面でバリがメインとなったのである。また、舞踊団はウブド隣村のプリアタンのスカハ＝ゴンであったが、これはこの博覧会の東インド側の作業部会のメンバーに当時のウブド領主（Cokorda Gede Raka Sukawati）がいたことが影響したと考えられる。このプリアタンのスカハ＝ゴン――ゆかりの寺院の名をとってグヌン＝サリ（Gunung Sari）と名乗った――は、当時バリですでに知られた存在だったのではなく、むしろやや遅れてチームを結成し、猛特訓をしていた若いチームだった。彼らは博覧会で、レゴンとチャロナランを中心とした演目を上演した。オランダ館は、展示がはじまってから一ヶ月後に火災でおおきな打撃を受ける。そして主展示館の再建を進める中、類焼をまぬがれた会場でバリ人のパフォーマンスが上演され、これがオランダ館の面目をつなぎとめたのである。このバリの音楽と舞踊は、これを鑑賞した西欧の芸術家に多大なインスピレーションを与えた。名声を獲得したグヌン＝サリは、バリに凱旋後各地から上演依頼を受け、また観光客の泊まるホテルで演奏するなど、音楽と舞踊の流行を支えることになる［永渕 1998:86-134, 204-206］。

バリ観光を担ったのは、植民地政府と強い関連をもつオランダ王立郵船会社（Koninklijke Paketvaart Maatschappij, KPM）であった。KPMは一九二四年に観光目的の定期船を就航させた。一週間で蘭領東インドの主要な場所を周遊するこのツアーでは、金曜の午前にバリのシンガラジャ港に到着し、日曜の午後に帰りの船に乗ることになる。そしてKPMは島での観光事業も展開していく。その拠点として、一九二五年にはシンガラジャに常駐の職員もおかれた。こうして定着した三日間のバリ島ツアーの基本は、①湖での乗馬散策、バトゥール山の噴火口とカルデラ湖見学、村の光景の観賞などの景観・自然観光と、②クルンクンやデンパサールなどの旧王国の王宮や寺院の見学などの文化観光、とを組みあわせたものであった。また、③「バリ化」との関連で政府が保護し奨励した芸術工芸品（絵画、彫刻など）が、観光客の買う土産物として人気を集めた。④ガムラン音楽、バリ舞踊、バロンダンスなどの演劇的パフォーマンスショーは、一九二〇年代末には定着するようになる。付言すると、⑤現在ではマリンスポーツやビーチでのリゾート観光がもうひとつの重要な売り物になっており、それに関連してあらたな観光地も開発されている。この⑤をのぞけば、基本スタイルという点で、この時代のバリ観光と現在のバリ観光との間にあまりちがいはないといえる。なお、当時ウブドは名前は知られていたものの、観光ルートの中には組みこまれていなかったようである。ただし、ウブドの東方数キロあたりには古代バリの遺跡や古バリ文化を伝える寺院とされるものが連なって存在しており、当時すでにこの一帯は、ジャワで失われたヒンドゥー文化を知る上で重要なルートとされていた［ibid:67-77］。

一九三〇年代になると、大手旅行会社がそれぞれバリ観光ツアーを企画するようになり、不定期ツアーも増えていった。その中には火葬見学ツアーもあった。火葬ツアーは一九二七年にはすでにはじまっている。これは現在もバリ内の日帰りツアーの目玉のひとつである。当時のバリには、ホテルはデンパサールに一軒（一九二八年に開業したバリ＝ホテル）しかなかった。正面にププタンを記念する広場のあるこのホテルでは、西欧式の食事が出され、夜には周囲の村の者がガムラン音楽と踊りを披露するショーがおこなわれるようになった。一九三二年には、ププタン広場をはさんだ向こう側にバリ博物館が建設された。その設計にはモーエンが、展示には後述するヴァルター＝シュピースが協力した。植民地行政官用の簡素な宿泊施設を観光客にたいして転用することもおこなわれたが、宿泊施設は不足気味でつねに予約で埋まっていた。それゆえバリ観光は料金も高くついた。バリ観光は時間も費用もかかる金持ちのステイタス・シンボル的性格をもっていた。そうした中で「楽園バリ」というイメージは欧米に着実に浸透していった。またバリ観光が拡大するにつれて、観光の力点も南部バリにその重心が移動するようになった。つまり自然や村落の風景から、儀礼や舞踊・音楽など、バリ独特の伝統文化が強調されるようになるのである。こうして一九二〇年代後半に年間数百人程度であった観光客は、一九三〇年代後半には一説には年間数千人に、あるいはまた別の試算では年間三万人に、増加した［Hanna 1990:114; 山下 1992, 1999:44; 永渕 1998:77-82; Picard 1999:39］。

バリ＝ホテル（1989 年当時）

バリ研究者の来訪

こうしてバリ観光が本格化する中、短期の観光旅行ではなく、バリに長期間滞在する欧米人もあらわれはじめた。彼ら

バリ絵画（水浴のシーン）
プリ＝ルキサン美術館所蔵、1989年撮影。

はこの島の文化や芸術、あるいは人や自然をふくむこの島のすべてに魅了された人々であった。その中に、ドイツ人画家ヴァルター＝シュピース（Walter Spies）や、彼のもとに集まった幾人かの芸術家・文化研究者がいた。オランダ人画家ルドルフ＝ボネ（Rudolf Bonnet）、カナダ人音楽家コリン＝マクフィー（Colin Mcphee）、ドイツ人医師ヴィッキー＝バウム（Vicky Baum）、オランダ人東洋学者ホリス（R. Goris）、すでに触れたアメリカ人映画監督アンドレ＝ルーズベルト、舞踏家でハリウッドで活躍したキャサリン＝マーション（C. Mersion）、そしてフランツ＝ボアズの弟子であった人類学者のジェイン＝ベロ（Jane Belo）とマーガレット＝ミード（Margaret Mead）、人類学者というよりも学際的な研究者であったグレゴリ＝ベイトソン（Gregory Bateson）らである［Boon 1986; Gouda 1995:133-137; 山下 1999:46］。

シュピースとボネは、第1節で触れたような政府の文化保護策とはちがったところで、いわば個人的な親交関係を基盤として、一九二〇年代末から立ちがってくる芸術保護育成運動を主導した人物である。彼らはウブド周辺に長期にわたって居住し、風景や日常生活を題材とした絵を描きつつ、バリ人に西洋絵画の技法（キャンバスに描く油絵、遠近法、色づかいなど）を教えた。また毎週土曜日にウブドの王宮＝官庁前で、観光客向けの土産物としてバリ人が描く絵画の品評会を開いた。シュピースらは優秀な絵を買い上げて、一部はホテルなどに売却したり、東インド各地や欧米のギャラリーや展覧会に出したりもした。バリ人画家たちはこの品評会で、欧米人がどのようなバリ絵画を好むのか、どのような絵が売れるのかについて、学ぶことができた。欧米人がバリの伝統絵画とみなしたものは、実はこうした過程の中から生まれたものであった。永渕が指摘するように、それは西洋人が「バリの伝統」と表象するものをバリ人画家＝芸術家が受け入れ表現するという屈折を経たものなのである［永渕 1998:206-210］。ただいずれにせよ、こうした過程の中で鍛えられたバリ絵画は高い評価を得るようになった。おなじことは舞踊や音楽についてもいえる。バリの「芸術」は、西洋人によってその価値を見出されたものが、バリ人によって具体化されていったものなのである。

ところで、ウブドがそうした芸術運動のセンターとなった一因は、当時のウブド領主（Cokorda Gede Raka Sukawati）がそれを望んだことにある。ヴァルター＝シュピースをジョグジャカルタから招きよせたのは彼だった。彼は欧米人と親交をもち、シュピースらのパトロン的存在としてふるまうとともに、ガムラン音楽や舞踊を活性化させ、自身の力や威信の強化をはかった。また彼は、祖父の代からウブド王宮が影響力を行使するようになった周辺地域にたいし、儀礼や寺院祭祀の知識や方法を教示したり、寺院などの宗教施設の補修や改築などをサポートしたりし、これらの地域一帯に宗教＝政治的力を行使するような体制をつくりあげた。官吏として昇進した彼は、バタヴィアでの暮らしが長くなり、ウブド王宮は弟（Cokorda Gede Sukawati）にまかせるようになるが、この弟も兄の手法を基本的に継承した［Schulte Nordholt 1996:183, 193; 永渕 1998:8-9, 32-34; MacRae 1999:132］。

コリン＝マクフィーは、たまたま耳にしたバリのガムラン音楽におおきな衝撃を受け、順調に滑り出したキャリアを投げ出して、この音楽を実際に聞き確かめるためにバリにやってきた人物である。彼は妻である人類学者のジェイン＝ベロとともにパリの植民地博覧会でコヴァルビアスに会い、ウブドにいるシュピースへの紹介状をもらった。彼はバリにあわせて五年あまり滞在し、さまざまな村を訪れて、すたれつつあったガムラン編成やその土地のユニークな音楽などを調査し、これを採譜してまわった［McPhee 1946, 1966］。

マンハッタンでイラストレーターとして活躍していたコヴァルビアスは、その著書『バリ島』［Covarrubias 1937］において、西欧の対極にある「未開」としてのバリ島の人や文化を詳細かつ生き生きと描き、異文化としてのバリの魅力を読者に伝えることに成功した。永渕は、コヴァルビアスがそうした異国趣味にもっともかなった場所としてバリを意図的に選んだのだと論じている［永渕 1998:150-172］。彼の『バリ島』は、自身の描いたイラストを効果的に配しつつ、バリについての詳しい、しかも平易な民族誌的記述に満たされた著作として、高い評価を受けた。しかもコヴァルビアスはその記述の中で、植民地体制下の近代化（むろんそれは観光化もふくむ）によってバリの伝統文化は崩壊しかかっており、もう消えさる運命にあるのだと結論づけていた。これがさらに読者に、バリにたいする好奇心とバリへの旅立ちをあおったのである。

コヴァルビアスの著作は、バリ人の生活・文化・宗教・芸術・近代化の諸問題などを網羅的に記述したものであった。これにたいして人類学者の著書や論文は、バリ人の性格・家族関係・寺院祭礼・その他の儀礼・トランスなど、よりテーマを絞ったものだった［Bateson & Mead 1942; Belo 1949, 1953, 1960, 1970a(ed.)］。重要なのは、彼ら人類学者の研究が、シュピースのもとを訪ねてくる欧米の芸術家・文化研究者の活動と不即不離のものだったという点である。これら一九三〇年代にシュピースのもとに集まった人々は、たがいに親交を深めあうとともに、一種のサロンを形成して、バリの伝統文化・宗教・芸能芸術についての情報を交換しあい、共同でこれを研究していった。彼らは既存のオランダ慣習法研究も踏まえた上で、上に触れたようないくつもの著作を世に送りだし、これ以降のバリ研究をリードしていく。彼らの著作は、英語で書かれていたこともあって、旅行者をはじめとしてバリに興味を抱く欧米人によく読まれたようである。それはそうした旅行者が期待するバリのイメージを、彼らが描写していたからでもあるだろう。こうして彼らの言説が生み出すバリ表象は、一九三〇年代以降の欧米におけるスタンダードなバリ理解となっていくのである。

では、その著作からうかがえる彼らのバリ理解とはどのようなものだっただろうか。私は、それを次のような点に整理できると考える。①バリは西欧と異なる独自の文化・歴史をもった「異文化」である。②それはバリ人の気質にも看取される。バリ人民衆は雄々しく美しい身体をもった野生人であり、基本的に温和で好意的な人々であるが、一方では突然トランスに陥ったりする不可解な面をもっている。③しかし社会は法と秩序と調和を保っている。その基盤は宗教共和体的性格を強くもつ村落にある。④人々の社会生活は、土着の要素とインドやジャワからのヒンドゥーの要素とが混じった独自の宗教文化を中心に回転している。社会生活のあらゆるものが宗教と関わっており、宗教、とくに儀礼こそバリの根幹にあるものである。⑤まるですべてのバリ人が芸術家であるように感じられるほど、バリ人は芸能・芸術のセンスにあふれた民族である。⑥先に触れたバリ文化の多様性という点をあわせ、要するに彼らのバリ文化理解は、当時のアメリカ文化人類学の基本認識と、オランダ慣習法学派のバリ研究の成果とを、批判的な検討を抜きにして融合させ、これをオリエンタリスティックなロマンティシズムの中に溶かし込んだものにほかならない。それは、彼らがそれぞれ書いたエッセイをのちにベロが編集した、『伝統的なバリ文化』［Belo (ed.) 1970a］という論集のタイトルと内容に、如実にあらわれている。

ここで彼らが「伝統的なバリ文化」とみなしたものは、時代をずっと遡るものというよりも、植民地時代におけるその構築の過程が隠蔽されることによって見出されたものである。彼らが十九世紀末から二十世紀初頭にかけておこった宗教芸能文化の変化をまったく知らなかったわけではない。しかし結局はそれを、二十世紀人類学のパラダイムにあるようなスタティックで本質主義的なまなざしの中に回収し、ずっと以前から続いている「伝統文化」の活性化として捉えたのである。また彼らは、基本的にバリ文化の現状を肯定的に捉えてもいた。彼らにとって、バリは宗教と芸術に満ちあふれた豊かで安定した社会であり、バリ人は高貴な未開人だった。彼らの記述した同時代の宗教活動の中には、植民地時代のあらたな状況に起因するものもあったと考えられるが、彼らはそうした現象を歴史的脈絡の中に十分相対化し捉えようとはしなかったのである。

彼らが共同でつくりあげたバリ理解は、バリ研究においてだけでなく、バリ観光の脈絡においても、支配的な表象枠組となっていく。こうして「楽園バリ」「神々と芸術の島バリ」といった、今日バリ観光のパンフレットにみられるような表象が流通するようになる。増えつづける欧米からの観光客というまったくあたらしい顧客を得て、この楽園イメージを体現する象徴資本となるバリの宗教伝統芸能は、世界に流通する「商品」としての価値をまとうことになったのである。しかも、シュピースたちは、単にバリ文化を記述することでバリ文化の商品化に貢献したのではない。むしろ彼らは実体としてのあらたなバリ伝統文化を生産してもいる。次にこの点を、ピカール［Picard 1990］の議論を参照しながらみていこう。

観光と伝統文化の創出

一九二〇年代後半から一九三〇年代は、植民地支配体制の確立と増えつづける観光客との接触を背景として、バリの芸能・芸術がドラスティックな変化を迎えた時期だった。現在バリでみられる、とくに観光客向けの芸能（音楽、舞踊、劇）や美術品（絵画、彫刻）は、この時期に確立されたものだといってよい［吉田禎（編）1992:32］。さらに観光の脈絡から離れたところにある宗教儀礼の中にも、この時期やこれ以降の観光化の進展の中で形成されたり、本質的な改編を加えられたりしたものがある。

すでに触れたように、バリ観光が本格化する前から、バリの宗教文化には変化が生じていた。十九世紀末にチャロナランが成立し、一九一七年の地震後にはバロンの巡回やサンヤン＝ドゥダリがさかんになるなど、いわゆる呪術的な儀礼＝演劇活動が活性化したのである。実はこの時期に、音楽や舞踊の形態を一新する出来事もまた生じていた。それはクビャール（kebyar）と呼ばれる舞踊・音楽・ガムラン編成の形態の大流行である。クビャール音楽は、それまでのガムランの音色とは異なる、高くて軽い音をときにハイテンポで演奏するところに特色がある。先に触れたパリ植民地博覧会でプリアタン劇団がおもに演じたのも、この種の音楽とこれにともなう踊りであった。

クビャールは植民地統治の中心地であったシンガラジャで発生し、またたく間に南部にも浸透して、バリ中を席巻する一大潮流となった。永渕によれば、このクビャールの北部から南部への浸透の担い手となったのは、観光客をはこぶタクシーの運転手であった。クビャールは、一九二〇年代後半にはバリ南部の各地においてとりいれられ、マリオという名で観光客にも有名だった踊り手をはじめとして、著名な演奏者や舞踊家が幾人も登場し、あらたなクビャールの曲や舞踊を創作するようになった［永渕 1998:114-115］。付言すると、こうしたクビャールの大流行によって、古いタイプのガムラン楽器が放置されたり、あるいはこれをクビャール用の楽器に再鋳造したりする動きもみられるようになった。さらに、一

ジャウッ（Jauk）
トペンの一種で、魔の滑稽なしぐさや心情を即興で表現する。

時の熱中が冷めて演奏の練習も途切れ、せっかくあらたに結成したスカハ＝ゴンが解散するということもあった。マクフィーやシュピースらがバリの「伝統文化」の衰退を憂い、辺鄙な村々にまで出かけていってバリ音楽の多様な形態を記録にとどめようとしたのは、彼らがこうしたバリ人の行動に直面していたからである。

　クビャールが革新的だったのは、その音楽・舞踊・ガムラン編成のあり方をあらたな形態に移行させたという点だけではない。むしろ重要なのは、クビャールが当時進行しつつあったバリ観光に与えたインパクトである。それまでの舞踊は宗教儀礼劇に密接に結びついていたが、クビャールは舞踊をそうした宗教的脈絡から切り離し、ひとつの独立したエンターテイメントとして成立させる契機となるものだった。しかもクビャールの鑑賞には言葉や儀礼の習慣に関する知識を必要としない。それゆえ外国人観光客もまた、このあらたな、めくるめく音と華麗な舞踊の虜になっていったのである。彼ら観光客の人気の的となったクビャールは、やがて観光客の泊まっているホテル（バリ＝ホテル）で定期的に上演されるようになる。そしてこうした観光客からの刺激もあって、演劇や儀礼から解き放たれた、踊りだけのエンターテイメントがいくつも創作され、また改良の手を加えられていった［Picard 1990:48-50］。

　今日のバリでは、観光客向けのエンターテイメントとして、また寺院祭礼などの折りにはバリ人向けのエンターテイメントとして、さまざまな舞踊や劇が上演されている。その代表的なものとして、バリス（Baris）、種々の仮面舞踊トペン（Topeng）、レゴン（Legong）、パニャン＝ブラーモ（Panyem Brahma）、クビャール＝ドゥドゥッ（Kebyar Duduk）などを挙げることができる。[2] ピカールによれば、これらはいずれもクビャールの影響のもとにおおきく変わったか、あるいはその舞踊形態を下地にあらたに創作されたものである［ibid:50］。そしてこの舞踊や演劇の創作・転換に即して、ガムランの編成形態にもあらたなものが出現してくる［東海・大竹・泊 1990］。

バロン（Barong）とランダ（Rangda）の「決着のつかない」戦いをモティーフにした儀礼劇は、そのもっともよく知られたもののひとつであろう。宗教儀礼としてのバロン―ランダ劇あるいはチャロナラン劇は、十九世紀末にその原型が成立したと考えられるが、今日見られるような演劇性に富む儀礼劇、すなわちチャロナランのストーリーを展開軸にし、道化が登場して場面を和ませ、その中で次第に緊迫感が高まっていき、最終的な場面では男たちの激しいトランスが

レゴン＝ラッサム (Legong Lasem)

クビャール＝トロンポン (Kebyar Trompong)

クビャール＝ドゥドゥッの一種で、トロンポンというガムラン楽器を即興で演奏する。

あって、バロンとランダがまみえる、という形態は、一九三〇年前後に成立し、島内に広まったと考えられる［Zoute & Spies 1938:99; Belo 1960:96-98］。またこの演劇形態の浸透と平行するかたちで、一九三〇年代にはランダをはじめとする魔の力とそれへの恐怖が、演劇的パフォーマンスだけではなく絵画の領域においても、主要なモティーフのひとつになっていく［Vickers 1989:145-146; 永渕 1998:121-124］。

この儀礼劇としてのバロン—ランダ劇から、観光客向けのショーとしてのバロン—ランダ劇が生み出されるのも、やはりこの時期である。事の発端は、一九三〇年代半ばに、ベロ、ミード、ベイトソン、シュピースらが、学術的な調査と個人的な娯楽をかねて、チャロナラン発祥の地であるバトゥブラン一帯の村々に依頼し、この劇を催してもらったこと

チャロナラン劇（プリアタン）
（上）劇の最終段階で、ランダが登場し、男たちがクリスをもってランダに突進しようとするところ。しかしランダの魔力によって、彼らは自身の胸にクリスを突き立てることになる。
（中）そのあとでバロンが登場し、ランダと戦う場面。両者の戦いは決着がつかないままに劇が終了する。
（下）劇後の儀礼の場面。

に由来する。本来夜おこなわれるこの儀礼劇は、このとき写真と映像に収めるために昼におこなわれた。そして一九三六年にシュピースの教唆により、この村一帯のグループはその劇を商業用のパフォーマンスとして組織した。これによって利益と名声が得られるようになると、周辺の村々にこうした活動が広まり、契約したガイドを通じて外国人観光客を村に案内し、ショーを披露するという形態がうまれた。この地域の人々は、さらに観光客にわかりやすいようにと、自らのパフォーマンスを改良していった。こうしてバロンとランダが登場し、トランスに陥った男たちが青銅の短剣クリスで胸をつくシーンを見せ場とする、観光用のパフォーマンスとしてのバロン―ランダ劇が成立したのである［Picard 1990:56-58］。この演劇ショーは、一九六〇年代のバリ観光ブームの再来においてふたたび活性化し、バリの代表的な観光パフォーマンスとなった。さらに一九八〇年代になると、バトゥブランではさらに明確にヒンドゥー化して、マハーバーラタのエピソードと結びついたストーリーになった［植島 1989］。

ケチャッ（Kecak）は、今日の観光客がバリの「芸能文化」として目にするもうひとつの代表的なアトラクションである。この創作にもシュピースがふかく関わっている。

ケチャッの原型はサンヤン＝ドゥダリである。サンヤン＝ドゥダリは、女性と男性の合唱にのって、トランスに陥った少女がレゴンなどのダンスを踊るという、はらいの儀礼舞踊である。この男性合唱はジュル＝チャッ（Juru Cak）と呼ばれる。一九二〇年代末に、ある著名なバリ人舞踊家が、この男性合唱のリーダーにバリス舞踊の動きを組みこむという試みをしたところ、さらにシュピースがこの舞踊家に、ガムラン音楽のかわりにこの男性合唱チャッのみをつかって、ラーマーヤナのストーリーを組みこんだショーを考案するように提案した。こうしてあらたな舞踊劇が成立したのである。さらにシュピースは、こののちもケチャッの改良に手を貸した［Picard 1990:58-60］。

現在さまざまな観光地で踊られているケチャッは、一九六〇年代後半にラーマーヤナ＝バレエ――このラーマーヤナ＝バレエも、ジャワのジョグジャカルタで創作されたものをアレンジしたあらたな観光用のショーである――の影響を受け、さらに物語性と音楽性が付加されたものである。なおケチャッの上演のあとに、サンヤン＝ドゥダリとサンヤン＝ジャラ

ウエルカム・ダンスの一種 (Puspa Mekar)

ン（Sanghyang Jalan）——馬の格好をした男が素足で燃える椰子の実を踏み蹴散らし、あたりを動きまわる——という二つのトランス・ダンスを踊り、ひとつのショーとしてまとめるという形態が現在ポピュラーになっているが、これらを組みあわせるという形式自体、シュピースが関わった最初のケチャッ・ダンスのショー形態を模倣したもののようである［ibid:60-61; 篠田 2000］。

さらに次のようなこともある。パニャン＝ブラーモは、一九六〇年代後半に公立の芸術学校で創作されたウェルカム・ダンスである。その原型はペンドゥット（Pendet）という儀礼舞踊である。ペンドゥットは、もともと神を寺院に迎える際の踊りであった。ところが一九五〇年代にスカルノ大統領が重要な賓客をバリに迎える際に、しばしば大規模なペンドゥットを催したことから、バリのあるホテルがこれにならって、ホテル客の歓迎のためにペンドゥットを踊ったのちにレゴンを踊るというパタンをつくりあげた。しかし、これにたいしてバリの宗教的権威は遺憾の意を表明した。神とおなじ方法で観光客をとりあつかうことになるからである。こうしてパニャン＝ブラーモという、人間を歓迎するための踊りが創作されたのである。類似のウェルカム・ダンスはその後もいくつか創作され、こうした新種の世俗的舞踊はかなり定着した。ところで、ピカールは一九八〇年代後半に、寺院祭礼において、ペンドゥットの代わりにこの人間を歓迎するための踊りを、神にたいして踊るという転倒した現象を観察したという［Picard 1990:52］。私も一九九四年に、バドゥンのとある村の寺院祭礼で、やはりデンパサールの学校で創作されたあらたな世俗的舞踊が、寺院の内庭で儀礼過程のただ中に演じられるのを目撃した経験がある。私の印象では、一般のバリ人は儀礼的舞踊（神にささげられ、神が楽しむためのもの）と世俗的舞踊（人間が楽しむためのもの）とを、理念上も実践上もさほど厳密に区別しないようである。

以上のように、今日ある舞踊や劇のほとんどは、植民地時代あるいはこれ以降の歴史の産物であるといってよい。ここで注目されるのは、これら一九二〇年代末以降に成立した舞踊や劇が、これを紹介したシュピースらによっても、また戦後のインドネシア共和国政府によっても、さらにはこれらの音楽や舞踊や劇を観賞する観光客によっても、バリの「伝統文化」あるいは「伝統芸術」として表象されるという点である。たとえば先に触れたように、バリのラーマーヤナ＝バレエはジョグジャカルタのそれをバリ風にアレンジしたものだが、これが「真正なバリの伝統」として政府観光局から公的に認知されているのである［ibid:62-74］。ピカールは「ツーリスト・パフォーマンスが、いまやバリの伝統として認められている」［ibid:73］と結論づける。「伝統的なバリ文化」の中核的要素は、文化観光の産物、ピカールのいう「観光文化」なのである。

人類学者と伝統文化

以上の「観光文化」に関する議論をまとめよう。ポイントはさしあたり三つある。

舞踊や劇の創出や改編は、もっぱら観光ビジネスの脈絡において、特定の個人や村落がはじめた試みが他地域に紹介され、拡散し、また改良を加えられるという過程の蓄積によっている。さらに社会秩序やコミュニケーションの安定が、芸能や宗教文化の改編や活性化を支えたことはいうまでもない。このように、バリの伝統文化あるいは伝統芸術の成立は、植民地状況下において、外国人観光客が臨在するいわば「観光地状況」の中で生じた出来事だったといえる。これが第一点である。

第二は、こうしたバリの伝統芸術の構築が、シュピースをはじめとする欧米人とバリ人との共同作業によるものだったという点である。地震復興におけるバリ文化保存政策は、基本的にオランダ人主導のもとに進行したが、観光を基点とした芸能・芸術の構築のいくつかのケースでは、シュピースのインスピレーションをきっかけにしてはいるものの、むしろバリ人の側が積極的に文化の構築に関与したことがうかがわれる。芸術家だけではない。タクシー運転手、物売り、レストランやホテルの従業員など、さまざまな主体が関わりあう中で、こうした文化の構築と変容が進んだのである。こうしたバリ人側の主体的な関わり方の背景には、おそらく経済的動機がある。植民地体制は目に見える社会的・政治的混乱を現出させることはなかったかもしれないが、経済的にはさまざまな事情を背景として停滞した状況をもたらしたのであり、前節で触れた災禍などもあって、当時のおおくのバリ人は貧困の中にあったようである(3)。それゆえ絵画・彫刻などの芸術や、観光客に見せる舞踊・演劇は、彼らにとって魅力的なビジネスとなりえたのである。

第三は、バリ文化の創造過程の中心にいて不可欠の役割を果たしたのが、ヴァルター＝シュピースと、人類学者をふくむその友人たちだったという点である。彼らはその当時の観光ラッシュによって、近い将来バリの伝統的文化が破壊されてしまうだろうという悲観的な見方をしていた。それゆえ彼らはそれぞれの地域に独特な形態をもったバリ文化、失われつつあるバリの伝統をすくいあげ研究した。ところが、彼らは単にすでにそこにあったバリの伝統文化（と彼らが表象したもの）を観察し書きとめただけではなく、その当時起こりつつあった観光産業とバリ人とをタイ・アップさせるかたちで、バリの芸能芸術文化の成立や保存に寄与する実際的な働きかけもしたのであった。結果論かもしれないが、彼らは自身の研究対象である「伝統的なバリ文化」、彼らがもとめていた当のものを、自らがつくり出していたのである。人類学者とその友人たちは、本質主義的な視点からバリ文化を表象し研究すると同時に、バリの伝統の構築と変容の過程にふかく関わることとなった。そしてそうしたかたちで自らがつくったバリ宗教文化を記述した表象（民族誌的記述）が、戦後のバリ研究のバリ宗教表象へと、そしてまた観光産業にみられる表象へと、継承されていったのである。それについては、すでに第Ⅰ章第2節および第Ⅱ章で触れたとおりである。

ところで、こうした欧米人によるインパクトによってバリの伝統文化が再興／再創造されようとしているまさにそのときに、バリ人エリートによるバリの宗教伝統文化の見直しもまた生じてきていた。次にこうしたバリ人側の宗教文化の表象と、その理念の戦後における現実化の過程について、節をあらためて記述することにしたい。

第3節　知識人の宗教改革

第1節では、植民地支配の確立の過程において、政治や統治とはちがった「宗教」という領域が見出され、この「バリ宗教」の保存が植民地政策のひとつとなったことを論じた。第2節では、この宗教を内包するところの「伝統的なバリ文化」という表象枠組の強化と定着に、観光化やバリ研究の進展といった出来事がおおきな関わりをもったと考えられることを論じた。第3節では、こうした西欧側の表象の影響を受けつつ、植民地時代のバリ人エリートたちがどのようなバリ宗教表象を構築し、それが戦後の宗教改革にどのようにつながったのかについて検討する。もうすこし正確にいえば、植民地時代に西欧側がたてたバリ宗教表象と、これに対抗して当時のバリ人エリートがたてた表象、そして戦後の宗教改革運動で構築された表象の、これら三つの間にある、一直線というよりもむしろ不連続な連関性をあとづけ、素描することが、本節の課題である。

なお、一九七〇年代以降インドネシア語のアルファベット表記はEYDオーソグラフィと呼ばれる表記法にもとづくが、本節では、戦前から戦後まもなくまでの人名や団体名については、当時の表記にて記載することにした。

原住民知識人の出現

以下ではまず、植民地時代のバリ人エリートがおこした、宗教改革・近代化に向けた啓蒙活動について記述していく。彼らが言論活動を通じて次第に明確化していった論点は、前節までに記述した西欧的な表象枠組と、第Ⅲ章で記述した今日のバリ宗教のあり方を規定する理念とのはざまに位置するものだといえる。

植民地官吏や教員などをつとめるエリートたちは、マレー語やオランダ語が現地語とは異なるかたちで分節する概念の世界に、ある程度なじんでいた。たとえば、一九二〇年代のバリ人エリートの残した文書や記録には、「アダット」（慣習）と「アガマ」（イスラムやキリスト教などの宗教）を識別し、両者を「文化」（peradahan, kebudayaan, cultuur）という概念の中に包摂したり、バリの文化／宗教／慣習をひとつの単位として括り、ジャワやオランダの文化／宗教／慣習と対比させたりする表象枠組が見出せる。また一九二〇年代後半になると、植民地政府の文化政策や観光化の影響を受け、バリの「芸術」（kunst, kesenian）がクローズアップされるようにもなる［Picard 1999］。ピカールがいうように、こうした語彙と概念の浸透は、オランダ人の臨在とその植民地支配体制の影響によるものと考えられる。もともとバリ語には、宗教伝統文化＝慣習を包括的かつ漠然と意味する各種の地方語（ex. sima, kerta, palakerta, dresta, catur dresta, tata krama, tataloka cara）しかなく、慣習・宗教・文化・芸術が分化され認識されたり、地域の具体的な慣習をこえたレベルで（バリの）慣習一般が概念化されたりする機序はなかったといってよい［ibid:30-31］。バリのローカルな社会生活の脈絡の中で生きるかぎり、ことさらアダットとアガマを識別したり、バリ宗教をキリスト教やイスラムなどに対比したりすることもなかったし、たとえば世界のどこに行っても「イスラム」や「アッラー」という名称が通用するのに対比すれば、バリ宗教はバリ島の中においてさえ、人々に一般的に通用する名称をもっていなかったのである。しかしバリのエリートたちは、マレー語やオランダ語の概念をもちいて、そうしたローカルな生活空間をこえたところにある世界を捉え、これに言及しつつ、バリの文化・宗教・慣習・芸術のあり方について考察する視線をもつようになった。こうして、バリのアガマやアダットのあるべき姿について、またバリ宗教のあるべき名称について論じあう知識人（intellectueelen）のグループが、バリでも出現するのである。

そうした知識人の中には、高カスト（トリワンソ）だけでなく、ジャボつまり平民層出身のエリートもいた。オランダの間接統治体制は、「カスト」を創出しトリワンソを原住民支配者層として再形成したが、その一方でジャボ出身者を下級の官吏や教員として登用し、彼らに社会的上昇の機会を与えもした。植民地体制の確立は、トリワンソの権威の再強化をもたらしたが、同時に他方では、貴族層の生得的な特権の享受にたいして批判的なまなざしをもつ、ジャボ出自の新興エリート層を醸成するものでもあったのである。その場合、彼らの体制批判は、同時代のジャワ人をはじめとする蘭領東インド他地域の現地人エリートの民族主義・独立運動や、西欧に由来する近代的な思想から(4)、おおきな影響を受けていた。蘭領東インドにおいて、一九二〇年代はナショナリズムや独立運動がひとつの流れへと収斂していく過渡期である。バリ人エリートもまた、植民地支配者側の言語と教養に触れ、彼らの言説の枠組をいわば脱構築して、自分たちの文化や宗教について語るスタイルを構築したのである［cf. Anderson 1983; 土屋 1991］。

宗教改革運動の萌芽

シンガラジャでは、二十世紀はじめに、教員や原住民官吏を主たるメンバーとして、勉強会や教育活動をおこなうグループがいくつも設立された。それはエリートたちがつくったスカハ（第Ⅱ章第1節参照）の一種であった。当初は比較的短命におわるものがおおかったが、やがて成文化された規則や明確な設立趣旨をもち、パンフレット的な機関誌ないし同人誌を発行したり、学校や宗教財団の設立などの活動をおこなったりする団体が形成されるようになった。この種の団体の設立は、東インド諸島の他地域にもこの時期みられる現象である。そしてそうした他地域の団体とおなじく、バリにあった団体も、仲間のバリ人読者（せいぜい数百人程度）にたいしてバリの宗教や社会秩序に関する問題をとりあげ論じるのに、バリ語ではなくマレー語をおもにもちいた［Bakker 1993:39-40; Picard 1999, 2004］。

バリにおいてこの種の団体のさきがけといえるのが、スティティ＝バリ（Setiti Bali; バリ組合）である。この団体は、西欧的な理念に沿ってトリワンソとジャボがともにバリ宗教を支えることを目的に掲げ、スコサド（Sukasada）村の村長（penggawa）イ＝グスティ＝バグス＝チャクロ＝タナヨ（I Goesti Bagoes Tjakra Tanaja）と、小学校長クトゥット＝ナソ（Ktoet Nasa）を中心に、一九一七年に設立された。彼らは、当時ブディ＝ウトモやサレカット＝イスラムといったジャワのイスラム団体があらたにシンガラジャに支部をおき、インドネシア独立に向けてムスリムの組織化を進めようとしていたことに対抗して、バリ人ヒンドゥー教徒の結束を模索したのだった。スティティ＝バリは一九二〇年まで存続し、翌一九二一年にはクトゥット＝ナソとブレレン王家出身の原住民高官イ＝グスティ＝プトゥ＝ジランティック（I Goesti Poetoe Djlantik）が主催する別の組織（Soeita Gama Tirta）に引き継がれた。さらに彼ら三名は、一九二三年に、頼母子講的なスカハ（sekaha jongkok）を母体として、サンティ（Santi/Santy/Shanti; 平穏、なお表記はかならずしも統一されていなかった）を設立した。サンティは、女子学校の設立母体となり、ガムラン音楽の指導、古文書の読書会、その印刷普及活動などをおこなった。この古文書の勉強会によって、彼らは宗教儀礼、とりわけ火葬の本来の意義を自ら知ろうとしたのである。サンティは、ヒンドゥーというアガマとアダットを強化し、「アガマ＝ヒンドゥー＝バリ」という名称を広めることなどをモットーに掲げた。そして一九二四年一月から『サンティ＝アドニャノ』（Santi Adnjana; サンティの思索）という機関誌を発刊し、活動の成果を公開するようになった［Bakker 1993:39-40; Picard 1999:25］。

ところが、『サンティ＝アドニャノ』の第一号が出版されると、ジャボ出身のクトゥット＝ナソとトリワンソ出身のチャクロ＝タナヨとの間で、バリ宗教の名称をめぐる対立が表面化した。クトゥット＝ナソをはじめとするジャボ層のメンバーたちは、トリワンソのもつ種々の特権と、それを可能にする生得的な権利つまりカストに批判的な認識をもっていた。そして真の宗教は、そうしたしがらみから解放された次元にこそ存在すべきものだと考えた。バリの宗教の現状はさまざまな儀礼活動や信念と一体のもので、アガマの部分とアダットの部分とが区別されていない。バリ人は自分たちの宗教が何であるかを理解していない。そもそもバリ人は、自分たちの宗教をいかなる名称で呼ぶべきかについて、まったく共通の見解をもっていないのが現状である。重要なのは、適切な理解に即した適切な名称の普及である。こうして彼らは、バリという点を相対化し、ヒンドゥーという点を強調する「アガマ＝バリ＝ヒンドゥー」という名称で、バリ宗教を呼ぶことを提起したのである。この名称は、植民地時代には「アガマ＝ヒンドゥー＝バリ」よりもポピュラーなものであった。しかしながら、サンティの綱要では「アガマ＝ヒンドゥー＝バリ」という名称を普及させることになっていたし、チャクロ＝タナヨら高カストのメンバーはカストやアダットを肯定する立場にあったこともあり、「アガマ＝ヒンドゥー

＝バリ」という名称の妥当性を主張した。実際のところ、ジャボと高カストそれぞれのメンバーはたがいに相手の主張する名称をしばしばもちいていたし、バリ人がヒンドゥー教徒であることは自明の前提であったが、両者の対立は溝が埋まらず、クトゥット＝ナソはまもなく『サンティ＝アドニャノ』の編集作業から降りてしまう［Bakker 1993:40-41; Picard 2004:63-64, 70］。

一九二四年十月からは、チャクロ＝タナヨがこの機関誌の名称を『バリ＝アドニャノ』にかえて出版を再開する。しかし翌年五月のサンティの会議で、クトゥット＝ナソが高カストの特権を批判し、「バリのアガマ＝ヒンドゥーは壊れている」と発言したことから、両者の、あるいはトリワンソとジャボのメンバー間の見解の相違は決定的なものとなる。こうしてクトゥット＝ナソは十月に、『スルヨ＝カント』(Soerya Kanta）という別の機関誌を発行しはじめる。その数ヶ月のち、彼は同名の団体を、ジャボにそのメンバーをかぎって設立するにいたる［Bakker1993:41; Picard 1999:33］。

こうして『スルヨ＝カント』（一九二五年十月から一九二七年八月まで月刊）は『バリ＝アドニャノ』（一九二四年一月から二九年六月まで十日ごとに刊行、その後不規則になり一九三〇年十一月まで）から、ジャボ中心の機関誌として袂を分かつことになる。ただし、両者は明確な対立関係にあったわけではない。二つの機関誌に関わる者たちはともにサンティ設立の趣旨に賛同したメンバー同士であって、相互に一定の見解を共有しあっていた。また、この二つの機関誌の編集責任者は、一九二六年四月までおなじ人物がつとめていたのである。しかも、両誌とも執筆者は仮名やイニシャルをもちいるので、実際の執筆者をかならずしも特定できない面がある。さらに両誌の主張自体かならずしも対照的ではなかった。『スルヨ＝カント』はたしかにジャボの権利を主張する点でかなり一貫している。しかし『バリ＝アドニャノ』は、編集者のチャクロ＝タナヨが反スルヨ＝カントの立場にあったとはいえ、高カストの保守的な思想を体現したものではなく、むしろ掲載されるエッセイはいろいろな見解に拡散したものだった。というのも、一九二六年八月までは、ジャボ層のメンバーの方がむしろおおかったサンティの機関誌だったし、それゆえトリワンソとジャボとの対立にたいして中立的であろうとしたからである。チャクロ＝タナヨ自身、シンプルな火葬を奨励するプトゥ＝ジランティックの著書を出版したり（一九二四年)、トリワンソのメンバー数人がスルヨ=カントに対抗するあらたな団体を立てようとしたことに反対したり(一九二五年)している。しかし、サンティは一九二六年六月以降休眠状態になり、また『バリ=アドニャノ』は同年七月に設立された高カストよりの団体(Tjatoer Wangsa Derja Gama Hindoe Bali)——植民地政府の息のかかった団体であり、ウブド領主をふくめて何人かの王族・領主層がメンバーとなっていた——の非公式の機関誌となり、これ以降は次第に保守的な様相を強めていく。そしてその過程で『スルヨ=カント』は刊行停止となるのである[Connor 1996:183; Picard 1999:25-28, 33, 46, 2004:70]。

チャクロ=タナヨは『バリ=アドニャノ』で、西欧的な教育とバリ式の教育(古文書の学習)のバランスをとりつつ、バリの伝統的な文化を尊重し保持していくことが肝要であるという主張を展開した。しかしこうした考え方は、伝統的なものを排除し、近代的・西欧的なものを基盤におくかたちでバリ社会の発展をイメージするスルヨ=カント・グループからみれば、保守的な思想であった。逆にチャクロ=タナヨからすれば、そうしたバリの伝統を軽視する立場は許しがたいものであった。彼はしばしばスルヨ=カントを「共産主義者の巣窟」と呼んで非難もした。意見の対立点のひとつはカストの当否にあった。『スルヨ=カント』はカストを否定し、人間は出生によってではなく個人の能力によって評価されるべきであるとした。一方チャクロ=タナヨは、カストの位階秩序を否定することはバリの伝統全体を否定する暴論だとした。バリ人は祖先からそうした階層秩序を継承したのであり、それは古文書の教えにもとづいている。カストを否定する知識人はバリ人らしさ(kebalian)が何であるのかを忘却している、というのである[Picard 1999:26-29, 47]。

一方『スルヨ=カント』は、ジャボの結束を訴えるとともに、高カストの特権に疑問を投げかけた。とくにブラフマノを中心とした司祭が古文書の知識を独占し、聖水の使用を通じて公的な儀礼活動を支配している現状を批判し、宗教知識をブラフマノ階層や司祭の手から解き放って、バガヴァッド=ギータ(インドネシア語訳は一九三三年にジャワで出版される)などのインドの聖典とともに流通過程にのせ、宗教的思考を根本から見直し、伝統的なバリ社会の因習を打破して近代的な社会をつくりあげ、あらたな時代状況に対応すべきだ、と主張した[Bakker 1993:42; Picard 1999:26-29]。

火葬は『スルヨ＝カント』において再三とりあげられた問題であった。火葬はもっとも重要な儀礼であるが、それゆえカストの差異も露骨にあらわれる契機となる。シンガラジャの位置する北部バリでは、とくに火葬は盛大に催行すべきものだったため、これをなかなか実行にうつせず、おおくの遺体が埋葬のみで長らく放置されていた。『スルヨ＝カント』は、火葬の義務が人々に重い経済的負担となっていること、そうした金銭の多大な消費は、そして供物や聖水の使用、遺体の焼却なども、死者の霊をあの世に送りだすという本来の目的にとって本質的な要素ではない、と論じた。火葬を否定するのではないが、現状の火葬はあるべき状態から逸脱しているというのである。その論調において注目されるのは、火葬の規模の大小の差を貧富の差に結びつけて論じている点である。つまり『スルヨ＝カント』は、火葬の差異を生得的なカストの差異に直結させないかたちで論じたのである。そしてコナーによれば、スルヨ＝カントの影響かどうかは確定できないが、一九二〇年代になると、南部バリのある地域で、数人の遺体を一度に火葬するという方法が、改革主義的な村長やプダンドのもとに催行された。伴葬形式（貴族の大火葬とともにスドロが火葬をおこなう）ではない、こうした共同の合葬形式は、この時代にはじまったようである。なお、その後一九五〇年代末までは、世界恐慌その他の影響や、独立前後の社会混乱の中で、ごく一部の王族の盛大な火葬を例外として、火葬はほとんどおこなわれなくなる［Connor 1996:185-192］。

結局、『バリ＝アドニャノ』と『スルヨ＝カント』が対立する根本的な論点は、アダットとアガマとを不即不離のものとみるのか否かにあったといえる。前者は、バリのアダットとアガマとが切り離せない結びつきをもっている、彼らのいい方を借りるなら「われわれバリ人のアガマはアダットに根づいている」というものであり、高カストの影響力や特権的地位の否定は、バリの宗教伝統文化全体にたいする否定にほかならないとする。一方後者は、いわば因習としてのアダットからアガマを切り離すことによって、本来あるべきアガマのあり方を回復させることが必要であるとする。具体的にはそれは、ブラフマノ司祭の宗教知識の独占を打破し、広く一般の人々が宗教知識に接近可能な状況をつくりあげること、そして経済的負担だけがおおきい慣習的な宗教儀礼の中の本質的で不可欠な要素を、あらためてヒンドゥーというアガマの教義（聖典の中の記載）に即して捉えなおすこと、こうした改革の断行だとするのである［Picard 1999:29-33］。

このように、『バリ＝アドニャノ』と『スルヨ＝カント』は、いずれもバリ人の宗教が本来いかにあるべきかを論じているのであり、ただその理念の方向性が対照的だったのである。ここで注目されるのは、もともとスルヨ＝カント・グループの理解枠組は高カストのそれとの曖昧な結びつきの中にあったが、これが彼ら独自の、そして明瞭なものに変容したと考えられる点である。すでに触れた名称の問題に加えて、二点指摘できる。ひとつは、カストをアダットに結びつける論理の確立という点である。カストはインドにも存在し、その点でバリ固有のアダットとはいえない。しかし彼らは、カストをヒンドゥーというアガマの要素としてではなく、むしろバリ社会が保持する伝統のひとつとして位置づけるようになるのである。こうして、悪しきアダットの要素を駆逐して純粋なアガマを再建することが必要だという、一貫した議論を構築できたのである。もうひとつは、当初は高カストとともにジャワ的な宗教伝統に親近感を感じていたが、のちにはバリのヒンドゥーの源をジャワではなくさらにそのおおもとのインドに、とりわけ思想的よりどころをバリにはそのままのかたちで伝わらなかったインドの聖典に、もとめるようになるという点である。

たとえば、クトゥット＝ナソは、一九二五年三月のサンティの会議で既存のヒンドゥーを否定したとき、バリ人の宗教実践は無知ゆえに堕落しているものの、本当はヒンドゥー教徒なのであって、その本来のピュアなあり方に回帰すべきだ、と述べた。これにたいしてチャクロ＝タナヨは『バリ＝アドニャノ』で反論する。彼らがもとめるピュアなヒンドゥー教の形態とは、インドにおいてみられるようなものだが、古文書によればバリ人の宗教の起源はインドではなくマジャパイトなのだ、と［ibid:33, 48］。こうしてアガマとアダットの関係をめぐる対立点とともに、バリのヒンドゥーの起源をいにしえのマジャパイト＝ジャワにみるのか、あるいは（むしろ同時代の）インドにみるのかという、もうひとつの対立点がせり出されてくるのである。

さて、一九三〇年代にはまた別の機関誌に論争が継承される。ひとつはオランダが一九二八年にシンガラジャに建てた古文書図書館の機関誌『バワナガロ』（Bhawanagara）である。この月刊誌は、「バリ文化を気遣う月刊誌」をモットーとし、一九三一年六月から一九四一年八月まで発行された。その中心はオランダ人官吏兼東洋学者であったホリス（R.

Goris）だったが、ここには『バリ＝アドニャノ』や『スルヨ＝カント』の主要なメンバーも関わった。ここにおいてバリ人の言論活動は植民地政府の懐中に入ったことになる。この『バワナガロ』は、これまでの機関誌がいずれもおもにマレー語で書かれていたのにたいして、バリ語を中心とした記述にかわっている。またそれまでの機関誌のような批判的・問題提起的な性格は薄れ、オリエンタリスティックな知識を展開する場という性格が濃厚になる。ほかに、イ＝グスティ＝プトゥ＝ジランティックの息子（I Goesti Nyoman Pandji Tisna）――一九二九年にブレレンの行政担当官になった――が中心となって設立した団体（Bali Darma Laksana）が発刊した機関誌『ジャタユ』（Djatajoe）がある。『ジャタユ』は「社会文化の月刊誌」を標榜し、一九三六年八月から一九四一年八月までシンガラジャで刊行された。ここにも『バリ＝アドニャノ』『スルヨ＝カント』『バワナガロ』に関わった面々が加わり、やはりアダットとアガマの問題が、論者による主張のずれをともなったかたちで、とりあげられている［Bakker 1993:43; Picard 1999:34-36, 2004:65］。

『ジャタユ』ではとくに、ムスリムをはじめとする他のインドネシア人や、オランダ行政官ら外国人らが投げかける多神教的宗教という指摘にたいして、バリ人側がいかに妥当な返答をかえすかが焦眉の問題となっている様子がうかがわれる。たとえば一九三七年の『ジャタユ』四号には、「アガマに関するわれわれの当惑」というタイトルの論文がある。そこでは、バリ人でない部外者の目には、バリの宗教がインドに由来するヒンドゥー教と［土着の］アダットが混成したもののようにみえること、それゆえ彼らはバリ人を、アガマをもたず、神（サンヤン＝ウィディ）を信奉せず、何でもかんでも崇拝するわけのわからない人間だとみなすのだ、といった議論がなされている［Picard 1999:40］。ここで注目されるのは、その議論の論理枠組が、一九二〇年代後半のジャボ層エリートが提示した論点――バリのアガマを、アダットから切り離したところで構想する――を敷衍したものだという点である。

一九三〇年代後半の知識人エリートたちは、自分たちのアガマとは何か、自分たちの宗教やその神を何と呼ぶべきか、インドのヒンドゥー教との関係はどのようなものと考えるべきか、といった点をめぐって議論した。たとえば一九三八年に『ジャタユ』の主催団体が開催した会議では、「アガマ＝シワォ＝ブッダ」と「アガマ＝ヒンドゥー＝バリ」のいずれかが妥当ではないかという議論が、グスティ＝バグス＝スグリワォ（Goesti Bagoes Soegriwa）から提示された。彼によれば、前者はバリ宗教がシヴァ派とブッダ派（ブラフマノ司祭プダンドの二派を指す）の両方の影響下にあることを強調する名称であり、後者はバリの土着の要素と、外来とくにインドの要素とが融合したものだという点を強調する名称である。ただこれ以外にもおおくの名称がさまざまな箇所で提示されている（ex. Agama Bali, Agama Tirta, Agama Siwa, Agama Siwa Tirta, Agama Budha, Agama Siwa Budha, Agama Trimurti, Agama Hindu Bali, Agama Bali Hindu, Agama Hindu, Hindu Dharma）。神についてもさまざまな名称（ex. Bhatara Siwa, Sanghyang Tunggal, Sanghyang Suksma, Sanghyang Widi, Sanghyang Widi Wasa, Sanghyang Widi Wisena, Sanghynag Parama Wisena, Tuhan, Tuhan Esa, Allah）が提起されたが、この段階ではまだ確定していない。ただ、『バリ＝アドニャノ』と『スルヨ＝カント』所収の論文をはじめ、知識人たちはサン＝ヤン＝ウィディ／サンヤン＝ウィディという名称をよくもちいていたし、バリでキリスト教を布教しようとしたミッションも、「神」のバリ語訳にこの名称をもちいたという点は指摘できる［Bakker 1993:43; Picard 1999:41, 49, 2004:65, 71］。

『ジャタユ』は、司祭や知識人たちこそ一般のバリ人を啓蒙し、われわれがいかなる宗教を信奉すべきか、アダットのどれを取捨選択すべきなのかといった問題に、ただちに決着をつけるべき立場にいるのだ、と司祭らに奮起をうながし、プダンドの団体に聖典編纂の会議をもつように依頼もした。しかし三年後、この計画は結実せずにおわらざるをえないことが、プダンド側から報告されることになる。その理由は、バリではアガマはアダットから切り離せないが、このアダットは地域ごとにまったくさまざまであるので、バリ島全体で妥当する基準を定立できないというものであった。一九四〇年の『ジャタユ』にはこうした点が記載されている［Picard 1999:40-41］。このように、『ジャタユ』を刊行した団体は、インドのヒンドゥーを準拠枠とし、不要なアダットの要素を除去する方向でバリ宗教のあるべき姿を示すとともに、そうした方向での宗教改革実現にとって不可欠なブラフマノ司祭の協力をあおぐところまではいったのだが、結局ブラフマノ司祭側からの回答は保守的なものに落ち着き、改革の実現のために必要となる正統性や権威を、彼らの言質の中に得ることはかなわなかったのである。

なお、ここで挙げた団体以外にも、さまざまな団体が設立されている。たとえば一九三〇年には、カランガッサム王家出身の司祭が中心となり、シウォーブッダ教協会（Satiti Gama Siwa Boda）という、ブラフマノ司祭の利益や地位の確保・向上を趣旨とした団体が立ちあげられた。一九三二年には、タバナンで一人のプダンドが宗教について教授する学校（Sekolah Agama）を設立した。また、一九三九年にはクルンクンでスリ＝ルシ＝アナンダクスモ（Sri Reshi Anandakoesoema）らが、ヒンドゥーの本質を失うことなくバリのアダットと調和させることを主題に掲げる団体トリムルティ（Trimoerti）を設立した［Rudyansjah 1986:2-3; Bakker 1993:42-44］。第二次世界大戦直前の時期においても、バリのアガマの理念と改革をめぐる知識人たちの思索と行動は、なおつづいていたのである。

戦前の言論と宗教理念

以上、断片的な資料や研究をつなぎあわせ、戦前の知識人エリートたちの言論について、さしあたり整理しうる範囲での記述をこころみた。ここでこれまでのポイントをまとめておこう。

まず指摘しうるのは、バリ人エリートたちの言説や思索そして活動が、さまざまな点で植民地状況にふかく規定されていたという点である。宗教という表象枠組、それについて語るための語彙や概念（アガマ、アダット、ブダヤ）だけではない。トリワンソ対ジャボという論点自体、オランダによるカスト体制の創出ないし実体化を受けた表象だといえる。ジャボ出身エリートたちは、トリワンソを優遇するオランダの統治体制に批判的だったが、そうしたかたちでトリワンソとジャボとを明確に区分する認識自体が、当の批判の対象であるオランダの統治の産物でもあったのである。また、彼らはバリがまだ「未開」的であるがゆえに近代化が必要であると考えていたが、これも西欧側のバリ表象に由来するものといえる。組織化への志向、女子教育や宗教教育への関心、文献の翻訳・出版の重視などにも、西欧の、そしてそれを受けたジャワ（とくにイスラム団体）の影響を、看取することができる。ピカールがいうように［Picard 2004:71］、スルヨ＝カント・グループのインドへの志向性も、メッカのよりピュアなイスラムを志向する当時の改革主義的ムスリムの態度に影響を受けたものと考えてよい。

次に、彼らエリートたちがはじめからバリ宗教のあり方にたいする確固とした理念をもっていたというよりも、むしろ言論活動を中心とする実践の中で、次第に彼らの理念が明確化していったらしいという点がある。機関誌を発行し、自らの問いに自ら答え、異なる見解をもつ者との間に論争をたたかわせるという討議の過程の中で、バリ宗教のあるべきあり方と自らが考えるものが次第に輪郭をとってきたのである。とくにジャボ層エリートたちは、トリワンソとともに古文書を読む活動から出発して、次第に自分たちの立場を明確化し、バリには伝わらなかったインドの文献にヒンドゥーの基盤をもとめるにいたるのである。もっとも、彼らとトリワンソの知識人との差異を、あまり強調するべきではない。両者はともに、バリがヒンドゥーというオランダ領東インドではマイナーな宗教を保持する社会であること、このおなじ宗教にあずかるという点で、あるいはこの宗教とバリのアダットとを基盤としているという点で、バリ人が（カストの差異をこえて）ひとつであることを基本的な了解事項としていたのである［Picard 1999:30, 2004:61］。表面にあらわれる見解の差異の下部に、厚みをもって横たわる認識の共通性があったからこそ、一九三〇年代後半にバリ宗教のあり方をめぐる大枠での方向性が出てきたのだと考えられる。

また、植民地時代の知識人たちがつくった諸団体のすべてが、スルヨ＝カント・グループのように明確で一貫した主張をもっていたわけではない。これに関して示唆的なのが、ヤング＝バリ／プムダ＝バリ（Pemoeda Bali; バリ青年）という集団である。西欧式の教育を受けたインテリからなるこの集団の特徴は、異質なものを内包する点にあったと、シュルテ＝ノルドホルトはいう。つまりある者（スルヨ＝カントの中心メンバーになった）はカスト間の壁を問題とし、ある者はオランダのバリ支配を問題とし、またある者はそうしたグループに所属し名を売ることで、王族である自身の利益とその旧支配地の復活をもくろんだのである。この最後のカテゴリーに相当する人物が、ムングウィの王族だったグスティ＝グデ＝ラコ（Goesti Gede Raka）である。彼は官吏でもあり、没落した王族でもあり、また新興エリートでもあったのであり、そうした多面的な横顔をもった者として戦略的にふるまったのである［Schulte Nordholt 1996:319-320］。これが示すように、植民地時代のバリ人知識人がつくった団体は、小規模な同好会としてのスカハから、かならずしも明確な理念や綱要をもたないサロン的な集団、強い主張をもった個人に仕切られた集団、組織的に主張を展開し一定の影響力をもった近代的・合理的な団体、さらには政府の息のかかった団体までをふくむ、相当な幅の中にあったのである。そしてかなりの程度そのメンバーは重なっていた。

これら諸団体についてはまだ十分解明されていない点がおおい。焼失したものがあって、彼らが発刊した機関誌の全容を知ることすらできないのである。ただ、これらの諸団体の言論活動が総体として、バリ宗教のあるべき姿に関するゆるやかに収斂するコンセンサスを構築するものだったと考えることはできる。それは、バリ宗教を近代的なものへと改革していかなくてはいけない、そのためにはアダットの不要な要素を削除してバリのアガマを純化させることが必要であり、参照すべきはかつてのマジャパイト＝ジャワのヒンドゥーではなく、むしろ同時代のインドのヒンドゥーである、というものである。高カストのエリートにはなお異論はあったが、バリ人エリートたちはこうした、要するにジャボ層知識人が用意した論理に沿ったかたちの認識に、いちおう達したのである。彼らの努力は、改革の実践への一歩手前で挫折した。しかしその認識は戦後にあらためて現実的な意義をもつようになる。というのも、それはインドネシア共和国の国家建設の理念と整合性をもつものだったからである。

戦争と共和国の成立

日本軍による蘭印侵攻作戦は、一九四二年一月のカリマンタンのタラカン島とスラウェシのマナドへの上陸をもってはじまった。二月十八日にはバリのサヌール海岸に上陸し、三月一日にはジャワ島に上陸、九日にはオランダ軍を全面降伏させた。バリ在住の欧米人は数がすくなく、駐在するオランダ軍もなかったことから、日本軍はほとんど抵抗を受けることなくバリ島を占拠することに成功し、六月にはオランダが敷いた組織とほぼおなじ構造の間接統治体系を立ちあげるにいたった。オランダはバリで伝統文化を尊重する姿勢をみせたが、日本側はこれを反啓蒙・蒙昧政策として否定し、軍事面や人的組織の面では近代的なものを導入しようとした。しかしそれは、強圧的な支配、種々の集団の組織化、過酷な労働徴集、日本文化の強制、そしてオランダ時代以上の搾取をともなうものだった。こうして一九四四年の半ばからは、ジャワと連携した反日本軍運動もみられるようになった［Bakker 1993:45; 深見 1995:34-36; Robinson 1995:70-94］。

この日本占領期について、ひとつ注目される出来事がある。日本の敗戦が濃厚になった一九四五年四月に、クルンクンで諸王族・有力領主・司祭ら、そしてミウラという日本人が集まって会議を開き、パルマン＝パンディト＝ダルモ（Paroeman Pandita Dharma）というあらたな団体を設立した。この団体は別名「プダンダ連盟」（Pedanda Renmei）とも呼ばれた。そしてこの団体に関わった司祭たちは、われわれが毎日夜明けと日没の際に祈りをささげるべき至高神は、シワォ＝ラディティオ（Siwa Raditya）つまりはサンヤン＝スルヨ（Sanghyang Surya）であり、バリ宗教はアガマ＝シワォつまりシヴァ教と呼ぶべきである、という公式の表明をした。注目される点というのは、プダンダ連盟がバリ宗教の至高神に太陽神という性格づけをし、日の出と日の入りに拝むことを規範として掲げた点である。というのも、私が知るかぎり、バリ宗教の神の名をめぐる戦前のバリ人知識人の論争の中で、こうした太陽神（Surya）に相当する名称や表現をバリ宗教の神として提案する議論や、日の出と日の入りに太陽に向かって祈ることを奨励するような議論はなかったからである。この団体は、バリ宗教にもともとあったスルヨ信仰の側面を、日本の太陽崇拝につなげて強調するとともに、太陽に向かって拝む日本的習慣をバリ人にも強いたのだと考えられる［Bakker 1993:45］。現在のバリ人はヒンドゥーの至高神をしばしばこのスルヨという太陽神に代表させて表象するが（第Ⅲ章第2節参照）、こうした神格の強調は、第二次世界大戦中の日本のいわゆる皇民化政策をひとつの契機としていたのかもしれない。もっとも、それを裏づけるデータがないので、いまのところこれは推測にすぎない。

パルマン＝パンディト＝ダルモは、八月十五日の終戦、そしてミウラの自殺とともに、解散することとなる。そして十七日には、ジャカルタでスカルノがインドネシア共和国の独立を宣言する。スカルノら独立指導者たちは、憲法の制定、正副大統領の選出、中央と地方の行政体系の整備など、国家建設を速やかに進めようとした。バリからは、終戦直前に日本の指導の下に設立された「インドネシア独立準備委員会」のメンバーであったグスティ＝クトゥット＝プジョ（Goesti Ketoet Poedja）が、ひきつづき共和国政府の立ち上げ作業に関わっていた。彼の提言もあって、憲法やその前文のパンチャ＝シラの条文における「神」には、イスラム勢力が主張したアッラーではなく、インドネシア語のトゥハン（Tuhan）をもちいることに落ち着いた。しかしその一方で、人々が自身のアガマや信仰（kepercayaan）を守って生きていく自由を国家が保障する旨を憲法に明記しようという案は、イスラム勢力の強い反対によって修正を余儀なくされた。そして若干の曲折を経た上で、唯一至高の神の信仰という点が、パンチャ＝シラの第一条項に躍り出ることになった［Darmaputera 1988:150-155; Bakker 1993:45-46; Robinson 1995:92; Ramstedt 2004b:5］。

プジョは小スンダ州（Propinsi Soendaketjil）の知事に任命され、八月二十三日にあらたに州都とされたバリのシンガラジャに赴任した。プジョは、かつてスルヨ＝カント・グループのメンバーだった教員たちの教え子を中心に組織された親共和国派勢力を動員し、統治体制の再確立を進めようとしたが、戦前以来の自治領体制は実体としてなお残存していたし、残留日本軍との戦いにも苦しんだ。さらに、翌一九四六年三月にはふたたびオランダ軍が上陸し、ゲリラ戦を戦うことにもなった。これに先立つ二月には、八自治官がバリ王族連合（Gaboengan Kerajaan-Kerajaan Bali）を立ち上げた。こうして十二月に、バリは親オランダの東インドネシア国（Negara Indonesia Timoer）に帰属する自治地域となり、バリ王族連合が統治権を握る体制となった。その際、自治官はおおくの権力・権利を国家に委譲した。オランダはバリだけでなく、間接統治体制を敷いた他の地域でも、旧王族・領主層による傀儡国家や自治領を立ちあげ、次々とインドネシア共和国からその領土を奪っていった［永積 1980:26-28; Vickers 1989:158-159; Bakker 1993:46; 深見 1995:38-39; 鏡味 2000:69-71; Stuart-Fox 2002:309-310］。

このようにバリは、インドネシア共和国からいったん袂を分かって、オランダ側についたのである。植民地時代にオランダがバリをジャワから切り離し、カストや王家の地位を承認して間接統治体制を確立させたことは、十分な成果をあげるものだったのである。バリ人をひとつに巻き込むような強力な民族主義運動は、結局バリでは展開しなかった。ただし、バリの王族・領主層が一枚岩だったわけではなく、共和国派にたつ王族や、ある王家の中の一部が共和国派につくことはあった。たとえばウブド王家は、領主（Tjokorda Gede Raka Soekawati）をのぞいて共和国派であったという。実はこのウブド領主は、オランダの傀儡国家である東インドネシア国の元首にまつりあげられた人物だった。そしてこの国家の首相をつとめたのはギャニヤール王であった。マクレイによれば、ウブドやプリアタンは、ギャニヤール王家（およびウブド領主）を中心とした親オランダ派の王族・領主層にたいして、インドネシア共和国派のひとつの中心となり、王宮のメンバーと村人がともに積極的に独立闘争に関わったという［Vickers 1989:159-160; MacRae 1999:134］。

バリは、王族評議会（Dewan Radja-Radja）および人民議会（Majelis Rakyat）から構成される代表議会（Paroeman Agung）が統治をおこなう形態となった。もっとも、実質はオランダ人理事官、とくにブーン（M. Boon）とバリ研究者としても高名なフラーデル（C. J. Grader）の二人がバリを掌握していた。王族評議会はバリ宗教にたいする配慮も示し、その意向を受けて、一九四七年二月にシンガラジャで司祭評議会（Paroeman Para Pandita）が設立された。この組織はブラフマノ司祭を中心に、ヒンドゥー教の教師や司祭の教育、これまでおこなわれなかったバリ宗教の聖典編纂作業、そして一定の行政区域を単位とした司祭の組織化といった活動を展開しようとした。こうした中でも共和国派と親オランダ派の間の闘争はバリの内外でつづいていたが、一九四九年にオランダがインドネシア共和国に主権委譲をしたあとは、各地でインドネシア共和国派が優勢となっていく。共和国はオランダ側についた諸地域を次々に編入していき、一九五〇年の独立記念日の時点では、オランダ領東インドのほぼ全体をおさめるにいたった。バリも共和国に組みこまれ、司祭評議会は存続したものの、王族評議会や代表議会は解散し、あらたにバリ地方政府評議会（Dewan Pemerintah Daerah Bali）が共和国政府の地方政府機関として、バリの統治にあたることになった［Bakker 1993:46-47; 鏡味 2000:70-72; Stuart-Fox 2002:310］。

アガマとしての公認

さて、バリがインドネシア共和国の一行政単位に組みこまれるというあらたな事態は、バリ人とその社会を不安定な状況におくことを意味した。オランダ傀儡国家の中核的な勢力を構成するほど王族をはじめとする旧体制が強く残っているという印象を与えたという問題とともに、ムスリムをマジョリティとする共和国の中のマイノリティになったという問題が、やはりおおきな懸案であった。宗教こそ彼らのアイデンティティ、あるいは「バリらしさ」の核心であったからである。第Ⅱ章第4節でも触れたように、一九五〇年代は、政治や経済面だけでなく、バリ人のいわゆるアイデンティティが揺れた時代であった。バリ人は、ムスリム主導で進む国家の宗教政策に不安を感じていた。

宗教省は、バリがあらためて小スンダ州の一部として共和国に組みこまれたあとの一九五〇年十二月に、代表をバリに派遣して、ヒンドゥーのあつかいについて検討する姿勢を示した。代表団に応対したバリ地方政府評議会のグスティ＝バグス＝スグリワォは、バリ宗教を中央政府がアガマとして公認するようもとめたが、バリ宗教の正式の名称、哲学教義体系、聖典、神観、祭祀儀礼、聖地、宗教学校の有無などについての回答がいずれも曖昧であることを指摘され、すぐに共和国政府がバリ宗教を公認することはありえないことを痛感させられた。そして、逆にこうした点を明確にすることこそ、政府による公認の獲得——それはこの宗教を基軸にしたバリ人の社会的生の将来にわたる保障でもある——に不可欠であることを、バリ人エリートたちはあらためて確認した［Bakker 1993:225-226; Stuart-Fox 2002:310-311］。

こうした状況を反映して、一九五〇年代には宗教改革をうたうおおくの団体（教育財団、政党、青年組織をふくむ）が設立された。この種の諸組織の大半は、バリの宗教を世界宗教のローカルなあらわれとして認めてもらうという方向でプランを立て、たがいに連携をとりあって宗教省に働きかけた。またヒンドゥー神学のテクストをインドネシア語に翻訳したり、インド人のヒンドゥー教学者・サンスクリット学者をバリに招いて教示を仰いだり、今後の宗教改革の担い手として嘱望される優秀な若者をインドに留学させたり、といった活動を展開した。こうしてインドのヒンドゥーとの連携を模索する具体的な行動がとられ、バリ宗教のあるべき姿をインドにもとめる認識と実践が定着していく。

この、バリに短期または長期滞在したインド人学者の中で、バリ宗教の改革運動にもっともおおきな貢献をはたしたのが、パンディット＝シャストリ（Narendra Dev Pandit Shastri）である。彼は、当時のインドのヒンドゥー神学の豊富な中身から取捨選択をおこない、インドの四ヴェーダとウパニシャッドそしてバガヴァッド＝ギータをヒンドゥー＝ダルモの基本文献とし、これに集約したかたちの教授をバリ人にほどこした。こうした聖典の策定だけではない。ヒンドゥーの唯一神をイダ＝サンヤン＝ウィディ＝ワソとしたり、そのままでは多神教的な宗教実践としかみなされない多様で偏差に富む種々の儀礼を、パンチョ＝ヤドニョという五つのカテゴリーに整理してヒンドゥー教徒の宗教義務として画定したり、あるいはイスラムのサラート（一日五回の礼拝）に対応させて、バリでは知られていなかったリグ＝ヴェーダのマントロと古ジャワの祈りを組みあわせて、一日三回の祈りトリ＝サンディオをデザインするなどのアイディアを提供したのも、彼である。彼の構築した教義・規範こそ、バリのヒンドゥー＝ダルモの基本的な枠組となったのである［Ramstedt 2004b:11-12］。

また、インドからの留学を終えて帰国したバリ人も、改革のコンセンサス形成に本質的な役割を演じた。たとえば、この時期にインド留学から帰国したあるバリ人は、次のような論説を当時の日刊紙に寄せている。バリの宗教は、ヒンドゥー教とジャワ的伝統との混交体であって、ある意味で未開宗教にちかい特徴をまだ残している。西欧人の到来以降インドとインドネシアとの関係は切れてしまい、バリ人はインドとの知的交流を失ってしまった。たとえばバリに伝えられていたヴェーダは、インドでは古典的ヴェーダと呼ばれる儀礼主義的傾向をもったものであって、ヴェーダの中心を占める哲学的教義書であるウパニシャッドなどはバリに伝わっていない。バリのヒンドゥーが儀礼主義的特徴をもっていることは、ここから理解できる。しかしながら、本来のヒンドゥーの姿とは、たとえばこのウパニシャッドに代表されるような宗教哲学体系に根ざしたものなのであって、われわれにとって必要なのは、インドとの知的交流を促進させつつ、今日的なヒンドゥー教の宗教哲学体系を再確立することにほかならない、というものである。この論説は当時かなりのインパクトを与えたという。こうした見解にたいして、改革は必要だが、インドのヒンドゥー教を借りてきてバリの宗教を再建する必要はないとする反論も、一部にはあった。しかしこうした立場はすでに少数派であった。インドネシア共和国の宗教政策への対処という点からすれば、インドのヒンドゥーを準拠枠とした改革の方向性がより説得力をもつこと、しかもおそらくはこの世界宗教との連関を強調することが、パンチャ＝シラの第一条項に整合的な唯一の改革の方針であることは、トリワンソ層にとっても明々白々であった。こうして戦後の宗教改革は、かつてのジャボ層エリートたちの主張に沿った方向に、しかし担い手としてはトリワンソを中心としたかたちのものに、固まってくるのである［Rudyansjah 1986:6-7; Bakker 1993:226-229; Picard 1999:41-42］。

このコンセンサスの形成には、かつて植民地行政官でもあったオランダ人研究者ホリスも、おおきな影響力をもった。ウダヤノ大学（Universitas Udayana）などで教鞭をとっていたホリスは、バリ宗教の名称を「アガマ＝ヒンドゥー」とすること、これによってバリ宗教をヒンドゥー教という世界宗教の一形態として位置づけ、イスラムやキリスト教と同様の普遍的性格を確保しうること、しかも、たとえばジャワのテンゲル山地民［cf. Hefner 1985, 2004］のようなバリ島以外のヒンドゥー教徒を巻き込んで、インドネシアのヒンドゥー全体をカヴァーすることが可能であること、などを指摘し、こうした戦略の妥当性を指摘し賛意を示したのである。一九五三年五月には、バリ地方政府評議会のイニシアティヴのもとに、諸勢力を集めた大会議（Pesamoehan Agoeng）がひらかれ、こうした方針のもとに公認の獲得をめざすことが確認された。バリ地方政府評議会は、小スンダ州政府のトップ（バリ人がつとめていた）とも連携をとって宗教省大臣への働きかけを強めた。こうした中で、一九五四年十一月に、第Ⅱ章第4節で触れたバリ地方自治宗教庁も設立された［Bakker 1993:228; cf. 鏡味 1995:40］。

ところで、この宗教認知に向けた運動の活性化は、もうひとつ別次元の社会的出来事と密接な関連をもっていた。それは政党政治と総選挙である。一九五五年の第一回総選挙と五七年の地方選挙を通じて、イスラム諸政党は議席を伸ばしたものの、国会の過半数を占めるまでにはいかず、イスラム国家建設という彼らの望みはさしあたり実現困難なものとなった。政党内閣は不安定で、経済再建は思うにまかせず、地方では反乱が続出し、その鎮圧の過程で共和国の一体性と軍の発言力が強化されていったが、一方で軍の利権体質や政党と特定省庁との癒着関係も強くなってきた。バリでは、ヒンドゥー政党（Partai National Agama Hindoe Bali）が立ったがさほど伸びず、国民党と社会党がそれぞれ勢力を伸張させた。ただし一九六〇年に社会党は活動停止の処分を受け、これ以降は国民党と共産党が勢力を二分するようになる。この、マルクス主義などの各種イデオロギーが叫ばれる選挙の中でも、バリの知識人たちは各種のメディアをとおして、一般民衆がヒンドゥーの本質を理解しておらず、このままではヒンドゥーは宗教政策においてきわめて不利なあつかいを受けることになるだろう、と論じた。選挙は、バリ人たちに共和国国民＝インドネシア人としてのアイデンティティを喚起するとともに、そこからあらためてバリ人としてのアイデンティティや自分たちの宗教ヒンドゥーにたいして反省的に思考する機会を、提供したのである［Rudyansjah 1986:3-4; Bakker 1993:48, 228-229; 深見 1995:39-40; 鏡味 2000:72-76］。

一九五八年にバリは州に格上げになる。この年の六月に、主要な八つの団体（Madjelis Hindoeisme, Paroeman Para Pandita, Partai National Agama Hindoe Bali, Satya Hindoe Dharma, Jajasan Dwidjendra, Angkatan Moeda Hindoe Bali, Panti Agama Hindoe Bali, Eka Adnjana Dharma Sempidi）の代表がデンパサールに集まって、アガマ＝ヒンドゥー＝バリの政府公認をめざす決議を採択した。この直前に、全インドネシア神秘主義会議の席で、スカルノ大統領がバガヴァッド＝ギータを「行動の福音書」として激賞したことがバリにも伝わっており、この書がヒンドゥーの聖典になりうることをバリの宗教知識人たちが確信していたという経緯もあった。そしてその中の五団体（Paroeman Para Pandita, Satya Hindoe Dharma, Jajasan Dwidjendra, Angkatan Moeda Hindoe Bali, Panti Agama Hindoe Bali）の各リーダー五名が代表として、同月バリのタンパクシリンを訪れたスカルノ大統領に非公式に会い、この決議書を直接手渡すとともに、スカルノに力を貸してほしい旨の陳情をおこなった。その際、この陳情団のリーダー格であるクムヌ村のプダンドは、アガマ＝ヒンドゥー＝バリが多神教的宗教などではなく、サンヤン＝ウィディという唯一神を信奉するアガマであって、パンチャ＝シラの条項に合致したものにほかならないということを、宗教文書上の知識に照らすなどして説明した［Rudyansjah

1986:4-5; Bakker 1993:229; Ramstedt 2004b:12]。

そして一九五八年九月に、バリ宗教は「アガマ＝ヒンドゥー＝バリ」という名称で宗教省の認知を受けることに成功した。一九六二年には宗教省の中にヒンドゥー教と仏教を管轄する部局も設置された。翌年には仏教担当部局がここから独立するともに、デンパサールに宗教省バリ支部が設置された。こうしてバリ人が念願とした宗教の公認は果たされた。そして一九五九年二月、こうした宗教改革・認知運動に関わった諸団体はひとつのあらたな統一組織を形成する。それがバリ＝ヒンドゥー教評議会、パリサド＝ダルモ＝ヒンドゥー＝バリ（Parisada Dharma Hindoe Bali）である。ちなみに「パリサド」は、円をえがいて（pari）座る（sad）ことから、評議会を意味するという［Rudyansjah 1986:5-6; Bakker 1993:229-230; 鏡味 1995:104-105］。

ここまでの議論を整理しておこう。ポイントは三点ある。

ひとつは、「アガマ＝ヒンドゥー＝バリ」という名称に確定するまでの曲折ないしねじれである。この名称は、戦前のジャボ層エリートが否定しようとしたものである。それが一九五〇年代末になって、あらためてこの名称のもとに、彼らジャボ層エリートが望んだ方向性の内実をもった宗教として、政府の公認を受けるにいたったのである。バリ宗教の改革をめざした諸団体はたがいに協力しあって政府の公認を勝ちとったが、ここにいたる過程は決して直線的なものではなかったのである。

第二は、こうした曲折を経て議論が収斂し、認知を受けたアガマ＝ヒンドゥー＝バリは、知識人エリートの活動の産物にほかならなかったという点である。彼らエリートたちは、イスラムを準拠枠とし、インドのヒンドゥー教にその根拠をもとめて、あらたに教義体系や一神教的神観を構築し、聖典を指定し翻訳し、そうした理念像の普及と定着のための教育および啓蒙活動につとめた。イダ＝サンヤン＝ウィディ＝ワソという神が、一般のバリ人には知られていなかった文書上の字句からとられた概念であるにもかかわらず、この時期人々にかなり定着していたと考えられる点は、彼らの活動の実効性を端的に物語るものである。バリ宗教の認知は、ひとえにこうした彼らの努力に存する。ただし、このことは裏をかえせば、一般民衆が主体的・積極的に関与することなく、エリート集団がバリ宗教の再構築をやってのけたということを意味する。この主体的に関わった（一部の）エリートと、受動的にしか関わらなかった大多数のバリ人との乖離という点こそ、このバリ宗教が認知を受けるまでの過程に内在する本質的な特徴である。

たしかに、政府の認知を獲得するために一般の民衆が関与しうる余地はすくないだろう。しかし、人々が種々のメディアを通じてあらたな宗教観や神観に受動的に接するのみでは、アガマ＝ヒンドゥー＝バリの理念像の主要部分あるいは結論部分のみが人々にゆきわたるだけだということになる。つまり、こうして認定を受けた時点では、アガマ＝ヒンドゥー＝バリはバリ人たちが実践していた宗教活動（シモとしての儀礼中心の実践）からも乖離していたことになる。それゆえ理念像を構築し、この理念の一定の社会的浸透をもって認知を受けたあとに、本格的な理念の現実化がおこなわれなくてはならなかったのである。こうした、理念を後追いする実践の構築という点が第三の特徴である。儀礼や供物を中心に成り立っている人々の宗教生活の中に、インドのヒンドゥーを準拠枠にした教義や倫理を基準にしたあらたな規範を導入し、バリ宗教の実践ないし実体を再確立／再創出していくという作業こそ、あらたに結成されたパリサドのおこなった活動なのである。

改革諸勢力の結集

一九五八年十月、宗教省のバリ人官吏やバリの地方政府トップらが話しあい、宗教省のヒンドゥー・仏教部局の作業を側面から支える機関として、アガマ＝ヒンドゥー＝バリの評議会をあらたに設立することを決めた。そしてその準備機関としてヒンドゥー＝バリ会議（Hindu Bali Sabha）が組織された。バリ州知事や宗教省のバリ人高官、バリ地方自治宗教庁長官、そして先の陳情に関わった諸団体の幹部、そしてロンボックのヒンドゥー組織（Badan Kerdjasama Agama Hindoe Bali Lombok）の長などが、いわば大同団結したこのヒンドゥー＝バリ会議は、第一回の総会を一九五九年二月にもち、その決議にしたがって、この二月下旬に十二の組織の長とバリの各県からの代表が集まって、パリサド＝ダルモ＝

ヒンドゥー＝バリの設立を決めた［Bakker 1993:230］。

パリサドへのいわば大同団結はある意味で必然的な流れであった。しかし、パリサドという団体に集結したエリートたちの見解は決して一枚岩ではなかった。それぞれ微妙に見解をたがえる諸団体は、パリサドの成立をもって解散したわけではなかったし、中にはガンディー（そしてあとにはハーレ＝クリシュナやサイババ）など、インドのヒンドゥーの同時代のあらたな諸潮流にシンパシーを感じ、バリのヒンドゥーを再構築するという枠の中で改革を考えるパリサドの路線に相容れず、一時的にパリサドとの関係が冷たくなったり、結局パリサドから離れたりする者もいた。(5) またパリサドの内部にとどまった者の間でも、ジャワへの布教拡大やインドとの連携強化などをめぐって、意見の対立や路線にたいする批判はあった。また、エリート集団による上からの改革という戦前の諸団体がもっていた性格を、パリサドもまた継承していた。それについては、後述するように、一九八六年のパリサドの会議において自己批判の声も上がった［Rudyansjah 1986:18-22; Bakker 1993:298-299, 316-321］。

しかしパリサドは、戦前までの諸団体と異なり、バリ人社会全体に影響力を行使し、一定程度においてヒンドゥーの理念や規範を人々に浸透させることに成功した（第Ⅲ章参照）。それは、パリサドが単なるエリートの結成した宗教団体であることをこえて、いわば官民公私がない交ぜとなったキメラ的な団体だったからである。これには二つの側面がある。ひとつは、パリサドに結集した諸団体やその幹部がもつフォーマル・インフォーマルにわたるネットワークや影響力の複合的全体が、パリサドの改革運動に統合的に動員されるという点である。パリサドの幹部のおおくは、かつてもまた現在でも、国家や地方の政府系機関の幹部や、デンパサールの国立ウダヤノ大学の教官をはじめとする各種学校の教員、高名な宗教知識人兼司祭であるとともに、それぞれの地域に影響力をもつ王族・領主層・司祭層でもあるという、複合的な横顔をもつ人々であり、あるいはこうした組織や団体の役職を歴任した人物である。パリサド結成の際に各県レベルの代表を集めることができたことは、パリサドが当初から一定の範囲で地方を組織的に中心（デンパサール）へと統合するチャンネルをもっていたことを示している。ここには高カストがもっている親族関係の広範なネットワークも関与している。パリサドの幹部が官庁・諸組織の要職を押さえ、また行政高官をパリサドの幹部に組みこみ、官民一体の宗教政策を進めることができたがゆえに、上からの改革が一般の人々にまで浸透したのである。そしてもうひとつは、パリサドがヒンドゥーの改革と発展にあずかる唯一の組織であるといういわばお墨つきを、共和国政府の宗教省担当部局から受けたという点である。インドネシアでは、イスラムをはじめとする他の公認宗教も、それぞれ中央政府が最高評議体として認める組織をもっている。パリサドはそれらと同格になったのである。これは一九六八年八月のことであった。パリサドはこの年ゴルカル（今日のゴルカル党の前身で、スハルト体制下の翼賛的な支持集団であった）と結びつき、それ以降選挙の際の集票に貢献するようにもなる。こうしてパリサドは、政府ときわめて密接に結びついた、ヒンドゥーでは唯一無二の強力な宗教団体となるのである。あるいは単なる宗教団体としてではなく、政治的・学術的・宗教的な権威を重層的にまとった圧力ある団体であるがゆえに、一部の反発やメンバーの離反がありながらも、ある程度宗教改革運動を進めていくことができたのである［Rudyansjah 1986:5; Bakker 1993:242-252; Stuart-Fox 2002:315］。

バッケルによれば、パリサドの組織体系は結成時から何度も再編されているが、詳細は十分明らかではない。ただ、二つの特徴を指摘することができる。ひとつは、パリサドの結成前の一九五〇年代の宗教改革運動は、トリワンソの中でももともと宗教的権威をもたなかったサトリオやウェシオ層がどちらかというと中心であったが、パリサドではブラフマノ層が中心になったという点である。パリサドの歴代の議長のほとんどはプダンドであり、さらにこのプダンドを中心とした司祭たちの会議（Paruman Sulinggih）がさまざまな立案の最終決定を下すのである。もうひとつは、パリサドの改革運動に寄与するブレイン集団である。彼らのおおくは、西欧的な高等教育を受けるとともにインドに留学した経験をもつ、国立ウダヤノ大学の歴史や文学などの教員なのである。バリの最高学府で教育・研究に従事する者たちが、バリの宗教あるいは広くバリの社会文化のあり方について提言をし、これが行政の、あるいはパリサドの、権威ある施策に反映される構造になっているのである［Bakker 1993:251, 295-300］。

パリサドの諸活動

パリサドという組織の実態や変容については、まだ十分な解明が進んでいないのが現状であり［Stuart-Fox 2002:315］、パリサド関係者が記したテクストの分析もふくめ、信頼しうる詳細な研究が待たれるところである。ここでは、若干その記述に不正確なところはあるものの、バッケルやルディアンシャの研究を参照し［Bakker 1993; Rudyansjah 1986］、これを適宜他の研究者の議論と照らし合わせて、パリサドの活動内容や組織のおもだった特徴について概観することにする。なお、パリサドの規範のおおくは、一九六〇年から六一年にかけての会議、とくに一九六一年にウブドのチャンプアン（Campuan）でおこなわれた聖職者会議で決定されている。それ以降もあらたな決議や修正はあったが、重要事項の大半はこの時期に確定されている［Bakker 1993:234］。

パリサドのおこなった活動の第一は、地域に存在するすべての寺院、中でもとくにカヤンガン＝ティゴに指定されたすべての寺院に、唯一神を祀る社パドモサノ（Padmasana, Sanggar Agung）をしつらえるよう指導した点である。この北東の隅の社を欠落させていた寺院もあったが、それをあらたに建てるよう指導し、その社を唯一神の具体的な象徴として再規定したのである［Rudyansjah 1986:9; Bakker 1993:236］。

寺院のパドモサノの神像

第二は、唯一神を祀る寺院プロ＝アグン＝ジャガトナト（Pura Agung Djagatnatha）を、デンパサールの中心部（バリ博物館の隣）に建立したことである。人々の宗教実践の中に唯一神を祭祀する契機がなかったのだから、これは必要な措置だったといえる。この寺院の構造は、通常のバリの寺院とおおきく異なっている。寺院の敷地がひとつの区画からなっていて（通常は二ないし三の区画をもつ）、寺院の中心に（通常はカジョ—カギンつまり北東の隅）、ヒンドゥー

ジャガトナト寺院のパドモサノ

ジャガトナト寺院（デンパサール）

の唯一至高の神をまつったパドモサノが東つまり太陽の方向に向けて建てられており（通常は北東向き）、しかもほとんどこのパドモサノだけといってよいシンプルな構造である（通常は数多くの社や祠がある）。また、通常の寺院は慣習村やバンジャールなど特定の集団の成員を信徒としているが、この寺院はすべてのヒンドゥー教徒に開かれた寺院を標榜している。人々はこの寺院で司祭（ブラフマノ司祭がつとめる）とともにマントロを唱えるよう指導を受け、祈りのあとには司祭が説教をおこなう。こうした祈りと説教は、満月と暗月および主要なヒンドゥーの祝日だけでなく、しばしば日曜日にもおこなわれる［Rudyansjah 1986:10; Bakker 1993:232-235］。

もっとも、この寺院は一般のバリ人にとって身近な存在ではない。この寺院にきて唯一神へ祈る者は、パリサドの成員以外では、デンパサール周辺に居住するエリート層や大学生、あるいは一部の非バリ人ヒンドゥー教徒であり、一般のバリ人、とくに地方に住むバリ人が、ブサキ寺院の場合のように何かの機会に訪れて祈るということはほとんどない。むしろルディアンシャによれば、おおくのバリ人はこの寺院の建設を皮肉の目で見ていたという。私がウブドで聞くかぎりでも、公務員だからこの寺院で祈ったことがあるという程度である。このように、この寺院はバリ人の宗教実践にまだ十分溶けこんでいない。しかしジャガトナト寺院は、パリサドとアガマ＝ヒンドゥーの各地への浸透を反映して、バリ北部のシンガラジャや西部のヌガロ、そしてジャカルタやジョグジャカルタにも建立されている［Rudyansjah 1986:10, 21; Bakker 1993:232-234; Pitana 1999:187-188］。

第三は教義知識体系の確立であり、具体的には聖典と教義書の指定である。一九六一年の聖職者会議において、インドの四ヴェーダ（Catur Weda）とウパニシャッド（Upanisad）、そしてジャワに伝わったバガヴァッド＝ギータなど三書（Bhagawad Gita, Sanghyang Kamahayanikan, Sarasamuscaya）が聖典に認定され、これらの聖典の著者ら（rsi, mpu）が預言者とされた。ほかに、儀礼の細部の規範については、各種の古文書をその根拠とすることになった。この聖職者会議の時点では、まだ古文書の解読と整理が進行途上だったため、さしあたりこうした取り決めとなったのである。また一九六〇年には、パリサドの最初の出版物となった『ダルモ＝プラワルティ＝サストロ』（Dharma Prawarti Çastra）が、一九六七年には『ヒンドゥー教の教説に関するウポデソ』（Upadeça tentang Ajaran-ajaran Agama Hindu）が、また一九七〇年には『パンチョ＝スラド』（Panca Çradha; 五大信仰）が、教義書として出版された。今日まで、この『ウポデソ』と『パンチョ＝スラド』が公式の教義書としてもちいられている。後者の本では、ヒンドゥーの教義の核心が、①唯一神サンヤン＝ウィディ、②アトマン、③カルマパラ（業）、④サンサーラ（輪廻）、⑤モクサ（解脱）の五つの信仰に集約しうるとされている。このように、このパンチョ＝スラドは、①をブラフマンに置き換えれば、インドのネオ＝ヒンドゥーイズムの教義に一致するといえる［Bakker 1993:237, 243-245, 269; Ramstedt 2004b:11-14］。

これ以外にも、パリサドはいくつもの宗教関連の著作やパンフレットを刊行している。一九七八年には『カリヨ＝バクティ』（Karya Bhakti）という日刊紙の出版をはじめ、これはまもなく週刊となった。一九八三年からは、機関誌『ワルト＝ヒンドゥー＝ダルモ』（Warta Hindu Dharma）の発刊をはじめ、現在もつづいている。またパリサドは、出版活動をサポートするための子会社も設立している。ほかにも、インドから招いた司祭に教義のレクチャーを依頼したり、インドの聖典やバリの古文書などを読む、いわば聖典読経コンテストとでもいうべき全国大会（Utsama Dharma Gita）を一九八六年から開催したりするなど、啓蒙活動につとめている［Rudyansjah 1986:12; Bakker 1993:241-242, 245; Nala

2004:82]。

第四は、人々の宗教活動、とくに儀礼活動にふくまれるアダットの要素に関する規範の再確立である。これもそのおおくは一九六一年の聖職者会議で決まった。たとえば、男女の双子が生まれた場合、まずこの家を破壊し、夫婦はいったん村外れに住んで、盛大な浄化儀礼を自家負担でおこなわなくてはならないという慣習があったが [cf. Belo 1970b]、この種の慣習規範はパンチャ＝シラの第二条項の人道主義に反するとされ、破棄することに決定した。またヒンドゥーの聖日／祝日を指定する作業もおこなわれ、ニュピ、ガルンガン、クニンガン、サラスワティの日、シワォラトリの日などがこれに相当するとされた。一九八三年には、ニュピがヒンドゥー教徒にとっての祝日から、いわば格上げされて国民の祝日

サラスワティの日の供物

学問の女神サラスワティをまつる日は、ウク暦にしたがって二百十日ごとにめぐってくる。各家では、ロンタル椰子の古文書や学校でつかう教科書などに供物 (banten Saraswati, ajuman) をささげる（上の写真）。屋敷内の各建物や社にも同様の供物をささげる。自身の関わる寺院が古文書をご神体として祀っていれば、この日に供物をもって祈りに行く。下の写真は、そうした寺院にささげられた供物群である。

となった。また一九八〇年代には、司祭や知識人が実践するだけであったサラスワティの日の行事を、インドにおける状況にならって、一般の人々にとっての祭日へと拡大させるあらたな規範も構築した。こうして現在までに、この日に家で教科書など文書一般に供物をささげ、古文書をまつるちかくの寺院に供物をもって人々が祈りに出かける、あるいは海に行って儀礼的浄化などをおこなうなどの活動も、定着するようになった［Bakker 1993:236-240, 269-274］。なお、この中でシワォ神の祭日であるシワォラトリの日については、現在も特定の供物や儀礼行為をともなわず、一般の人々はほとんど注意をはらっていないようである。

儀礼規範の再確立という点でもっとも重要だったのは、ブサキ寺院の大儀礼（いずれもブト＝ヤドニョにあたる）の催行であった。一九六〇年にはパンチョ＝ワリクラモ（Panca Walikrama）が、そして一九六三年にはエコダソ＝ルドロ（Ekadasa Rudra）が催行された。前者については一九三三年の際の記憶と経験が生かされたが、後者については、かつて催行されたことはあったようだが、いつあったかは記録にもないため、パリサドが主体となってあらたな経験の蓄積をはじめるかたちとなった。しかも後者の儀礼の準備が進む中、グヌン＝アグン（ブサキ寺院はそのふもとにある）が噴火し、周辺の広い地域に溶岩と灰による被害がおよんだ。諸物価は高騰し、人々は貧困と食糧不足に悩まされた。司祭をふくむおおくの人々からは、儀礼手続きに何らかの過誤があってサンヤン＝ウィディの怒りをかったのではないかとする声が上がったが、儀礼推進派は逆に、ブサキ寺院それ自体の被害が奇跡的といってよいほどすくなく、溶岩流がこの寺院を避けるようなかたちで流れたことを指摘し、むしろこれはサンヤン＝ウィディの降臨を印すものであって、きたるべき大儀礼の成功は保証されたのだと論じた。反対論は強かったが、結局グヌン＝アグンが噴煙をあげる中で儀礼は強行された。そして主儀礼のおわったあとに地震がおき、ブサキ寺院はかなりの被害を受けることになった。一九六五年には、第Ⅲ章第4節で触れたように、推定数万人のバリ人が死亡ないし行方不明になるという出来事があり、また、六三年のエコダソ＝ルドロに過誤があったとすればあらためて適切な時期にやり直すべきではないかという議論もあったため、その後の古文書の研究成果を踏まえつつ、あらためて一九七九年にこの儀礼が催行された。このときには、スハルト大統領をはじめ閣僚が儀礼に列席し、ブサキ寺院とヒンドゥー教徒にたいする国家の保証を象徴することになった。また内外のおおくのメディアがこの「百年に一度」とされる儀礼をおおきく報道し、これがバリ観光を刺激することにもなった［Stuart-Fox 1982, 2002:321-344; Bakker 1993:236-237; Robinson 1995:239-243; MacRae 1999:135］。

ここではこれらの儀礼や、ブサキ寺院の祭祀の再構築についての記述は省略し［cf. Stuart-Fox 2002］、これらの大儀礼の催行をめぐって三つの点を指摘するにとどめる。ひとつは、一九六三年の儀礼強行に反対もしくは憂慮を示した人々が、サンヤン＝ウィディの怒りという論理をもちいたという点である。つまりこの浄化儀礼の当否をめぐる論争は、唯一神の名称をめぐる論争がすでに決着したことを示すものでもあるのである。いまひとつは、この論争の中で、誰がこの儀礼あるいは広くブサキ寺院の大儀礼の責任ある主体となるべきかという問題が論じられたことである。かつてクルンクン王家にあったその役割は、いまやバリ地方政府が担うべきだという議論も提起されたが、結局一九六八年に、ブサキ寺院の直接の管理主体としての地位は、バリ地方政府からパリサドに委譲された。パリサドは独自の財政基盤をもたないこともあり、バリ地方政府が実質的にパリサドの背後からブサキ寺院を支えてはいるが、この論争はパリサドの権威の一層の強化をもたらすことになったのである。そしてもうひとつは、一九七九年のエコダソ＝ルドロで、はじめてインドのガンジス川から聖水がもちこまれ、儀礼浄化にもちいられたという点である［Bakker 1993:236-237; Stuart-Fox 2002:316-320］。

このガンジスの聖水の使用はきわめて興味深い点である。というのも、これは儀礼中心主義の伝統的宗教からの脱却と、教義・経典に依拠した近代的な宗教の確立をめざすパリサドが、こうした理念の追求をやや鈍化させて、聖水による浄化をその儀礼活動の本質とするバリの宗教実践のあり方にいわば迎合し、この儀礼実践の脈絡においてインドとのあらたな連関を構築し定着させようとしたことを意味するからである。むろん、ガンジスの聖水の使用はパリサドの方針やその教義体系に反するものではない。しかし、これは儀礼になお志向する現状の宗教のあり方にたいして、パリサドの側がおおきく譲歩したことを意味するといってよい。バッケルはこのインドの聖水の使用を、パリサドのメンバーが儀礼を大掛かりに催行する志向をもっていることの証だとする［Bakker 1993:307］。スチュアート＝フォックスも、近年（一九七〇年代以降と考えてよい）のパリサドが、ブサキ寺院の諸儀礼をシンプルにするどころか、むしろかなりの規模で催行し、しかも従来省みられなかったようなルーティーンの儀礼も丁寧に催行するようになったこと、さらに、これまで催行されたことがなかったであろう儀礼（ex. Tri Bhuwana in 1993, Eka Bhuwana in 1996）をも、古文書にもとづいて催行するようになったことを指摘する［Stuart-Fox 2002:256, 428］。いわばパリサドの文書主義・経典主義は、儀礼中心主義を包摂するものとなっていったのである。

別のいい方をすれば、ブサキ寺院における大儀礼を威信をかけた事業として催行した点は、パリサドの、そして背後にあるバリ地方政府や、これらに関わるバリ人宗教エリートたちの、儀礼あるいはアダットにたいする両義的な関わり方をあらわにするものだということになる。第Ⅲ章で触れたように、パリサドは精神行為としての宗教実践を強調し、原理重視と儀礼の簡素化を人々に訴えてきている。しかしながらその一方で、戦前のジャボ層エリートたちと比較するならば、パリサドの方針は儀礼にたいしてはかなり肯定的だといってよい。パリサドは、既存の儀礼の誤った部分や時代錯誤的な部分、たとえば不必要な物質主義や儀礼の華美化、儀礼のある部分や要素をカストの生得的な地位に結びつける考え方などは修正すべきだが、何のために儀礼をするのかを教義に照らして明確化した上で、むしろ必要な儀礼活動はおこなうべきだという論理を提起するのである。『ウポデソ』には、あらたな儀礼を導入することはまったく望んでおらず、昔からあった儀礼をさらに発展させることこそ、パリサドの方針だという点が記述されてもいる。こうした点で重要なのが、供犠をめぐる教義論理の構築であろう。というのも、イスラムなどによるヒンドゥーにたいする批判の第一は、さまざまなものを供犠し消費することに向けられるからである。これについて『ダルモ＝プラワルティ＝サストロ』は、サンヤン＝ウィディが自身を供犠に付したことによって秩序ある宇宙全体が存立するにいたったのだという点を述べながら、あらゆるものが供犠されるべきこと、供犠がバリのヒンドゥーにとって本質的に重要な要素であることを論じている［Bakker 1993:270-271］。

付言すると、パリサドは近年、たとえば儀礼の場への移動に際しての車の利用、供物に必要な素材が調達できない場合

ＳＴＡＨ（ヒンドゥー教高等学院）

の代替品の使用、火葬の際のガスバーナーの使用、ガムランオーケストラが調達できない場合のテープレコーダーの使用、そしてパドモサノをはじめ社や聖所の建築に際してのコンクリート使用の禁止など、現代的な物質を儀礼活動に役立てる上での細かな規定をあらたに明文化し、人々に指導するようにしてもいる［ibid:270-271］。

第五は、ヒンドゥー教の神学を学ぶとともに、小学校から大学レベルまでの宗教科目を教える教員の養成を目的とした、学校の設立である。そのモデルとなったのは、国立イスラム教大学（Institut Agama Islam Negeri）である。ルディアンシャによれば、設立当初は宗教教育の教科書として指定されたハンドブック『ダルモ＝プラワルティ＝サストロ』を手に、宗教大学の学生たちが島内の全学校をまわって宗教の基礎を教えることもおこなわれた。宗教大学はまた村に出張して、ヒンドゥーの道徳的な重要性について人々に教授する談話会的な講座をひらく活動もおこなった［Rudyansjah 1986:10-11; Bakker 1993:243］。現在パリサドは、デンパサールにヒンドゥー大学（Universitas Hindu, ＵＮＨＩ）をもっており、公立のヒンドゥー教高等学院（Sekolah Tinggi Agama Hindu, ＳＴＡＨ）とともに、宗教科目のヒンドゥーを教える教員の養成を支えている［Nula 2004:81-82］。

第六は、司祭などの宗教的専門家に関する規範の構築である。第Ⅲ章第3節で触れたように、パリサドはスリンギに相当する司祭の平等性をうたったが、この方針決定の背景にはパンチャ＝シラがあった。国家の理念の中に人道主義や社会正義といった社会的平等をうたう条項がある以上、司祭の間に階梯をもうけるということは、理念上許されることではない。こうしてプダンドの卓越した地位にたいする戦前以来の論争点は、ひとまず決着がついたことになる。もっとも、すでに触れたように、こうしたパリサドの決定はまだ十分社会に浸透していない。

なお、現在スリンギに相当する司祭たちは、いわゆるイニシエーションに相当する伝統的な修行や学習に加えて、パリサドや行政がおこなう三十日間の研修を受けることになっており、一九八五年以降こうした体制がかなり浸透しているようである［ibid:80-81］。

インドネシア化するヒンドゥー

第七点はバリ島外での布教活動である。もともとパリサドに結集したバリ人知識人たちは、ヒンドゥーをバリ人にかぎった土着の宗教だとする見方に反対していたので、パリサドがこうした拡大路線をとることにたいしては基本的な合意があった。また、ロンボックのバリ人のみならず、ジャワ、スマトラ、スラウェシなどの出身者で、たとえば軍役でバリに滞在する者などの中から、パリサドに合流する者も増加してきた。こうして一九六四年に、パリサド＝ダルモ＝ヒンドゥー＝バリは「バリ」をはずしてパリサド＝ヒンドゥー＝ダルモに改名し、また一九八六年にはさらにパリサド＝ヒンドゥー＝ダルモ＝インドネシアを名乗るようになった。その中で、ますますバリの土着の要素は過小評価され、インド的なものに準拠しヒンドゥーの普遍的性格を強調するようにもなった［Bakker 1993:238］。それは先に触れた教義書の五大信仰の語彙をみても理解されるであろう。そしてその過程で、「アガマ＝ヒンドゥー＝バリ」ではなく、「ヒンドゥー＝ダルモ」「アガマ＝ヒンドゥー」といった表現が、より一般的にもちいられるようにもなった。

なお、ヒンドゥーのバリ島外への浸透には、パリサドの努力以外にもっと別の出来事が関係している。ひとつは政治的なものである。一九六五年の「九・三〇事件」を受け、政府はあらためて建国原理のパンチャ＝シラの再確認と徹底をはかり、共産主義者＝無神論者ではないことを示すためにも、特定のアガマへ改宗するよう俗信／信仰諸派の信者に（無言の）圧力をかけた。その場合、多神教的な様相をもつ土着の諸宗教は、イスラムやキリスト教よりもむしろヒンドゥーにちかいところをもっている。こうしてジャワでは、ヒンドゥー＝ジャワの伝統、とりわけジャワ神秘主義（kebatinan）に親近感を感じる人の中に、集団的なヒンドゥー改宗者がでた。また北スマトラでは、植民地時代にプランテーション労働者として移住し定住するにいたったタミル人ヒンドゥー教徒の子孫たちが、バリのヒンドゥーとおなじ宗教だと主張し、パリサドに合流した。一九六六年から八〇年までの間に、テンゲル山地民をはじめとするジャワ諸地域の人々、スラウェシの非ムスリムのブギス（To Wani To Lotang）やトラジャ（Sa'dan Toraja）、北スマトラのカロ＝バタック（Karo）、カリマンタンのガジュ＝ダヤック（Ngaju）やルアガン（Luangan）などが、相次いでパリサドの傘下に入った。中央政府もパンチャ＝シラを原理とした国家統合という点から、こうした伝統的宗教のヒンドゥー内属を歓迎し、これらをアガマ＝ヒンドゥーの分派（sekta-sekta）として承認した。こうして、一九八〇年の統計では、ヒンドゥー教徒はインドネシア全人口の約二パーセントを占めるまでに拡大した［C. Geertz 1972; Volkman 1987; Weinstock 1987; Bakker 1993:240-241; Ramstedt 2004b:14-18］。

そしてもうひとつは経済的なものである。スハルト新秩序体制は、国家の経済再建、とくに外貨獲得の有効な手段として、バリやトラジャなど観光開発がみこめる地域の伝統文化の保護育成を積極的に進めた。外国人観光客がもとめるエキゾチックな「伝統文化」ないし「地方文化」を創出あるいは活性化させることによって、経済発展の有効な手段とするというこの戦略は、もともと戦前にヒンドゥー文化を売り物にしていたバリでは大成功だったし、ジャワ＝ヒンドゥーの伝統文化を売り物にした中部ジャワ（とくにジョグジャカルタ）でもかなり成功した。ただ、バリよりもオーセンティックであることを売り物にしたトラジャにおいては、トラジャ人と海岸部のブギス人との間に摩擦をまねくなどの問題も生じさせた［山下 1988:268-278; 橋本 1999］。バリでも、観光化が拝金主義の横行、環境破壊、治安の悪化、退廃的な欧米文化の浸透によるモラルの低下、バリ的な宗教価値観の相対的な落ち込みといった問題を実際に招いているという声は根強くある。しかしその一方で、外国人観光客の存在がバリの社会経済や「伝統文化」を活性化させる要因となったという点や、これがバリ人自身による宗教文化の再確認や再強化を刺激する効果をもったという点が、指摘できないわけではない［cf. Picard 1996］。

ところで、インドネシア各地のヒンドゥー教徒たちは、名目上ヒンドゥーに改宗しただけで、それまでの宗教習慣とくに儀礼実践を大幅に変えることはしていないようである。スラウェシの一部のヒンドゥー教徒は、ブサキ寺院の儀礼にあわせて火葬をおこなう習慣をとりこんだが、こうしたケースはまれであり、基本的に彼らはヒンドゥーの唯一神や『ウポデソ』に記載されているような若干の規範を受容することで、ヒンドゥーへの改宗に対応している。もっとも、ほとんど理念だけにとどまる改編という点は、バリ島在住のバリ人の大多数にも当てはまる特徴ではある。いずれにしてもパリサドは、バリ島外のヒンドゥー教徒を組織的にとりこみ、またスハルト体制下で奨励された移民計画によってバリ島外に出ていったバリ人ヒンドゥー教徒を支えるため、インドネシアの各地に支部を設け、インドネシアにおけるヒンドゥーの唯一公認された団体としての地位を一層固めていった。そしてパリサドは一九九一年に、その本部を首都ジャカルタにおくことを決定した。宗教省との折衝や情報収集を考慮してのことである。こうして現在、パリサドの本部はデンパサールとジャカルタにある。いずれもその中心を担っているのはバリ人だが、このジャカルタ本部設置は、パリサドとヒンドゥー＝ダルモのインドネシア化を象徴する出来事だといえる［Rudyansjah 1986:18; Bakker 1993:238-241; Bagus 2004:85］。

デンパサール（上）とジャカルタ（下）のパリサド本部

そしてこのヒンドゥーのインドネシア化への流れは、ひるがえってバリ島に住むバリ人の宗教生活にも一定の影響を与えつつある。たとえば一九九〇年代のウブドで注目されるのが、各地のヒンドゥー聖地からの聖水の調達という現象である。それ以前はバリ島外の聖地を訪れ、聖水を調達するということはまずなかったと考えられるが、ウブドでは寺院の何十年に一度とされるような大儀礼の際に、ジャワのスメル山やロンボックの聖地の湧き水を人々が共同でとりに行くのである。インドにある聖地への巡礼もふくめて、こうしたことがバリ島全体でどの程度広がりをもっているのかは確認できていないが、観光産業を推進力とした経済力の向上とパリサドのインドネシア化（あるいはインド化）に対応して、今後ますますバリ人の宗教実践はバリをこえた空間的広がりをもったものになっていくだろうと思われる。

ここで、戦後のウブド王宮の動向について簡単に触れておこう。戦後のウブド王宮のメンバーたちは、基本的に潤沢な田畑をその経済的基盤とし、他地域の旧王族・領主家のように種々のビジネスを積極的におこしたり、行政や教育の要職についたりはしなかった。それゆえスカルノ政権末期に土地改革と行政体系の再整備がはじまると、経済的・政治的基盤をそがれたウブド王宮の勢力はやや衰退した。このころのウブドは観光地としてもさびれていた。当時は日本の戦後賠償金でリゾートホテルが建築されたサヌールをはじめとする、南部（バドゥン）の海岸地帯がおもな観光地であった。村に中心となる産業がないため、ウブドの人々は観光地など村外に働きに出たり、建築や土木産業に従事したりもした。ウブドが観光地としてふたたび注目されるようになるのは、一九八〇年代からである。ウブド王宮がホテルを開業し、オーストラリアの旅行代理店と契約して、南部の海岸地帯でのリゾートとはまたちがった、中部の田園風景とバリの芸術文化の魅力をアピールしたのである。ここから次第にホテルや民宿、飲食店、土産物屋などが林立するようになり、ウブドおよびプリアタンは、一九七〇年代から拡大がつづいたバリ観光ブームの再来の中で、ふたたび芸能・芸術を目玉にしたひとつの観光センターとしての地位を獲得していった。ただし、ウブド王宮は観光産業にかかならずしも積極的にかかわらず、むしろ行政などの領域に人材を輩出するようになる［MacRae 1999:132, 135-139］。

こうした中でも、第2節で触れたようなウブド王宮の宗教的スポンサーとしての権威性はくずれなかった。ウブド王宮は、ウブド周辺のみならずバリ島の広い範囲で寺院の補修や儀礼の組織化に携わり、宗教文化の面で卓越した地位と評価を維持した。さらにウブド王宮は、ジャワのスメル山にあるヒンドゥー寺院の祭祀にたいしても人的物的な貢献をおこなうようになった。それだけでなく、このスメル山麓に居住するヒンドゥー教徒の宗教生活にも、ウブド王宮はふかく影響力を行使している。彼らはパリサドの確立したヒンドゥーの教義を受け入れるようになったが、マクレイによれば、その寺院の形態や儀礼の実践は明らかにウブドの慣習にならったものであり、彼ら自身もウブドとの連関を強調する歴史認識をもっている。さらに近年ウブド王宮が中心となって、インドネシアの最初のヒンドゥー教徒の居住地といわれる東カリマンタンのクタイ（Kutai）に寺院を建立しようとする計画まである。このようにウブド王宮の宗教文化的影響力は、いまやバリ島をこえたところにおよんでいる。マクレイは、こうしたウブド王宮のたぐいまれな宗教文化的影響力の背景に、ウブド王宮とパリサドとの良好な関係——ウブド王宮の血筋をひく者がパリサドの中心メンバーにいる——があると論じている［ibid:139-147］。

戦後宗教改革の特徴

パリサドについては、第Ⅱ章第4節および第Ⅲ章でも触れているが、ここであらためて全体を総括し、簡単に整理をしておこう。

まずはパリサドの改革運動の性格である。すでに何度も指摘したように、パリサドの活動は上からの啓蒙主義的な改革運動だといえる。第六点として挙げた司祭に関する規定については、一部に第Ⅲ章第3節に触れたような摩擦も生んだものの、基本的にパリサドは、正しいバリ宗教の理念像を提起するのみであって、たとえばジャガトナト寺院への参詣やあらたな宗教活動上の規範を人々に強要するといった手法はとらない。あくまであるべき姿を知らしめて人々にその履行をうながすのである。それゆえパリサドの決定事項は十分社会に浸透していかない状況がつづいている。ただし、パリサドの提起する規範が強制力をもたないわけではない。むしろあらたな規定は遵守すべきものであって、何らかの事情によって履行できないことはあっても、ほとんど拒否するという選択の余地はない。こうした自主的な遵守をせまるソフトな強制力こそ、パリサドの啓蒙活動の性格なのである。こうした点は、鏡味が論じた慣習村コンテストによる理想的な村落への改編に通じるものがある。慣習村コンテストは、地域や村人の自主的な参画と積極的な運営という形式を強制しつつ、地方政府の側が理想とする状態にすこしでもちかいものの実現をもとめるものだからである［cf. 鏡味 2000］。いずれにせよ、こうしたソフトな介入によって、バリ人の宗教生活のすくなくとも一部は変化を遂げてきている。

ピカールは、パリサドの活動の特徴は、バリ宗教の「聖典化」、すなわち儀礼からテクスト（教義）へ焦点を移行させることにあるとし、当初あったアガマの理念と宗教生活の実態とのギャップが徐々に狭まってきていると論じる［Picard 1999:41-44］。ピカールの指摘の後半部分は大枠のところで妥当なものであろう。しかしながら微視的視点に立てば、第Ⅲ章第4節で指摘したように、パリサドの理念に人々の宗教生活の実態が追従しつつあるばかりではなく、そうした理念が現実の社会過程の中で再構成され、ずらされて浸透していく余地もあるといえる。また、ピカールの指摘の前半部分については、私は多少ちがった理解をしている。先に指摘したように、パリサドの儀礼にたいする態度は両義的なものであるといってよいと私は考える。たしかに原理重視・儀礼の縮小を理念としては唱えているが、実際のところパリサドは儀礼の抜本的な改革を唱えているわけではなく、むしろ最小限の手直しを加えながら儀礼を保持していくことを唱えているのであり、その点では既存の（複雑な）儀礼体系を事後正当化するような教義知識の確立と流通をはかってきたと考えるべきだろう。したがって、ピカールの定式化は次のように修正すべきである。つまり、パリサドの教義中心主義は儀礼（宗教実践）を教義に従属させ、あるいは包摂しようとするものなのだが、それは十分成功していないのだと。一九九〇年までのところ、パリサドは一神教的理念やこれに即した宗教規範を人々の間に浸透させ、一部は宗教実践の変更を迫るところまでいった。しかし一方で、地域レベルでは、パリサドが廃止を決めた双子の浄化儀礼はなおおこなわれているし、司祭の平等性も実現されてはいない。しかも教義には相容れない現象（経済力の向上にともなう儀礼の華美化、親族集団の再結集化など）も一部の地域では顕著になっている。これまでのところ、一般の人々の宗教生活という次元においても、パリサド自身の宗教実践のあり方という次元においても、教義中心主義と儀礼中心主義とはまだ混在し、微細なレベルではせめぎあっているのである。

そして、パリサドと一般の人々との間の疎遠な関係という点を、かなり一般的な特徴として指摘することができる。もともとパリサドの影響力は、個人や集団がもつフォーマル・インフォーマルなネットワークに支えられたものであるとともに、デンパサールや各県庁所在地といった都市を拠点にしたものであるため、地域によってまた個人によって、かなりの濃淡がある。それゆえ先に触れたように、パリサドの会議において、民衆の方をみてこなかったことにたいする自己批判も出たのである。もっとも、ルディアンシャによれば、この自己批判自体、一般のバリ人にはそのまま受けとめられなかった。むしろ人々は、この会議でパリサドが、翌一九八七年におこなわれる総選挙にゴルカルに投票すべく人々に呼びかけるよう案を練っているのではないかと噂していたのだという［Rudyansjah 1986:22］。このことや、デンパサールのジャガトナト寺院の不人気が示唆するように、今日おおくのバリ人にとって、パリサドという組織は、自身の宗教生活に直接的な影響力をもったものというよりも、自身の宗教生活をいわば遠隔操作する権威的機関のように感じられるようなのである。私が知るかぎり、人々はパリサドの改革の方針に正面から異を唱えることはしないし、基本的にその方針にしたがいつつ宗教生活を営んでいるが、だからといってパリサドにたいしてシンパシーを感じているわけではない。いいかえると、これまでのところ、パリサドが提起してきた宗教理念や規範は、これに直接主体的に関わろうとする一部のバリ人をのぞけば、人々をその内面から突き動かし方向づけるようなもの（ある意味でウェーバーがいうエートス的なもの）ではなく、むしろ人々に外在し強制力をもって働きかけてくる、イデオロギー的なものなのである。

バリ宗教の起源と偶有性

本節では、バリ人エリートによる宗教表象（そして実践）の構築過程を素描した。以上の記述から明らかなように、西欧側の、あるいは人類学の紋切り型のバリ宗教表象だけでなく、このバリ人エリートが構築し現在広く浸透するようになったバリ宗教表象の起源も、植民地状況の中にある。バリの「宗教」を際立たせて浮かび上がらせる表象形式や、アダットとアガマを対にして捉える枠組など、植民地時代のこうした表象のあり方に、今日のバリ人のバリ宗教表象は支えられたものだといえるからである。

この起源の同根性にもかかわらず、人類学的あるいは学術的なバリ宗教表象とバリ人エリートが紡ぎだした宗教表象とは、植民地時代、具体的には一九二〇年代後半において、すでにたがいに対照的な性格をもったものだった。当時のオランダ人官吏、外国人観光客、人類学者、西欧人のバリ芸術愛好家らは、東洋趣味や異国趣味からバリの「宗教」や「伝統文化」を理解しこれを表象した。一方バリの知識人たちは、バリの宗教や文化が「未開」的なものとみなされるという危機感をばねにして、バリ宗教の近代化を模索した。前者がレトロスペクティヴなまなざしから、植民地体制以前から存在した西欧側の表象に即したかたちでバリ宗教を捉えていたのにたいし、後者は前者のアナクロニズムを反転させ、現状と未来を見据えるまなざしから、バリ宗教のあるべき姿を構想した。オランダ人ないし西欧人に支配的な表象枠組を転倒させる――といっても、その表象枠組自体が倒錯していたのだが――ことによって、バリの知識人、とりわけジャボ層エリートたちは、バリ宗教のあらたな理念を獲得したのだった。

もっとも、このエリートたちの思索や改革へのとりくみが、戦前・戦後においてどの程度同時代の人々のさまざまな宗教への認識や態度を反映したものであったかは、疑問が残るところである。すくなくとも、これまで記述してきたような断片的なデータをもとにしていえば、現在人々の中に強力に浸透してきている宗教イデオロギーは、エリートの中においてさえ、バリ人の宗教にたいするさまざまな見解・態度や生き方を十分カヴァーしたものだったとはいいがたい。すなわち、人類学的表象が宗教生活の一面のみを切りとったものにすぎないことを、植民地時代に遡行して明らかにすることが第1節・第2節の議論だったとすると、この第3節の議論は、エリート層の構築した表象という性格をぬぐいきれないバリ人に支配的な宗教表象もまた、おなじくそうした一面性・限定性をもっていることを明らかにするものだったのである。そもそも歴史とは、そうした特定の主体に即した表象群によって支えられ、動き、それが別の表象群や当該の表象群をも変えていく、という過程の蓄積と更新なのかもしれない。

以上が本節で明らかにしえた点であるが、最後に付け加えておきたい点がある。それは、こうした戦前から戦後にいたるバリの宗教改革運動の経緯をふりかえったときに、あらためてここに歴史の中に生起する出来事の連関がもつ偶有性、ウェーバーが「意図せざる結果」と呼んだものを、感じざるをえないということである。

もともとジャボ層エリートは、トリワンソと共通の関心や目的をもって自らの宗教文化にたいする知見を深化させようとした。しかし結果的に両者の対立が鮮明になり、ジャボ層エリートはトリワンソから決別して、これに対峙しうるあらたな理念を打ち出さざるをえなくなった。こうして彫琢されたのが、古代ジャワではなく、むしろ同時代のインドのヒンドゥー教を準拠枠とする改革の理念だった。この戦前の理念構築の過程の偶有性に加えて、この理念が戦後に成立した共和国の建国理念パンチャ＝シラとの整合性ゆえに、あらためてクローズアップされたことにも偶有性がある。さらに、戦後におけるこの理念の現実化、つまりアガマとしての認知運動の担い手になったのは、ジャボ出身エリートが批判の的にしたブラフマノ層を核にしたトリワンソ中心の諸団体であった。穿った見方かもしれないが、トリワンソは率先して宗教改革の担い手になることによって、ジャボ出身エリートの批判をかわし、エリートとして新体制のもとで生きのびることができたのである。こうして改革の担い手が交替し、パリサドというキメラ的な団体にこの改革の機能が統合されたあとに、さらにもうひとつ意図せざる出来事がくる。一九六〇年代半ばの社会混乱とスハルト体制の成立である。もともとバリ宗教の改革は、バリ人のアイデンティティの核としてこの宗教の将来にわたる保障を国家から得るためのものだったのだが、国家が反共政策の一環としてヒンドゥー分派を積極的に認知した結果、バリ宗教はバリ人にかぎらず広くインドネシアの人々に開放されるものとなったのである［Picard 1999:45］。

そしてこのスハルト体制への移行の前に、バリ宗教がアガマとしての公認を受けたということの前後関係こそ、ヒンドゥーの命運を決定づけるもっとも重大な出来事だった。母の故郷であるバリに親近感をもつスカルノだったからこそ、この認知がスムースに運んだのだと考えられるし、この認知を受けたあとだからこそ、ヒンドゥー→多神教→無神論→共産主義という疑いを受けることなく、バリ人は自分たちの宗教を信奉することができ、また他地域にヒンドゥーを拡大することもできたのだった。またアガマをアダットから識別する認識枠組が確立されていたからこそ、スハルト体制下の経済再建政策において、バリの宗教文化伝統を目玉にした観光開発が進められる中、バリ人は自分たちのために確保すべきアガマや文化の領域と、観光客用に切り売りする伝統文化や芸能芸術とを識別し、後者を前者の発展のためにも役立てようとする論理と規範を、構築しようとすることができたのである。こうした意図せざる結果の不連続な連関の過程をくぐりぬけてきたものとして、バリのヒンドゥーの現在があるのである。

第4節　バリ宗教と人類学

これまでこの章では、バリ宗教をめぐる主要な表象群に言及し、複雑に絡みあう社会的・歴史的過程のいくつかの契機において、こうした表象がどのように関わりあったのかを記述してきた。ここでは、あらためて本章の議論を前章までの議論との関連で整理し、主要なポイントを明確にすることにしたい。

系譜学的考察の整理

バリを統治する以前から、オランダ側にはインドのイメージを投影してバリを漠然とイメージする、いわば原的バリ表象があった。二十世紀初頭にププタンという悲劇を経てバリを支配することになったとき、オランダはこのオリエンタリスティックな表象に依拠してバリを見、バリの統治に取り組もうとした。オランダ時代のバリにおいて進行したのは、サイード的にいえば、バリについて知ることとバリを支配することとが相互に影響しあうメカニズムの具体であった。それは、バリ文化の保存に関わる一連の出来事、とりわけ地震復興をめぐる諸事態において現実化したといえる。バリ宗教文化は、オランダ側の手持ちの表象枠組の中に縮減されて見出され、この表象に沿った現実の部分が強化され、実体化させられたのである。

ただし正確には、オランダのバリ統治はこの雛形だった表象をずらせていく過程とともに進行した。当初バリはヒンドゥーの封建社会だと理解されていた。オランダは武力行使によって王制を除去したのだから、ここには封建体制をさし引いたところのヒンドゥー文化が残っている、これは尊重すべきだ、というのがオランダの認識であった。眼前の敵である王制を打ち負かしたあとには、バリ文化のよき保持者としての（旧）王族・貴族層が残ったのである。こうして彼らを優遇した植民地社会が形成されていく。その過程において重要な役割を果たしたのが、リーフリンクの解釈と、これをずらせた改釈であった。バリ社会の根幹は宗教共同体としての村落社会にあり、民衆レベルでの宗教活動が基本的に滞りなくおこなわれているのであれば、「村落共和体」もまた変動していないことになる。それゆえ「政治」「統治」面で若干の改編をおこなっても、バリ人のオリジナルな生活文化を壊すことにはならない。こうしてバリの「宗教」という表象枠組が立ち上げられ、バリの現実の社会文化の改編が進められ、さらにその改編によってますますこの「宗教」と「政治」ないし「統治」との弁別に実体性が付与され、バリの「宗教」がゆるぎない固有の意味領域として確立されていく。この宗教表象は、バリの宗教伝統を本質主義的に捉えるとともに、それが植民地体制下における政治支配の圧力のもとに醸成されたということを括弧に括ったところで成り立っていたという点で、イデオロギー的なものだったといえる。

このような過程において、バリ人側がどのようにバリ宗教を表象していたのかは、かならずしも十分明確ではない。しかし、先の地震復興をめぐるバリ人側とオランダ政府との折衝過程をみると、オランダ側がバリの宗教文化や伝統とみなしたものに、王族・領主層も関心をよせるようになったことがわかる。ブサキ寺院をはじめとする寺院は、バリの宗教文化の雰囲気をもったものとして再建されようとする。また「バリ化」とも呼ばれた教育政策や工芸・芸術の保護政策によっても、バリの伝統文化の保存や育成がめざされていく。さらには観光化の中で、芸術・芸能領域における伝統文化の構築に、バリ人側も積極的に関わったという点もある。こうしてみると、オランダ側が立ちあげた表象の枠組を（一部の）バリ人もまた基本的に受け入れ、この枠組を基盤としたかたちで、バリの宗教文化の諸領域が再構築されたと考えてよいだろう。

もっとも、これには二つの点をいそいで付け加える必要がある。ひとつは、たしかにバリ人側はバリ宗教を「宗教」として捉えるオランダ人側の表象の枠組ないしは形式を受け入れたといえるが、バリ人がオランダとおなじような表象の中身や価値観を共有していたとまでいうことはできない、という点である。たとえば、オランダ政府関係者や研究者は真正のバリ文化を保護することが重要であると認識していたが、政府の伝統文化保護政策に加担したバリ人もがそうした認識を共有していたとは考えにくい。むしろバリ人側においてそうした認識は希薄だったと考えられる。バリ人にとって、一九一〇年代後半の一連の災難は神の怒りによるものだったのであり、それゆえ彼らは寺院祭祀や呪術的活動（チャロナラン、サンヤン、バロンの巡回など）に熱心に取り組むようになったのである。あるいはこうした宗教＝呪術的動機とともに、旧支配者層にとっては、自らの威信と権威を誇示する政治的動機もあっただろう。オランダ政府が「宗教」と「政治」とを異なる領域として設定したことが、逆にバリ人にとって「宗教」の政治学、あるいはギアツのいう劇場国家論的状況を展開する余地をひらいたのである。さらに、観光化の進む中でバリ人たちが観光客用のショーとしての踊りやバロン劇、そして土産物としての芸術（絵画や彫刻）の生産やエラボレイションに積極的に取り組んだのは、それらが手ごろな「経済」活動として映ったからであろう。おおくのバリ人はこの時代において苦難と不安を経験したのだとシュルテ＝ノルドホルトはいうが［Schulte Nordholt 1996:335］、植民地時代のバリ人の行動を、彼らが社会的・経済的そして宇宙論的な苦難に直面していると認識していたであろうことに関連づけて理解することは、間違いではないだろう。

しかしながら、植民地支配者側はそのようなバリ人の理解に即した理解はしなかった。彼らはバリ人側の宗教的動機について知らなかったわけではないが、バリ人が宗教活動にいそしむようになったことを、未曾有の危機的状況にあるとバリ人が考えているからだと捉えるよりも、むしろただ単にバリの伝統的な生活スタイルの復活であるとみなしたのであり、しかもこれを植民地体制下における社会的安定によるものだと、いわば自画自賛的に捉えてもいたのである。こうした楽観的で現状肯定的な捉え方は、一九三〇年代のアメリカ人人類学者やその友人たちのバリ理解についても指摘しうる。これら政府関係者やバリ研究者の現状認識は、当時のバリ人の悲観的な認識からはかけ離れたものだった。バリ宗教文化の維持と尊重という点では、バリ人側とオランダ側には共有点があったが、その認識の中身に踏みこんでいえば、相互理解といえるようなものは醸成されていなかった。

もうひとつは、こうしたいわば順体制的な動きとは別の動きが、バリ人とくにジャボ層出自の新興エリートにあったという点である。繰りかえしになるが、バリ人にとって植民地体制下のバリは、過去の社会状況の回帰や回復ではなく、逆にまったくあらたな社会状況（しかも悲観的・危機的な）の到来であったと考えられる。それゆえこうした状況の中で、従来の宗教文化を維持・尊重するのではなく、逆にこれを大胆に変革していくべきだとする動きも出てきたのである。この既存の体制にたいする批判的な省察は、具体的には旧支配者層の特権的位置にたいする疑問と、宗教生活にたいする根本的な見直しといったかたちであらわれた。植民地時代の行政中心都市であるシンガラジャにおいて声をあげたこの改革運動は、しかしいわばあだ花として咲いたものであって、上で述べた支配的な表象枠組（オランダ人官吏、バリ人の支配者層＝官吏、バリ研究者、外国人観光客らが共有する）に拮抗するような影響力はもちえず、歴史の記録からは消えていく。しかしそれは、バリの共和国への編入以降に実現する宗教改革の基盤を用意するものだったのである。

戦前のジャボ層エリートが構築したあらたな表象は、西欧側のオリエンタリスティックなバリ宗教表象を転倒させたものであった。一九二〇年代の時点ですでに、このバリ人側の表象と欧米人側の表象とはそれぞれ明確なかたちで現出していた。私は第Ⅲ章第1節で、バリ人の宗教表象枠組と人類学の表象枠組との対照性という問題に触れたが、この両者の懸隔自体は、したがって植民地時代においてすでに事実上存在するものだったといえる。ただし、この懸隔とともに、両者のさらなる起源における同根性にも留意しておく必要がある。というのも、バリ人エリートの立ちあげたこのバリ宗教表象も、西欧側の表象枠組や植民地状況なくしては存立しえないものだったからである。さらに戦後においては、エリートが同時代のバリ人の宗教生活の実態から遊離したところで構築した理念や規範が、上からの後追い的な宗教改革の進行の中で影響力を行使するのであり、この点で、西欧側の構築したバリ宗教表象だけでなく、バリ人エリートの構築した宗教表象も、イデオロギー的性質をもったものだといえる。つまり、バリ宗教にたいする影響力の行使という点では二十世紀の半ばを境にその主役としての立場を交代するこの二つの表象の系は、対照的であるとともに、ある種の共通性と同根性をもつのである。

さて、話を植民地時代にもどして、もう一点触れるべきポイントがある。それは、植民地時代において、この西欧側の本質主義的な表象が、「楽園」としてバリを売りこむ観光産業や、独自の文化をもった社会としてバリを表象する学術的（あるいは教養的）なメディアにのって、欧米社会に広まっていったという点である。もともとこの種の表象は東洋学的知見を基盤としたわけで、その点ではバリ観光やバリ研究という制度の整備発展によって、一層この種の表象が確実にまた強力に流通するようになったのだという方が正確であろう。いずれにしても、上記の二つの表象の系の確立と前後するように、バリ研究とバリ観光の基盤も一九二〇年代以降に確立し、これ以降ますます西欧側の表象枠組の強度が安定することになる。とくにアメリカ人人類学者やその友人たちは、オランダ慣習法研究を継承しつつ、二十世紀人類学のパラダイムをもってバリの宗教や芸能を研究し、これ以降のバリ研究とバリ観光の脈絡で流通する支配的な表象と言説の雛型を構築するとともに、「伝統的なバリ文化」の実質の構築にも関わったのだった。

これに連関して補足しておくべき点がある。それは、バリ研究とバリ観光の相互作用によって本質主義的なバリ表象が流通し（再）強化されるという状況は、戦後から現在についてもまた当てはまるという点である。たとえば山下は、中央と地方政府の開発および統合政策、バリ人の起業努力、アイデンティティ、日本で流通する観光地バリのイメージなど、いくつもの論点を交叉させつつ、この点を論じている［山下 1999］。しかも戦後のバリ観光ブームの再来は、バリ研究の再興の時期とも重なるのである。アディチョンドロは次のようにいう。「一般的にいって、大部分のバリ研究は実際のところ、オランダ植民地政府によって創出され、それにつづくインドネシア政府によって維持されてきた、『楽園としてのバリ』というパラダイムを強化してきたのだといえる」［Aditjondro 1995:12; Rubinstein & Connor 1999b:2］。観光の脈絡だけではなく、学術的な言説や表象においても、また両者の中間に位置する領域においても、楽園バリという表象枠組は支配的である。それは、たとえば日本語や英語で出版されている書籍をみればよくわかる。

そしてアディチョンドロの指摘は、ギアツの議論にも当てはまる。第Ⅱ章で検討したように、ギアツのバリ研究を、ギアツの調査時点については保留するとしても、現在のバリ人の宗教文化を的確に表象したものとみなすことは難しい。しかしその議論は、いまもバリの宗教文化の特徴を描写した研究として、人類学やその周辺諸科学においても、またより一般向けに流通している観光関係の著作においても、ある種の権威を保ちつづけている。おそらくそれは、ギアツ的な記述や議論が「楽園」イメージに親和的な表象だからである。そしてこうしたバリ研究とバリ観光の間に横たわる、いわば表象の癒着関係が強固なものであればあるほど、そうした表象がバリ人の宗教表象からおおきく隔たっているという問題は浮かび上がってこなくなる。こうしてバリ人側の宗教表象は、バリに訪れる観光客などの外国人にはほとんど主題化されることのないものとなってしまう。しかも観光に関わる次元では、とりわけ商品として切り売りされる宗教伝統文化については、「伝統的なバリの宗教文化」という様相が前面に押し出されて強調されることがおおい。またバリ人の中に、これ見よがしに派手な（ラメな）宗教活動を催行する者がおり、これがバリ人のみならず外国人観光客からもおおいに注目を浴び、バリ宗教文化のエキゾティシズムを観光客に一層強く印象づけることにもなる。こうして西欧出自の本質主義的な表象がグローバルに流通する。これは植民地時代と変わらぬ点だといってよい。

もっとも、植民地時代と異なる点にもまた注目すべきであろう。それは、バリあるいはインドネシアにおいては、これとは対照的な宗教表象枠組、バリ宗教をアガマ＝ヒンドゥーとみなすイデオロギーが、すでに支配的になってきているという点である。また、「伝統的なバリ宗教」という表象をほうふつとさせるような宗教生活を送る者がとりわけ観光化が一層進む地域において存在する一方で、そうした宗教生活を享受できない者も現在のバリには存在するという点にも、目配りしておく必要がある。さらに、宗教によって得られる精神的な豊かさを物質的な繁栄とひきかえにするような社会状況を憂い、外国人観光客および観光資本にたいしてバリ人のアガマの尊重と理解をもとめるべきだとする意見も、バリの知識人・教養人から提示されている。バリのマスメディアでは、宗教やバリ文化と観光との軋轢をめぐる問題は、しばしば論争の焦点となっている。今日のバリ人たちは、アガマ、アダット、ブダヤ（文化）が一体となっているかぎり、バリ人としてのアイデンティティがゆらぐことはないと考えているが［Picard 1999］、その一方で、増えつづける観光客の存在と一層の観光化がこの一体性を脅かすおそれがないわけではないことも十分自覚している。おそらく今後は外国人観光客にたいして、バリ人が保持しているアガマやアダットやブダヤをめぐる価値観をいっそう理解するようもとめる動きが強化されていくだろう。ただ現状は、第Ⅲ章第3節で触れたように、寺院で英語の掲示板を掲げたり、儀礼の際に観光客に注意を促したりするなど、部分的あるいは局所的な動きがみられる程度であり、バリ人側が宗教文化の維持・尊重のために外国人観光客にたいして何らかの（とくにネガティヴな）働きかけをおこなうといった現象はみられない。つまりバリ宗教に関する二つの表象系は、いまのところ、第Ⅰ章第1節で触れた世界の一部の地域においてのように、明確な対立をなすにはいたっていない。

人類学とバリ宗教

以上、植民地時代を中心とした本章の議論のおもなポイントを、前章までの議論との関連に触れながら整理した。単純化をおそれず、あらためて論点を三つに整理してみよう。①バリの政治や行政から切り離されたものとしてバリの宗教を「宗教」としてみる表象の形式が、オランダ／西欧側によってまず使用されるようになった。そして植民地状況の中で、この表象形式は一部のバリ人に受け入れられ、やがてバリの宗教文化を自省的に捉えるエリート層に浸透していった。②バリの観光化やバリ研究の進展といった過程に平行しながら、祭りと芸能の島、ヒンドゥーと土着文化が融合したバリ独自の伝統文化、儀礼を中心軸とした社会生活、といった表象枠組からなるバリ宗教表象の系が、欧米人によって醸成され、西欧に広まり、やがてグローバルに流通していった。人類学、観光産業、その他マスメディアにおける「バリ宗教」をめぐる言説群は、そうした表象枠組に依拠するものであるとともに、その表象枠組の存続・強化に貢献するものでもあった。第Ⅱ章で言及したように、とりわけ人類学的研究こそ、植民地時代以降ほぼ継続したかたちで、そのような表象枠組の定着・強化・浸透に貢献する権威的な要素であったといいうる。③その一方で、この②の表象の成立と時期をほぼおなじくして立ちあげられ、幾多の紆余曲折を経ながらも戦後になってエリート主導のもとに再定式化され、バリあるいはインドネシア社会において浸透し受容されるようになった、これと対照的なもうひとつの「バリ宗教」の表象系がある。それは、バリ宗教をアガマとしてのヒンドゥーとして捉えるものである。このアガマとしてのヒンドゥー観は、シモとしての宗教観――それは②の内容に重なるところがある――にたいして、今日のバリ人のいわば「表」の宗教観となっている。儀礼的慣習に集約されうる土着の因習を排除し、インドのヒンドゥーをモデルにしながら、もっぱら知識や思索の次元においてヒンドゥーの本質をあらためて見出そうとする諸活動こそ、バリにおけるバリ宗教の実態であった。

これまで表象系という表現をもちいてきたが、ここで「バリ宗教」を第Ⅰ章第2節で論じた意味システムという概念で捉えかえせば、世界社会には「バリ宗教」という名で語るにふさわしい二つの意味システムがあったということになる。本章では、この、いずれも「バリ宗教」という語で語りうる二つの表象系／意味システムが、ある意味で交叉しながらもそれぞれ構築されてくる初期の過程を、とくに人類学がバリ宗教のあり方に与えた影響力に注目しつつ、記述しようとした。私は、第Ⅰ章第2節で様相論的意味システム論の概要を論じたとき、意味システムを特定の主体との関連において、また歴史的・社会的過程の中において、捉えることが重要であると述べた。本章の議論は、主体間の差異を十分その機微に分けいって記述するまでにはいたらなかったが、オランダ人官吏、バリ研究者、とくに人類学者、外国人観光客、バリ人王族・領主層、ジャボ層エリート集団、そしてダンサーや画家などの「芸術家」、その他の人々――決して主体の差異を抹消してひと括りにしようとしているのではない――といった、それぞれ異なる主体の間の相互作用によって、この二つの「バリ宗教」という意味システムが成立し再構築されていく複雑な過程のアウトラインを素描することはできたと考える。

その場合注目されるのは、その過程にシュピース、コヴァルビアス、そしてベロやミードらが相当な役割を果したといえる点である。彼らは、単に民族誌の中においてバリ宗教を表象しただけでなく、部分的にはバリ宗教の実際のあり方を変えもした。また、彼らの著作がバリ観光を刺激し、間接的にせよバリ人の宗教文化への関わり方に影響力をもったということもいえる。これをあえて一般化するならば、人類学は研究対象を表象しつつ現実化してきたのであり、あるいは記述しつつ生産もしてきたのである。むろん、人類学が現実の社会の複雑な相互作用関係のただ中にある以上、対象との間に何がしかの影響関係をもつことは不可避であろう。第Ⅰ章でも触れたように、重要なのは、その影響関係が実際のところどのようなものであるかを可視化し、つねに議論に繰りこんでいこうとする姿勢である。しかし戦前のバリ研究のみならず、戦後のバリ研究においても、こうした人類学の自己言及性の問題は十分なかたちで主題化されてこなかった。

以上が、本章というよりも、本書において記述した点である。二つの「バリ宗教」の表象系は、起源においては同根であり、一方ではたがいに対照的な相貌を示すが、他方では戦前そして戦後にバリ人の宗教生活を規定するイデオロギー的影響力をそれぞれがもったという点で共通性をもつ。そして両者の間には、人類学的研究が観光現象を介してバリ宗教を部分的にせよ生産したという関係づけをもつ点で、実質的な影響関係もある。このように単純化したモデルを提示することが主題だったのではなく、むしろ事象の複雑性を可能なかぎり複雑なまま記述することが主題だったのだが、いずれにしても本章あるいは本書の議論は、こうした人類学とバリ宗教との間の二重の関係性を記述的に明らかにするものだった。本書のタイトル「バリ宗教と人類学」も、この二重の関係性を指すものにほかならない。

ところで、最後にひとつ触れておきたい点がある。それは、この二つの表象系がおなじ根をもちながらも、部分的あるいはほとんど一方向的にしか影響関係をもちえず、これまでのところ実質的にそれぞれ異なる表象再生産の過程の中にあったという点である。バリ人側の宗教表象は、もっぱらバリおよびインドネシアの中で流通しているのみで、観光の脈絡で流通するエクリチュールにはもちろん、人類学的諸研究の中にも十分なかたちでは、反映されることはなかったといえる。第Ⅱ章第4節の最後に先取りして指摘したように、ギアツに代表される既存の人類学的バリ宗教研究は、第Ⅲ章で記述したようなバリ人の宗教観や、第Ⅳ章第3節で素描したようなアガマとしてのヒンドゥーの構築過程を、十分議論にとりこむにいたっていないのである。

しかしながら、今後は歴史人類学的研究や構築主義の視点に立った研究の進展により、バリ人の宗教観やバリ宗教の構築過程に関する記述が一層蓄積され、また既存の研究に内在する認識に潜む偏向がより明確に主題化されることによって、またそもそも、教義と規範を重視する姿勢がバリ宗教の中にますます定着していくことによって、こうしたバリ宗教のアガマ＝ヒンドゥーとしての様相がますますクローズアップされ、諸表象の中に書かれてグローバルに流通していくだろうと私は予想している。たがいに異なる循環的生産過程にあった二種の表象系が、さらなる構築・再構築を果たしつつ相互浸透していくであろう過程、いいかえれば、二十世紀において異なる道を歩んで展開してきた二つの表象系がひとつに重なりあっていくであろう過程こそ、今後の「バリ宗教」の歩む方向性だろうと考えられる。そして、その場合焦点のひとつになるのが、バリ人のバリ文化研究者（歴史学者、文学者、そしておそらく人類学者も）の動向である。彼らはパリサドのブレインであり、インド的なヒンドゥーに親しむとともに、欧米の研究者が紡いできたバリ宗教表象にも詳しく、まさにこの二つの表象系の媒介者というべき位置にあるからである。

現在の私は、この問題についてこれ以上言及することはできない[6]。ただ、二十世紀末以降のインドネシアにおいて進んできた言論の自由化が、今後こうしたエイジェントとしての知識人の実践に、より一層社会的な重要性を付与していくことは間違いない。たとえば、もっとも権威あるバリ人人類学者であり、ハビビ政権時代に国会議員もつとめたグスティ＝ンラ＝バグスは、欧米の人類学者らとの共同研究の中で、スハルト体制期におけるパリサドと一般のヒンドゥー教徒との懸隔について厳しく論じている［Bagus 2004］。彼によれば、パリサドは一九六八年にゴルカルと手を結んだが、パリサドが中立を保つことを望んでいたバリの人々はこれにおおきな疑問をもった。また、パリサドは激変する社会のあり方に即したかたちで、ヒンドゥーのよりよきあり方に関する指針を信者に提示するという本来なすべき作業をなしえなかった。たしかに出版活動によって若干の啓蒙活動はおこなったが、そこではいかに誤りなく適切に儀礼を催行すべきかに焦点があてられており、バリ人だけではない、広くインドネシアのヒンドゥー教徒の要求する、自身の宗教がもっている教義や倫理、知識をいかに正しく理解し、それを社会生活の中に生かしていけばよいのかという問いにたいして、十分応えるものではなかった。端的にいって、パリサドはインドネシアの他宗教の組織がなしたような信者共同体への貢献を、果たすことができなかった、というのである。こうしたバグスの主張は、バリの（あるいはインドネシアの）ヒンドゥー教徒のすくなくとも一部の人々の見解を代弁するものと考えてよい。つまり、パリサドの批判すべきところは批判しながら、大枠のところではその方向性の延長線上において、場合によってはパリサドをこえて、さらなる宗教改革運動を進めていくことこそ、インドネシアのヒンドゥー教とその信者共同体の発展にとって必要なのだ、という主張である［ibid:91］。こうした、そしてこれ以外のさまざまなバリ宗教に関する言説や表象が、さらに二十一世紀のバリ宗教を変える契機となっていくのだろう。

以上、本章の議論を、前章までの議論に連関させながら、主要なポイントに整理した。本節の内容は、実質的に本書の結論に相当する。ただ最後に、あらためて簡単に本書の議論全体をふりかえるとともに、残された課題について触れておきたいと思う。

註

（1）オランダ側はトリワンソの方を「よそ者」とみなしたが、バリ人にとってトリワンソはジェロ（jero: 内）つまり内部者であって、オランダがバリの在来の住民だと考えた人々こそがジャボ（jaba: 外）つまり外部者なのである。ここにもオランダ側の表象とバリ人側の表象とのずれが露呈している。

（2）ほかに、近年になって改良されふたたび頻繁に上演されるようになった「古典」劇であるガンブ（Gambuh）や、舞台上で観客に向けて演じるという近代的な劇形態をもったパフォーマンスであるスンドラタリ（sendratari）やドラマ＝ゴン（drama gong）などもある。スンドラタリとドラマ＝ゴンは、いずれも公立の芸術学校の教員や学生が中心となって一九六〇年代にあらたに創作されたものである。前者はラーマーヤナ＝バレエ（Ramayana Ballet）に代表される、ガムラン音楽と踊りにストーリーの展開を組みこんだ劇であり、後者はその喜劇版といってよい。ドラマ＝ゴンは、王国時代を舞台としてはいるものの、登場人物が現代語をしゃべるところに特徴をもつ。影絵劇ワヤン＝クリット（wayang kulit）をはじめとして、バリの演劇はいずれも登場人物がカウィ（文語／古語）をしゃべり、トリックスター的役割を果たす道化のみが現代語をしゃべって観客に登場人物の発言やストーリー、そして笑いを伝えるというパタンをもっている［A. Hobart 1987; De Boer 1996］。

（3）一九〇〇年代から三〇年代のバリの経済状況について簡単に触れておく。結論からいうと、この間人口は増えているが、それに生産量や収入は追いついておらず、バリ人が豊かだったとは決していえない。たしかに植民地体制下のバリでは道路や灌漑設備が整備され、これが米の収穫や物資の流通に好影響をおよぼした。オランダ側の税収も向上したようである。しかし、納税は個人単位ではなく地域一括の形式であったため、地域の住民が均等に税を負担したのではなかった。それゆえ、たとえばウブドでは進んで王宮に土地を提供し、自身は小作人となることで、土地への課税を免れようとする者もおく出た。地震後の社会経済的混乱に加え、世界恐慌の影響によるオランダ通貨の下落、輸出不振、それによる銀の流出があり、さらには一九三五年から翌年にかけてネズミと害虫が大発生し凶作をまねいた。人々は石油の代わりに椰子の殻を燃やし、高価な腰布を巻くことをやめて安価な日本製のズボンをはいた。当時の理事官の中には、こうしたバリ人にふりかかる貧困に注意をはらう者もいたが、それをまったく理解せず、バリでは恐慌後の混乱はたいしたことではなく、人々は昔の状態に戻っただけだと考える理事官もいた。当時を知るバリ人は、この一九二〇年代末から三〇年代の時期を、貧困と欠乏の時代だと記憶している。税の滞納や負債から田地を売るバリ人もすくなくなかった。しかしそうした問題をオランダ政府側は十分把握していなかったようである。というのも、その種の問題は、地域の徴税をおこなうバリ人官吏スダハンが操作していたと考えられるからである。バドゥンのある地域では、こうした経済難と儀礼義務に耐えられなくなり、村人が大挙してクリスチャンに改宗するという出来事もおきた。こうして一九三〇年代には土地なし貧困層と一部の土地もち富裕層との差が拡大していった。二十世紀に入って政治的混乱は収拾されたが、バリ人にとって苦難の状況は継続したのである［Robinson 1995:52-69; Schulte Nordholt 1996:285-291; MacRae 1999:132-133］。

（4）こうした西欧側の認識枠組と、原住民側の認識枠組のすりあわせに貢献したもののひとつに、神智会（Theosophical Society）がある。神智会は、ヒンドゥー教・仏教などとキリスト教や社会ダーウィニズムの知識を混交させて西欧人がつくった「神智」(Theosophy)の普及を進める団体であり、一九一〇年代後半からは東インド諸島にもかなり浸透した。ジャワ島の諸都市を中心にした神智会の活動や言説は、現地に滞在する西欧人による原住民のヒンドゥー的な宗教文化理解の基盤を提供するとともに、原住民エリートによる(西欧のオリエンタリズムによる屈折を経た)原住民自身の宗教文化の理解枠組の基盤を用意するものともなった。とりわけ、神智会はインドとの関連において、ジャワやバリのヒンドゥー的伝統文化を把握する認識枠組を提供するものだった[cf. Tollenaere 2004; Brown 2004]。

(5)パリサドにたいする批判のひとつの焦点は、パリサドがヒンドゥーの改革をになう唯一の組織であると宣言したことにある。他の宗教団体のリーダーにとって、それは自身の団体がヒンドゥー改革の担い手とはなりえない、あるいは担い手たることをパリサドが認めないということを意味したからである。たとえば、スリ=ルシ=アナンダクスモは、こうしたパリサドの姿勢は他の団体との協同ではなく対立を招くものだとして非難し、一九八四年に自身が長をつとめる組織(Satia Hindu Dharma Indonesia)を、インドネシアにおける真のヒンドゥーの発展と強化に寄与する団体として位置づけ、パリサドに連携しないヒンドゥー団体を組織する余地を確保すべきだと主張した。しかし、当然ながらパリサドはパリサド以外のヒンドゥー団体を認めようとはしなかった[Rudyansjah 1986:19-20; Bakker 1993:317, 319]。

(6)これに関連して、ひとつのエピソードに触れておきたい。一九九一年に、私は留学の下準備のために観光旅行でバリを訪れた。その際著名なバリ人人類学者と、当時インドからウダヤノ大学に招かれていたインド人サンスクリット学者に誘われて、おそらくはパリサド関係者だと思われる人々の会合——参加者の討議、インド人学者による英語のレクチャー、そしてこのインド人学者兼司祭の読経と鐘をともなった祈りでおわったと記憶している——に、たまたま参加した経験があるのである。二つの表象系の現在そして将来にわたる相互作用関係にたいして、こうしたバリ人研究者は本質的な役割を果たすことになるだろうし、そうでなくてはならないだろう。ただこの点について私は、自分がどのようなポジションからどのような議論や行動が可能なのかという点もふくめて、まだ考えあぐねている段階である。

はじまりのおわり

私は序論において、さしあたり本書の主題を、人類学的議論をもふくめたところの、バリ宗教をめぐる諸解釈について検討することだとした。人類学的な解釈と当事者（研究対象となる人々）の保持する解釈を、いわばおなじ地平において主題化しようとするこの認識（解釈学的認識）は、「解釈人類学」を唱えたギアツよりも、むしろその次世代の人類学者の関心に重なる。ポストモダン人類学あるいは構築主義は、研究「主体」と研究「対象」との関係性を社会的・歴史的過程の力関係の中に再脈絡化するとともに、そこにある権威主義的な峻別を流動化させようとする問題関心をもつからである。しかしながら、それらの議論は人類学にとっての根本的な問題を開示しただけで、それを地に足のついた議論のかたちで展開していく方法やその見通しを提示するにはいたらなかった。私は構築主義的な認識は誤っていないと思うが、しかしそれを受容すれば、ほとんど一切の議論を留保しなくてはならなくなる。第I章で、私はこうした点を明確にした上で、この一切を留保したところから、いわばゼロから人類学的な研究を再スタートするというポジションを、本書の出発点とした。

ただし、とはいっても、人類学というディシプリンそのものを根底から再構築しようと考えたわけではない。そのためには、ざっと見渡しただけでも複数の、それぞれに相当困難な検討課題——「相互主観性」についての現象学的省察、人類学（者）の自己言及性／再帰性についての社会科学的考察、民族誌的記述の形式および中身についての人文学的検討、人類学（者）の倫理に関する組織的な取り組みなど――に一定の見通しをつける必要がある。そこで私は、こうしたおきな課題にただちに取り組むことはとりあえず断念し、まずは特定事例の検討という場において、人類学的研究の再構築という主題に取り組むことにした。それが序論で触れたバリ宗教をめぐる解釈学的検討であり、具体的にはバリ宗教にたいする今日のバリ人の解釈と人類学的研究に記載される解釈との関係性について論じるという作業であった。その際、ルーマンのいうパラドクスの脱パラドクス化という論点を参照し、構築主義的な認識がもたらす無限後退のリスクを回避したところで、ポジティヴで記述的な議論の可能性をさしあたり確保しうることを指摘した。

第Ⅱ章では、クリフォード＝ギアツのバリ論をとりあげることを通して、既存のバリ研究にみられるいわば紋切り型のバリ宗教解釈／表象について論じた。そして第Ⅲ章では、現在のバリ人の宗教表象と宗教実践のあり方を記述した。そこから明らかになったのは二つの点である。ひとつは、バリ宗教をめぐるこの二つの表象系がおどろくべき懸隔を示しており、しかもこのことを明確に問題提起した議論がこれまでほとんど存在しないという点である。もうひとつは、パリサドが提起し人々に浸透しつつある宗教理念や規範と、人々の実際の宗教活動との間にも、無視しえない懸隔が存在するという点である。こうした二つの懸隔の起源をさぐるべく、第Ⅳ章では植民地時代に遡行して、二つのバリ宗教表象系の成立と構築・再構築の過程を素描しようとした。

そこで明らかになったのは、バリ宗教をめぐる二種類の表象系が植民地状況（そしてまた観光地状況）の社会過程の中で相互に影響関係をもちながら、立ちあがる様であった。オランダがバリを支配する以前から、西欧にはオリエンタリスティックなインドのイメージをバリに投影する表象が存在した。ある意味で、このイメージは今日にいたるまで連綿と受け継がれているバリ表象の雛型である。このイメージを原型とし、さらに植民地統治に関わる諸政策、これに関連するバリ人支配者層の対応、バリ研究や観光化の進展などが複雑に絡みあう中で、部分的には意図せざる改釈の結果もあって、バリ宗教を悠久の過去にインドから由来したヒンドゥー文化（あるいはジャワに由来するヒンドゥー＝ジャワ文化）と土着の文化の混交体とみなし、村落レベルの儀礼を中心にイメージする、紋切り型の表象枠組が定着することとなった。この人類学者・植民地統治者・外国人観光客らに共有される理解は、しかしププタンや地震などにからむ出来事からみるかぎり、バリ人たちの状況理解から相当乖離していたと考えられる。にもかかわらず、この西欧側の表象の形式――バリ人の社会生活の一定領域を「宗教」とみなす――自体は、当時のバリ人の側にも浸透したようである。植民地時代は、植民地支配者・バリ研究者・外国人観光客らの共同構成的なバリ表象枠組が維持・強化される循環構造が構築された時代であるとともに、そうした他者表象がバリ宗教文化のあり方にたいして多大な影響力をふるい、この表象枠組に即した宗教文化の実態がすくなくとも部分的に構築された時代でもあった。そのころバリ人エリートにはまったく別の宗教表象を構築する動きもあったが、これが当時のバリ宗教文化の実態を規定することはなかったようである。逆に西欧の側の表象こそ、バリ宗教、そしてバリの文化・社会そのものを、本質的に規定するものだった。

人類学的表象は、当時の西欧側の表象の主要部分をなすものであったし、戦後も、歴史人類学的バリ研究が植民地時代におけるバリ宗教文化の構築の過程を穿つ分析を提示する一九九〇年前後までは、そうした性格をぬぐいさることのできないものとしてあったといってよい。とりわけ植民地時代、西欧側によるバリ宗教表象やそれに対応する宗教文化の実態の構築にたいして、人類学的表象や人類学者の調査研究活動は相当の「貢献」をなしていた。いわば起源において「バリ宗教」という研究対象の中には人類学（者）という研究主体がすでに内在していたのであり、しかしながらその癒着関係をいったん括弧に括ったところに、戦後のバリ研究の進展が成立していたといえる。本書では、第Ⅱ章以下の議論において、それらのこと、つまりバリ宗教と人類学の二重の連関性を、記述的に明らかにした。

インドネシア共和国が成立し、バリがその部分社会として組みこまれると、戦前のエリートたち（とくにジャボ層エリート）が立ち上げた宗教理念は、パリサドという組織に一体化する高カストを中心とした宗教・社会指導者たちによって、共和国のパンチャ＝シラ・イデオロギーと整合性をもったかたちに再構築された。こうして一神教的なヒンドゥーの組織・理念・実践規範が成立したのである。一九九〇年代においては、すでにこのパリサドが浸透させようとするヒンドゥーの理念と規範がおおくのバリ人において支配的なものとなっており、既存の宗教生活の慣行となおずれる余地を残

日本食レストラン

しながらも、宗教生活の実態をいよいよ規定しつつある。バリ社会の中にパリサドにたいする一定の批判がある以上、今後パリサドの影響力のさらなる浸透がスムースに進むか否かは不確定な面があるが、イスラムを念頭においたかたちでインドネシアのヒンドゥーがさらなる構築の過程を歩むであろうことは、まず間違いがないだろう。

結局本書は、人類学的研究とバリ宗教との過去と現在における関係性を批判的に検討し、これをそれほど遠くない未来における二つの表象系の融合可能性という、これまでとは別様の関係性についての示唆へと媒介することで、人類学的バリ研究の限界から逆にその可能性を読みとろうとするものだったといえる。

以上が本書の議論の概要である。本来はここで議論を終えるべきなのかもしれないが、論を閉じるにあたって、これまでの記述と考察に関連する範囲で、残されたおもな検討課題に触れておきたい。

ひとつは、第Ⅳ章の系譜学的考察のさらなる肉づけである。その第一は、人類学的バリ研究に関するより詳細な検討である。本書では、戦前・戦後のバリ宗教研究にみられる表象枠組の連続性を指摘するにとどまったが、慎重な検討をおこなえば、ちょうどバリ人側の宗教表象に関してみたような不連続性や紆余曲折に相当する微細な局面を看取することは可能かもしれない。そして第二は、バリ宗教の絶えざる構築の過程における日本人の関わりについて論じることである。とりわけ、第二次世界大戦中の日本の支配がバリ宗教に与えた影響を明確にすることの必要性を感じる。欧米の研究者による歴史人類学的研究では、この日本占領期のバリはほとんど空白になっているからである。

もっとも、私自身はこれらとは別の、いわば第三の主題にいま関心をもっている。それは、一九八〇年代以降顕著になってくるバリ在住の日本人の増加という現象が、バリの宗教や社会に与える影響力についてである。日本人だけではないと思われるが、バリ人と結婚する／バリに長期滞在する外国人のおおくは、バリ宗教にアニミスティックなあるいは多神教的な紋切り型のイメージをもって、バリでの生活をはじめる傾向がある。いわば西欧に由来するバリ宗教観をもった者が一神教的様相をもつバリ的宗教生活の内部に入りこみ、場合によってはバリ伝統文化の創出や芸能芸術の活性化に直接・間接に関わったり、観光産業に携わったりするのである。系譜学的考察といえるほどの時間幅はもたないかもしれないが、こうした人々――（元）日本人そして／あるいはバリ人――と、彼女／彼をとりかこむバリ人および日本人の宗教観や宗教実践、あるいは彼らの営むビジネスに注目するところから、今日のグローバルな状況下におけるバリ宗教・社会――「バリ人」の宗教・社会――のあり方について、微視的ながらも考察していければ、と考えている［吉田竹 2004］。

もうひとつは、バリ宗教の変容についての整理である。ギアツはバリ宗教の戦後の変容を、ウェーバーの宗教合理化論に沿って理解しようとしたが、ウェーバーが「エートス」という概念にこめて論じたような、ほとばしる宗教的感情が人々を突きうごかし行動へとかりたてる機序は、もっぱら戦前の知識人や戦後のパリサドに関わるエリート層（の一部）にしか見出すことはできなかった。むしろ本書では、大枠のところでは、宗教イデオロギーが大半のバリ人の認識や行動を拘束し規定するよう作用する機序を、バリ宗教についてみることになった。もっともそれは、二十世紀末までの時点でのあくまで暫定的な状況把握にすぎない。時代が進むにつれて、現在みられるこうしたイデオロギー的様相は徐々に薄まっていき、パリサドの提示する観念や規範が、おおくのバリ人にとって親密でエートス的な様相をもつようなものへと転換するのかもしれない――もっとも、フーコー的にいえば、それは規律の深化にほかならないが――。あるいは、パリサドが進める方向性とはまったくちがったあらたな局面が

日本人経営店舗の看板

バロン＝ケケッ（Barong Kekek）

このバロンは、ある日本人長期滞在観光客が友人の村に寄贈したものである。

立ち上がり、バリ宗教は別の方向へと転轍されたり、より多様な方向性へと拡散したりするかもしれない。あるいは、そもそも「バリ宗教」の変容について論じるという本書の議論枠組自体が、ヒンドゥーの一層のインドネシア化（およびインド化もしくは国際化）の中で解体されねばならないのかもしれない。たとえばワヒド政権下の二〇〇〇年に、華人系インドネシア人が信奉する儒教（Agama Khonghucu）がアガマとして公認されたように［Ramstedt 2004b:18, 30］、バリの社会・宗教もインドネシア社会・宗教も、二十世紀末の民主化以降あらたな動きを見せている。本書ではそれを十分議論にとりこむことはできなかった。可能であれば、今後もバリ宗教に関する継続的な参与観察をおこなうとともに、第Ⅳ章第4節の最後に触れた、媒介者としてのバリ人人類学者という論点も押さえつつ、バリ宗教の変容についての総括をある時点でなしえればと考えている。

いまひとつは、さらに一般論的な次元にある。私は、構築主義のもっているネガティヴな一面とポジティヴな一面とをいわば反転させながら整理し、自身の表象の本質主義性をひきうけつつあらためて捉えかえすという議論の方向性を、バリ宗教にかぎらず、しかし何かを具体的に語ることを通して、模索していきたいと考えている。いいかえれば、文化の構築性と本質主義性との絡みあいを具体的なデータとして説きおこし明示すること、さらにはそうした自身の記述分析が表象／解釈するという人間の営みの一部であるということをしっかりと捉えた認識から、研究主体や研究すること（の中に存在する本質主義と構築主義）を研究対象（の中に存在する本質主義と構築主義）とリンクさせようとすること、こうした二つの関心を交叉させた議論である。その探求には時間がかかるだろうし、本書で述べたこと以上の見通しをいまもっているわけではないが、こうした問題について取り組みたいと思っている。

本書は、これらさまざまな論点についての議論の可能性の入り口を示すところでおわっている。その意味で本書は未完の研究の端緒ということにもなる。ただ「バリ宗教」というひとつの表象＝現象についての事例研究に専念することから、既存の人類学（とくに解釈人類学とポストモダン人類学、そして人類学的バリ研究）の抱える問題を浮かび上がらせるとともに、その延長線上に人類学的研究のひとつの可能性――超越論的な意味での――を示唆することはできたと考える。ひとまず本書は、この可能性の開示というところまで到達したということで、論を閉じることにしたい。

――― 1995 「『楽園』の宗教変容――バリ島のヒンドゥーの現在」『リトルワールド』53:12-17.
――― 1996 「現代バリ宗教の変容論」『社会人類学年報』vol-22:155-169.
――― 1997 「バリ島の観光・伝統・バリ研究――楽園の系譜学」、森部一・大岩碩・水谷俊夫（編）『変貌する社会――文化人類学からのアプローチ』pp.102-122. ミネルヴァ書房。
――― 1998 「現代バリ島の方位認識と象徴分類」『アカデミア』人文・社会科学編 68:1-19. 南山大学。
――― 1999 「マトゥル・バンタン――バリ島のヒンドゥーの供物と儀礼」『アカデミア』 人文・社会科学編 70:311-345.
――― 2000a 「現代バリ宗教と祈り」『アカデミア』人文・社会科学編 71:143-167.
――― 2000b 「イデオロギーとしての民族概念」、森部一・水谷俊夫・吉田竹也（編）『文化人類学への誘い』pp.89-109.（株）みらい。
――― 2001a 「『バリ宗教』の誕生――植民地統治下における宗教表象枠組の素描」『アカデミア』人文社会科学編 73:89-141.
――― 2001b 「ギアツのバリ文化統合論再考」、森部一（編）『文化人類学を再考する』pp. 93-132. 青弓社。
――― 2003 「民族誌論覚書―― 20 世紀人類学のパラダイムと民族誌」『アカデミア』人文社会科学編 77:1-79.
――― 2004 「バリ島ウブドの日本人店舗（2）――爆弾テロ事件以降の出来事をめぐる覚書」『人類学研究所通信』12:14-25. 南山大学人類学研究所。
――― n.d. 「バリ島ウブドの日本人店舗（1）――グローカルなビジネスと生をめぐる民族誌」『アジアにおける市場の固有原理に関する学際的研究』（仮題）、風響社。
吉田禎吾 1983 『宗教と世界観――文化人類学的考察』、九州大学出版会。
――― 1992（編）『バリ島民――祭りと花のコスモロジー』、弘文堂。
――― 1994（編・監修）『神々の島バリ――バリ＝ヒンドゥーの儀礼と宗教』、春秋社。
Zoete, Beryl de & Walter Spies 1938 *Dance and Drama in Bali*. Oxford University Press.
Zurbuchen, M.S. 1987 *The Language of Balinese Shadow Theatre*. Princeton: Princeton University Press.

——— 1996(ed.) *Being Modern in Bali: Image and Change*. New Haven: Yale University Southeast Asia Studies.

Volkman, Toby A. 1987 Mortuary Tourism in Tana Traja. In Kipp & Rodgers (ed.) *Indonesian Religions in Transition*. pp.161-167.

Warren, Carol 1993 *Adat and Dinas: Balinese Communities in Indonesian State*. Kuala Lumpur: Oxford University Press.

Weinstock,J.A. 1987 Kaharingan: Life and Death in Southern Borneo. In Kipp & Rodgers (ed.) *Indonesian Religions in Transition*. pp.71-97.

Weltheim, M. F. et al (ed.) 1960 *Bali: Studies in Life, Thought, and Ritual*. The Hague and Bandung: W.van Hoeve Ltd.

Wiener, Margaret 1995 *Visible and Invisible Realms: Power, Magic, and Colonial Conquest in Bali*. Chicago & London: Chicago University Press.

——— 1999 Making Local History in New Order Bali: Public Culture and the Politics of the West. In Rubinstein & Connor (ed.) *Staying Local in the Global Village: Bali in the Twentieth Century*. pp.51-89.

Wikan, Unni 1990 *Managing Turbulent Hearts: A Balinese Formula for Living*. Chicago & London: University of Chicago Press.

山下普司 1988 『儀礼の政治学——インドネシア・トラジャの動態的民族誌』、弘文堂。

——— 1992 「『劇場国家』から『旅行者の楽園』へ——２０世紀バリにおける『芸術—文化システム』としての観光」『民族学博物館研究報告』17-1:1-33.

——— 1999 『バリ 観光人類学のレッスン』、東京大学出版会。

山下普司・山本真鳥（編） 1997 『植民地主義と文化——人類学のパースペクティヴ』、新曜社。

吉田憲司 1999 『文化の「発見」——現代人類学の射程』、岩波書店。

吉田竹也 1988 「バリ研究と多様性：C. Geertz の村落論と J. S. Lansing の現象学的モノグラフについて」『歴史と構造——文化人類学的考察』16:19-35. 南山大学大学院文化人類学研究室。

——— 1992 「ギアツの文化システム論——その可能性と限界」『ソシオロジ』36-3:21-36.

——— 1994a 「マトゥル・バンテン——バリ島のヒンドゥーに関する人類学的研究」 南山大学大学院博士課程単位取得報告論文（未発表）。

——— 1994b 「バリの暦とワリゴ」『歴史と構造——文化人類学的考察』22:19-30.

——— 1994c 「表層の遊戯——バリの闘鶏に関するもうひとつの解釈」『南方文化』21:70-85.

——— 1999 「人類学の歴史研究——バリ宗教の近代史」、栗本英世・井野瀬久美恵（編）『植民地経験——人類学と歴史学からのアプローチ』 pp.305-325.
Sullivan, Gerald 1999 *Margaret Mead, Gregory Bateson, and Highland Bali: Fieldwork Photographs of Bayung Gede, 1936-1939*. Chicago: The University of Chicago Press.
Suryani, Luh Ketut & Gordon D. Jensen 1992 *The Balinese People: A Reinvestigation of Character.* Singapore: Oxford University press.
——— 1993 *Trance and Possession in Bali: A Window on Western Multiple Personality, Possession Disorder, and Suicide*. Kuala Lumpur: Oxford University Press.
鈴木 紀 1999 「『開発人類学』の課題」『民族学研究』64-3:296-299.
Swellengrebel, J.L. 1960 Introduction. In Weltheim et al (ed.) *Bali: Studies in Life, Thought, and Ritual*. pp.1-76.
高島 淳 1994 「ヒンドゥー文化としてのバリ」、吉田禎吾（監修）『神々の島バリ——バリ＝ヒンドゥーの儀礼と宗教』 pp.59-70.
竹沢尚一郎 1987 『象徴と権力——儀礼の一般理論』、勁草書房。
田辺繁治 1989（編）『人類学的認識の冒険——イデオロギーとプラティック』、同文館。
——— 2002 「再帰的人類学における実践の概念——ブルデューのハビトゥスをめぐり、 その彼方へ」『国立民族学博物館研究報告』26-4:533-573.
——— 2003 『生き方の人類学——実践とは何か』、講談社。
Tenzer, Michael 1991 *Balinese Music*. Singapore: Periplus Editions,Inc.
——— 2000 *Gamelan Gong Kebyar: The Art of Twentieth-Century Balinese Music*. Chicago & London: University of Chicago Press.
東海晴美・大竹昭子・泊 真二 1990 『踊る島バリ——聞き書き・バリ島のガムラン奏者と踊り手たち』、PARCO 出版。
Tollenaere, Herman de 2004 The Theosophical Society in the Dutch East Indies, 1880-1942. In M.Ramstedt (ed.) *Hinduism in Modern Indonesia: A minority religion between local, national, and global interests*. pp.35-44.
土屋健治 1991 『カルティニの風景』、めこん。
Tylor, E.B. 1921(1871) *Primitive Culture*. vol.1. London: John Murray.
内田隆三 1996 「知の社会学のために——フーコーの方法を準拠にして」、井上俊・上野千鶴子・大澤真幸・見田宗介・吉見俊哉（編）『岩波講座現代社会学５ 知の社会学／言語の社会学』pp.35-66. 岩波書店。
上野千鶴子（編） 2001 『構築主義とは何か』、勁草書房。
植島啓司 1989 「バリ島のトランス・ダンス１」『現代思想』17-7:269-281.
Vickers, Adrian 1989(2000) *Bali: A Paradise Created*. Singapore: Periplus Editions. （『演出された楽園——バリ島の光と影』、中谷文美訳、新曜社。）

Rudyansjah, Tony　1986　The Function of the Parisada Hindu Dharma. *International Workshop on Indonesian Studies* No.1:2-34. Leiden: KITLV.

Said, Edward　1985(1993)　*Orientalism.* New York: Georges Borehardt Inc..（『オリエンタリズム上・下』、板垣雄三・杉田英明監修、今沢紀子訳、平凡社。）

―――　1989(1998)　Representing the Colonized: Anthropology's Interlocutors. *Critical Inquiry* 15:205-225.（「被植民者たちを表象＝代弁すること」、姜麦瑞訳、『現代思想』26-7:72-91.）

坂野徳隆　2004 『バリ、夢の景色――ヴァルター・シュピース伝』、文遊社。

Schaareman, Danker　1986　*Tatulingga: Tradition and Continuity. An Investigation in Ritual and Social Organization in Bali.* Basel: Ethnologisches Seminar der Universitat und Museum fur Volkerkunde.

Schulte Nodhort, Henk　1996　*The Spell of Power: A History of Balinese Politics 1650-1940.* Leiden: KITLV Press.

Setia, Putu　1986(1994)　*Menggugat Bali: Menelusuri Perjalanan Budaya.* Jakarta: PT Pustaka Utama Grafiti.（『プトゥ・スティアのバリ案内』、鏡味治也・中村潔訳、木犀社。）

Setjaja, I Gusti Made　1996　Balinese Transmigrates in Lampung: Language Change and Tradition. In Vickers (ed.) *Being Modern in Bali: Image and Change.* pp.212-222.

Sewell Jr., William H.　1999　Geertz, Cultural Systems, and History: From Synchrony to Transformation. In Ortner (ed.) *The Fate of "Culture": Geertz and Beyond.* pp.35-55.

清水昭俊　1992 「永遠の未開民族と周辺民族――近代西欧人類学点描」『国立民族学博物館研究報告』17 巻 3 号 :417-488.

篠田暁子　2000 「バリ島における『伝統』と『芸術』――舞台芸能ケチャ Kecak の創作を事例に」『大阪芸術大学大学院藝術文化研究』4:157-178.

白石　隆　1992 『インドネシア　国家と政治』、リブロポート。

祖父江孝男　1990 『文化人類学入門』増補改訂版、中央公論社。

Stuart-Fox, David J.　1982　*Once A Century: Pura Besakih and the Eka Dasa Rudra Festival.* Jakarta: Penerbit Sinar Harapan and Citra Indonesia.

―――　1992a　*Bibliography of Bali: Publications from 1920-1990.* Leiden: KITLV Press.

―――　1992b　*Offerings: The Ritual Art of Bali.* Denpasar: Image Network Indonesia.

―――　2002　*Pura Besakih: Temple, religion and society of Bali.* KITLV Press.

菅　洋志　2001 『バリ島大百科』、ＴＢＳブリタニカ。

杉本良男　1991 「総論」、杉本良男（編）『伝統宗教と知識』pp.1-14. 南山大学人類学研究所。

杉島啓志　1995 「人類学におけるリアリズムの終焉」、合田濤・大塚和夫（編）『民族誌の現在――近代・開発・他者』pp.195-212. 弘文堂。

In Rubinstein & Connor (ed.) *Staying Local in the Global Village: Bali in the Twentieth Century*. pp.15-49.

——— 2004 What's in a name? Agama Hindu Bali in the making. In M.Ramstedt (ed.) *Hinduism in Modern Indonesia: A minority religion between local, national, and global interests.* pp.56-75.

Pitana, I Gde 1999 Status Struggles and the Priesthood in Contemporary Bali. In Rubinstein & Connor (ed.) *Staying Local in the Global Village: Bali in the Twentieth Century.* pp.181-201.

Pollman, Tessel 1990 Margaret Mead's Balinese: The Fitting Symbols of the American Dream. *Indonesia* 49:1-35.

Powell, Hickman 1982(1930) *The Last Paradise: An American's 'discovery' of Bali in the 1920s*. Singapore: Oxford University Press.

Raffles, Thomas Stanford 1988(1817) *The History of Jawa*. Complete Text. Oxford: Oxford University Press.

Ramseyer, Urs 1986 *Art and Culture of Bali*. Oxford, New York, Toronto: Oxford University Press.

——— 1995 *Farewell to Paradise? : New Views from Bali*. Basel: Museum für Völkerkunde und Schweizerisches Museum für Volkskunde Basel.

Ramstedt, Martin 2004a (ed.) *Hinduism in Modern Indonesia: A minority religion between local, national, and global interests*. London: RoutledgeCurzon.

——— 2004b Introduction: negotiating identities —— Indonesia 'Hindus' between local, national, and global interests. In *Hinduism in Modern Indonesia: A minority religion between local, national, and global interests*. pp.1-34.

Reuter, Thomas A. 1999 People of the Mountains, People of the Sea; Negotiating the Local and the Foreign in Bali. In Rubinstein & Connor (ed.) *Staying Local in the Global Village: Bali in the Twentieth Century*. pp.155-180.

Robinson, Geoffrey 1995 *The Dark Side of Paradise: Political Violence in Bali.* Ithaca: Cornell University Press.

Rosaldo, Renato 1989 *Culture and Truth: The Remaking of Social Analysis*. Boston: Beacon Press. (『文化と真実』、椎名美智訳、日本エディタースクール出版部。)

Rubinstein, Raechelle 2000 *Beyond the realm of the senses: the Balinese ritual of kekawin composition*. Leiden: KITLV Press.

Rubinstein, R. & L. Connor 1999a (ed.) *Staying Local in the Global Village: Bali in the Twentieth Century*. Honolulu: University of Hawaii Press.

——— 1999b Introduction. In Rubinstein & Connor (ed.) *Staying Local in the Global Village: Bali in the Twentieth Century.* pp.1-14.

永積　昭　1980　『インドネシア民族意識の形成』、東京大学出版会。
中村　潔　1990　「バリ化について」『社会人類学年報』vol-16:179-191.
———　1992　「バリ　地上に残された最後の楽園？」、古屋均・鏡味治也・中村潔『バリ・華花の舞う島』pp.143-153. 平河出版社。
———　1994　「バリのカレンダー」、吉田禎吾（監修）『神々の島バリ——バリ＝ヒンドゥーの儀礼と宗教』pp.227-237.
中村光男　1991　「ギアツの過ちは祝福されるべきか——民族誌における真理と倫理」『民族学研究』56-1:92-94.
中村雄二郎　1983　『魔女ランダ考』、岩波書店。
中生勝美（編）　2000　『植民地人類学の展望』、風響社。
中谷文美　2003　『「女の仕事」のエスノグラフィー——バリ島の布・儀礼・ジェンダー』、世界思想社。
Nala, Ngurah　2004　The development of Hindu education in Bali. In M.Ramstedt (ed.)*Hinduism in Modern Indonesia: A minority religion between local, national, and global interests.* pp.76-83.
小田　亮　1996　「ポストモダン人類学の代価——ブリコルールの戦術と生活の場の人類学」『国立民族学博物館研究報告』21 巻 4 号 :807-875.
Ortner, Sherry　1994(1984)　Theory in Anthropology since the Sixties. In N.Dirks, G.Eley, S.Ortner (ed.) *Culture/Power/History: A Reader in Contemporary Social Theory*. pp.372-411. Princeton: Princeton University Press.
———　1999 (ed.)　*The Fate of "Culture": Geertz and Beyond*. Berkeley: University of California Press.
大澤真幸　1996　「知／言語の社会学」、井上俊・上野千鶴子・大澤真幸・見田宗介・吉見俊哉（編）『岩波講座現代社会学 5　知の社会学／言語の社会学』pp.201-222. 岩波書店。
太田好信　1998　『トランスポジションの思想——文化人類学の再想像』、世界思想社。
———　2001　『民族誌的近代への介入』、人文書院。
大竹昭子・内藤忠行　1986　『バリ島　不思議の王国を行く』、新潮社。
大塚和夫　1989　『異文化としてのイスラーム——社会人類学的視点から』、同文館。
Ottino, Arlette　2000　*The Universe within: A Balinese Village through its ritual practices.* Paris: Editions Karthala.
Picard, Michel　1990　*"Cultural Tourism"* in Bali: Cultural Performance as Tourist Attraction. *Indonesia* 49:37-74.
———　1996　*Bali: Cultural Tourism and Touristic Culture.* Singapore: Archipelago Press.
———　1999　The Discourse of Kebalian: Transcultural Constructions of Balinese Identity.

前川啓治　2000　『開発の人類学――文化接合から翻訳的適応へ』、新曜社。
Malinowski, B.　1922(1980)　*Argonauts of the Western Pacific: An Account of Native Enterprise and Adventure in the Archipelagoes of Melanesian New Guinea.* London: George Routledge & Sons.（「西太平洋の遠洋航海者」『世界の名著 71　マリノフスキー　レヴィ＝ストロース』pp.55-342. 寺田和夫・増田義郎訳、中央公論社。）
Marcus, G. & M. Fischer　1986(1989)　*Anthropology as Cultural Critique: An Experimental Moment in the Human Sciences.* Chicago: University of Chicago Press.（『文化批評としての人類学』、永渕康之訳、紀伊國屋書店。）
丸山圭三郎　1981　『ソシュールの思想』、岩波書店。
丸山高司　1997　『ガダマー――地平の融合』、講談社。
McKean, P.F.　1989　Towards a Theoretical Analysis of Tourism: Economic Dualism and Cultural Involution in Bali. In V.L.Smith (ed.) *Hosts and Guests: The Anthropology of Tourism.* Second Edition. pp.119-138. Philadelphia: the University of Pennsylvania Press.（「観光活動の理論的分析を目指して――バリ島にみる経済の二元構造と文化的包摂」『観光・リゾート開発の人類学――ホスト＆ゲスト論でみる地域文化の対応』pp.165-191. 三村浩史監訳、勁草書房。）
McPhee, Colin　1946(1990)　*A House in Bali.* Singapore: Oxford University Press.（『熱帯の旅人――バリ島音楽紀行』、大竹昭子訳、河出書房新社。）
――――　1966　*Music in Bali.* New York: Yale University Press.
Mershon, Katharane E.　1971　*Seven Plus Seven: Mysterious Life-Rituals in Bali.* New York, Washington, Hollywood: Vantage Press, Inc.
永渕康之　1988a　「供物の世界――バリ島、ウォンガユ・グデ村。マンタニン・パディ儀礼」『季刊民族学』45:32-41.
――――　1988b　「埋葬儀礼の変容――バリ島、ウォンガユ・グデ村の場合」『民族学研究』53-3:253-276.
――――　1994a　「1917 年バリ大地震――植民地状況における文化形成の政治学」『国立民族学博物館研究報告』19 巻 2 号 :259-310.
――――　1994b　「近代バリ社会の誕生――バリ人という『民族』とは誰か」、黒田悦子（編）『民族の出会うかたち』pp.171-193. 朝日新聞社。
――――　1996a　「観光＝植民地主義のたくらみ―― 1920 年代のバリから」、山下晋司（編）『観光人類学』 pp.35-44. 新曜社。
――――　1996b　「植民地時代以降における国家・社会・宗教――バリ島、ブサキ寺院をめぐる権力と知」『社会人類学年報』vol-22:49-80.
――――　1997　「文化的権威の歴史化とその開示――バリにおけるヒンドゥー、法、カースト」、山下晋司・山本真鳥（編）『植民地主義と文化』pp.212-240. 新曜社。
――――　1998　『バリ島』、講談社。

G.Naeff.
——— 1960 The Consecration of Priest. In Weltheim et al (ed.) *Bali: Studies in Life, Thought, and Ritual.* pp.131-153.
Krause, Gregor 1920(1988) *Bali 1912.* Wellington: January Books.
Kroeber & Kluckholn 1952 *Culture: A Critical Review of Concepts and Definitions.* Cambridge: Harvard University.
隈元信一 1992 「バリ島のお葬式」『アエラ』38:36-39. 朝日新聞社。
Kuper, Adam 1999 *Culture: The Anthropologists' Account.* Cambridge & London: Harvard University Press.
倉田 勇 1978 「バリ島の家屋敷と場位観——方位〔ke〕と場位〔di〕」『人類学研究所紀要』7:47-58. 南山大学人類学研究所。
——— 1987 「第５章 慣習法研究の軌跡——インドネシア」、大森元吉（編）『法と政治の人類学』pp.75-95. 朝倉書店。
栗本英世・井野瀬久美恵（編） 1999 『植民地経験——人類学と歴史学からのアプローチ』、人文書院。
Lansing, J.S. 1974 *Evil in the Morning of the World: Phenomenological Approaches to a Balinese Community.* Michigan Papers on South and Southeast Asia No.6. Michigan: Center for South and Southeast Asian Studies, The University of Michigan.
Legge, John David 1980(1984) *Indonesia.* Third Edition. Sydney: Prince-Hall of Australia. (『インドネシア：歴史と現在』、中村光男訳、サイマル出版会。)
Liefrinck, F.A. 1927 *Bali en Lombok.* J.H. de Bussy.
Linnekin, Jocelyn 1992 On the Theory and Politics of Cultural Construction in the Pacific. *Oceania* 62-4:249-263.
Lueras, Leonard & R.Ian Lloyd 1987 *Bali: The Ultimate Island.* Singapore: St.Martin's Press.
Luhmann, Niklas 1984(1993) *Soziale Systeme. Grundriss einer allgemeinen Theorie.* Frankfurt: Suhrkamp Verlag. (『社会システム理論（上）（下）』、佐藤勉監訳、恒星社厚生閣。)
——— 1989 Kapitel 4 Die Ausdifferenzierung der Religion. In *Gesellschaftsstruktur und Semantik: Studien zur Wissenssoziologie der modernen Gesellschaft Band 3.* pp.259-357. Frankfurt: Suhrkamp.
Mabbett, Hugh 1989 *The Balinese.* Wellington: January Books Ltd,.
馬渕東一 1974 「インドネシア民俗社会」『馬渕東一著作集 第二巻』pp.29-159. 社会思想社。
MacRae, Graeme 1999 Acting Global, Thinking Local in a Balinese Tourist Town. In Rubinstein & Connor (ed.) *Staying Local in the Global Village: Bali in the Twentieth Century.* pp.123-154.

伊藤俊治　2002　『バリ島芸術をつくった男——ヴァルター・シュピースの魔術的人生』、平凡社。
伊藤泰信　2000　「知の状況依存性について」『社会人類学年報』vol-26:97-127.
岩竹美加子　1996　『民俗学の政治性』、未来社。
Jong, P. E. de Joselin De (ed.)　1983　*Structural Anthropology in the Netherlands*. Leiden: Foris Publications Holland.
鏡味治也　1987　「バリ」『文化人類学事典』pp.612-613. 弘文堂。
———　1992a　「死者の霊を浄化するンガスティ儀礼」『季刊民族学』16-3:58-72.
———　1992b　「ジャカルタのバリ人」『東南アジア研究』30 巻 3 号 :315-330.
———　1995　「儀礼の正装論議に見る現代バリの宗教事情」『民族学研究』60-1:32-52.
———　2000　『政策文化の人類学』、世界思想社。
———　2004　「バリの歴史」「バリの宗教」、『地球の歩き方 D26 バリ島』pp.444-451. ダイヤモンド社。
柄谷行人　1989a　『探求Ⅱ』、講談社。
———　1989b　「批評とポストモダン」『批評とポストモダン』pp.10-57. 福武書店。
春日直樹　1999（編）『オセアニア・オリエンタリズム』、世界思想社。
Kersten, J.　1984　*Bahasa Bali*. Ende: Penerbit Nusa Indah.
木田　元　1983　『ハイデガー』、岩波書店。
———　1984　『メルロ＝ポンティの思想』、岩波書店。
———　2000　『ハイデガー「存在と時間」の構築』、岩波書店。
Kipp, R.S. & S. Rodgers (ed.)　1987　*Indonesian Religions in Transition*. Tucson: The University of Arizona Press.
Kleen, Tyra de　1970　*Mudras: The Ritual Hand-Poses of the Buddha Priests and the Shiva Priests of Bali.* New York: University Books, Inc..
Kluckholn, C.　1950　*Mirror for Man: Anthropology and Modern Life*. McGraw-Hill.
Kneer, Georg & Armin Nassehi　1993(1995)　*Niklas Luhmanns Theorie Sozialer Systeme.* München: Wilhelm Fink Verlag.（『ルーマン社会システム理論』、舘野受男・池田貞夫・野崎和義訳、新泉社。）
小泉潤二　1984　「解釈人類学」、綾部恒雄（編）『文化人類学１５の理論』pp.243-262.
———　1998　「７　文化の解釈——合意について」、梶原景昭他（編）『岩波講座文化人類学　第十三巻　文化という課題』pp.175-203. 岩波書店。
———　2002　「第九章　言われつづけてきたこと——反＝反相対主義と還元論」、ギアツ『解釈人類学と反＝反相対主義』pp.196-225.
Korn, V.E.　1932(1924)　*Het Adatrecht van Bali*. Second revised edition. The Hague:

Theatre. Hanover and London: University Press of New England.

Hinzer, H.I.R. 1986 *Catalogue of Balinese Manuscripts: In the Library of the University of Leiden and Other Collections in the Netherlands. Volume II: Descriptions of the Balinese Drawings from the Van der Tuuk Collection.* Leiden: E.J.Brill/Leiden University Press.

——— 1987 *Catalogue of Balinese Manuscripts: In the Library of the University of Leiden and Other Collections in the Netherlands. Part I: Reproductions of the Balinese Drawings from the Van der Tuuk Collection.* Leiden: E.J.Brill/Leiden University Press.

Hitchcock, Michael and Lucy Norris 1995 *Bali: The Imaginary Museum. The Photographs of Walter Spies and Beryl de Zoete.* Kuala Lumpur: Oxford University Press.

Hobart, Angela 1987 *Dancing Shadow of Bali: Theatre and Myth.* London & New York: KPI.

——— 2003 *Healing Perfprmances of Bali: Between Darkness and Light.* New York & Oxford: Berghahan Books.

Hobart A., Ramseyer & Leemann 1996 *The People of Bali.* Cambridge: Blackwell Publishers.

Hobart, Mark 1978 The Path of the Soul: The Legitimacy of Nature in Balinese Conceptions of Space. In G.B.Milner (ed.) *Natural Symbols in South East Asia.* pp.5-28. London: School of Oriental and African Studies.

Hooykaas, C. 1964 *Agama Tirtha: Five Studies in Hindu-Balinese Religion.* Amsterdam: N.V.Noord-Hoolandische Uitgevers.

——— 1973 *Religion in Bali.* Institute of Religious Iconography State University Groningen. Leiden: E.J.Brill.

——— 1980 *Drawings of Balinese Sorcery.* Institute of Religious Iconography, State University Groningen. Leiden: E.J.Brill.

Howe, Leo 1981 The Social Determination of Knowledge: Maurice Bloch and Balinese Time. *Man* (N.S.) 16:220-234.

——— 1983 An Introduction to the Cultural Study of Traditional Balinese Architecture. *Archipel* 25:137-158.

——— 1984 God, Peoples, Spirits and Witches: the Balinese System of Person Definition. *Bijdragen tot de Taal-, Land-, en Volkenkunde* 140:193-222.

——— 1989 Hierarchy and Equality: Variations in Balinese Social Organization. *Bijdragen tot de Taal-, Land-, en Volkenkunde* 145:47-71.

——— 2001 *Hinduism & Hierarchy in Bali.* Oxford: School of American Research Press.

——— 2004 Hinduism, identity, and social conflict: the Sai Baba movement in Bali. In Ramstedt (ed.) *Hinduism in Modern Indonesia: A minority religion between local, national, and global interests.* pp.264-280.

Mead. Honolulu: University of Hawaii Press.

Gerdin, Ingela 1975 Ruinous Feasting: Changed Effects of the "Big Feast" among Balinese in Lombok. *Ethnos* 40:185-193.

Goris,R. 1960a The Religious Character of the Village Community. In Weltheim et al (ed.) *Bali: Studies in Life, Thought, and Ritual*. pp.77-100.

——— 1960b The Temple System. In Weltheim et al (ed.) *Bali: Studies in Life, Thought, and Ritual*. pp.101-111.

——— 1960c Holidays and Holy Days. In Weltheim et al (ed.) *Bali: Studies in Life, Thought, and Ritual*. pp.113-129.

Goris,R. & P.L.Dronkers 1953 *Bali: Atlas Kebudajaan/ Cults and Customs/ Cultuurgeschiedenis in Beeld*. Jakarta: the Ministry of Education and Culture of the Republic Indonesia.

Gouda, Frances 1995 *Dutch Culture Overseas: Colonial Practice in the Netherlands Indies, 1900-1942*. Amsterdam: Amsterdam University Press.

Goudriaan,T. & C.Hooykaas 1971 *Stuti and Stava (Bauddha, Saiva and Vaisnava) of Balinese Brahman Priests*. Amsterdam, London: North-Holland Publishing Company.

Grader, C.J. 1960 The State Temples of Mengwi. In Weltheim et al (ed.) *Bali: Studies in Life, Thought, and Ritual*. pp.155-186.

Gupta, Akhil & James Ferguson (ed.)1997 *Anthropological Locations: Boundaries and Grounds of a Field Science*. Berkeley: University of California Press.

Hanna,W.A. 1976 *Bali Profile: People, Events, Circumstances (1001-1976)*. New York: American Universities Field Staff.

橋本和也 1999 『観光人類学の戦略』、世界思想社。

Hauser-Schäublin, Brigitta 1997 *Traces of Gods and Men: Temples and Rituals as Landmarks of Social Events and Processes in a South Bali Village*. Berlin: Dietrich Reimei Verlag.

Hauser-Schäublin B., Marie-Lousie Nabholz-Kartaschoff, and Urs Ramseyer 1991 *Balinese Textiles*. Singapore: British Museum Press.

Hefner, Robert W. 1985 *Hindu Javanese: Tengger Tradition and Islam*. Princeton: Princeton University Press.

——— 2004 Hindu reform in an Islamizing Jawa: pluralism and peril. In M.Ramstedt (ed.) *Hinduism in Modern Indonesia: A minority religion between local, national, and global interests*. pp.93-108.

Heimarck, Brita Renee 2003 *Balinese Discourses on Music and Modernization: Village Voices and Urban Views*. New York & London: Routledge.

Herbest, Edward 1997 *Voices in Bali: Energies and Perceptions in Vocal Music and Dance*

——— 1973c(1966) Religion As a Cultural System. In *The Interpretation of Cultures.* pp.87-125.

——— 1973d(1959) Ritual and Social Change: A Javanese Example. *In The Interpretation of Cultures.* pp.142-169.

——— 1973e(1964) "Internal Conversion"in Contemporary Bali. In *The Interpretation of Cultures.* pp.170-189.

——— 1973f(1964) Ideology As a Cultural System. In *The Interpretation of Cultures.* pp.193-233.

——— 1973g(1967) The Cerebral Savage: On the Work of Claude Lévi-Strauss. In *The Interpretation of Cultures.* pp.345-359.

——— 1973h(1966) Person, Time, and Conduct in Bali. In *The Interpretation of Cultures.* pp.360-411.

——— 1973i(1972) Deep Play: Notes on Balinese Cockfight. In *The Interpretation of Cultures.* pp.412-453.

——— 1980 *Negara: The Theatre State in Nineteenth-Century Bali.* Princeton University Press. (『ヌガラ——十九世紀バリの劇場国家』、小泉潤二訳、みすず書房。)

——— 1983a *Local Knowledge: Further Essays in Interpretive Anthropology.* New York: Basic Books. (『ローカル・ナレッジ』、梶原景昭他訳、岩波書店。)

——— 1983b(1980) Blurred Genres: The Refiguration of Social Thought. In *Local Knowledge: Further Essays in Interpretive Anthropology.* pp.19-35.

——— 1983c(1975) Common Sense as a Cultural System. In *Local Knowledge: Further Essays in Interpretive Anthropology.* pp.73-93.

——— 1983d(1976) Art as a Cultural System. In *Local Knowledge: Further Essays in Interpretive Anthropology.* pp.94-120.

——— 1988(1996) *Works and Lives: The Anthropologist as Author.* Stanford: Stanford University Press. (『文化の読み方/書き方』、森泉弘次訳、岩波書店。)

——— 1995 *After the Fact: Two Countries, Four Decades, One Anthropologist.* Cambridge: Harvard University Press.

——— 2000 *Available Light: Anthropological Reflections on Philosophical Topics.* Princeton: Princeton University Press.

——— 2002 『解釈人類学と反=反相対主義』、小泉潤二編訳、みすず書房。

Geertz, C. & H. Geertz 1975 *Kinship in Bali.* Chicago: University of Chicago Press. (『バリの親族体系』、鏡味治也訳、みすず書房。)

Geertz, Hildred 1991 (ed.) *State and Society in Bali: Historical, Textual, and Anthropological Approaches.* Leiden: KITLV Press.

——— 1995 *Images of Power: Balinese Paintings Made for Gregory Bateson and Margaret*

Eiseman, Jr., Fred.B. 1990a *Bali: Sekala & Niskala*. Volume 1; Essays on Religion, Ritual, and Art. Singapore: Periplus Editions Ltd.

——— 1990b *Bali: Sekala & Niskala.* Volume 2; Essays on Society, Tradition, and Craft. Singapore: Periplus Editions Ltd.

——— 1999 *Ulat-ulatan: Traditional Basketry in Bali.* Bangkok: White Lotus Co., Ltd.

Evans-Pritchard,E.E. 1962(1970) Social Anthropology: Past and Present. In *Social Anthropology and Other Essays*. pp.139-154. New York: The Free Press. （「社会人類学——過去と現在」、エヴァンス＝プリチャード、レイモンド・ファース他『人類学入門』pp.1-35. 吉田禎吾訳、弘文堂。）

Fischer, Joseph & Thomas Cooper 1998 *The Folk Art of Bali: The Narrative Tradition.* Kuala Lumpur: Oxford University Press.

Forge, Anthony 1980 Balinese Religion and Indonesian Identity. In J.J.Fox (ed.) *Indonesia: the Making of a Culture*. pp.221-233. Canberra: the Australian National University.

深見純生 1995 「歴史的背景」、綾部・永積（編）『もっと知りたいインドネシア』第 2 版 pp.1-45.

福島真人 1991 「『信仰』の誕生——インドネシアに於けるマイナー宗教の闘争」『東洋文化研究所紀要』113:97-210.

——— 2002 『ジャワの宗教と社会——スハルト体制下インドネシアの民族誌的メモワール』、ひつじ書房。

古谷嘉章 2001 『異種混淆の近代と人類学——ラテンアメリカのコンタクト・ゾーンから』、人文書院。

Geertz, Clifford 1959 Form and Variation in Balinese Village Structure. *American Anthropologist* 61:991-1012.

——— 1960 *Religion of Jawa*. Chicago: University of Chicago Press.

——— 1963 *Peddlers and Princes: Social Development and Economic Change in Two Indonesian Towns*. Chicago: University of Chicago Press.

——— 1964 Tihingan: A Balinese Village. *Bijdragen tot de Taal-, Land-, en Volkenkunde* 120:1-33.

——— 1965 *The Social History of an Indonesian Town*. Cambridge: MIT Press.

——— 1968 *Islam Observed: Religious Development in Morocco and Indonesia*. Chicago: University of Chicago Press.

——— 1972 Religious Change and Social Order in Soeharto's Indonesia. *Asia* 27:62-84.

——— 1973a(1987) *The Interpretation of Cultures*. New York: Basic Books. （『文化の解釈学Ⅰ・Ⅱ』、吉田禎吾他訳、岩波書店。）

——— 1973b Thick Description: Toward an Interpretive Theory of Culture. In *The Interpretation of Cultures*. pp.3-30.

History, Hindu-Balinese Culture, and Indo-European Allure. Chicago & London: The University of Chicago Press.

Bourdieu, Pierre　1980(1988)　*Le Sens Pratique*. Paris: Les Editions de Minuit.（『実践感覚Ⅰ・Ⅱ』、今村仁司・港道隆訳、みすず書房。）

Bourdieu, P. & L.J.D.Wacquant　1992　*An Invitation to Reflexive Sociology*. Cambridge: Polity Press.

Bourdillon, M.F.C.　1978　Knowing the World or Hiding It: A Response to Maurice Bloch. *Man*(N.S.)13:591-599.

Brown, Iem　2004　The revival of Buddhism in modern Indonesia. In M.Ramstedt (ed.) *Hinduism in Modern Indonesia: A minority religion between local, national, and global interests*. pp.45-55.

Clifford, James　1988(2003)　*The Predicament of Culture: Twentieth-Century Ethnography, Literature, and Art*. Cambridge: Harvard University Press.（『文化の窮状――二十世紀の民族誌、文学、芸術』、太田好信他訳、人文書院。）

――　1997（2002）　*Routes: Travel and Translation in the Late Twentieth Century*. Cambridge: Harvard University Press.（『ルーツ――20世紀後期の旅と翻訳』、毛利嘉孝他訳、月曜社。）

Clifford, J. & G. Marcus (ed.)　1986(1996)　*Writing Culture: the Poetics and Politics of Ethnography*. Berkeley: University of California Press.（『文化を書く』、春日直樹他訳、紀伊國屋書店。）

Connor, P. Asch & T. Asch　1986　*Jero Tapakan: Balinese Healer*. An Ethnographic Film Monograph. Cambridge: Cambridge University Press.

Connor, Linda H.　1996　Contesting and Transforming the Work for the Dead in Bali: The Case of Ngaben Ngirit. In Vickers (ed.) *Being Modern in Bali: Image and Change*. pp.179-211.

Covarrubias, Miguel　1937(1991)　*Island of Bali*. London: KPI.（『バリ島民』、関本紀美子訳、平凡社。）

Crapanzano, Vincent　1980(1991)　*Tuhami: Portrait of a Moroccan*. Chicago: The University of Chicago Press.（『精霊と結婚した男』、大塚和夫・渡辺重行訳、紀伊國屋書店。）

Danandjaya, James　1989　*Kebudayaan Petani Desa Trunyan di Bali*. Jakarta: Penerbit Universitas Indonesia.

Darmaputera, Eka　1988　*Pancasila and the Search for Identity and Modernity in Indonesia* Society: A Cultural and Ethical Analysis. Leiden: E.J.Brill.

Denzin, Norman K.　1997　*Interpretive Ethnography: Ethnographic Practices for the 21st Century*. Thousand Oaks: Sage Publications.

Djelantik, A.A.M.　1986　*Balinese Paintings*. Singapore: Oxford University Press.

Barnard, Henry　1993(1990)　「ブルデューと民族誌――反省性、政治、プラチック」、Ｒ．ハーカー／　Ｃ．マハール／Ｃ．ウィルクス（編）『ブルデュー入門――理論のプラチック』、滝本往人•柳和樹訳　pp.79-114.　昭和堂。（R.Harker, C.Mahar, C.Wilkes (ed.) *An Introduction to the Work of Pierre Bourdieu: The Practice of Theory*. Macmillan Press. ）

Barrett, Stanley R.　1996　*Anthropology: A Student's Guide to Theory and Method*. Toronto: University of Toronto Press.

Barth, Fredrik　1993　*Balinese Worlds*. Chicago & London: The University of Chicago Press.

Bateson, G. & M. Mead　1942(2001)　*Balinese Character: A Photographic Analysis*. New York: the New York Academy of Science.（『バリ島人の性格――写真による分析』、外山昇訳、国文社。）

Baum, Vicky　1937(1997)　*A Tale from Bali*. Singapore: Oxford University Press.（『バリ島物語』、金窪勝郎訳、筑摩書房。）

Belo, Jane　1949　*Bali: Rangda and Barong*. Monographs of the American Ethnological Society. No.16. New York: J.J.Austin Publisher.

――――　1953　*Bali: Temple Festival*. Monographs of the American Ethnological Society. No.22. Seatle and London: University of Washington Press.

――――　1960　*Trance in Bali*. New York: Columbia University Press.

――――　1970a(ed.)　*Traditional Balinese Culture*. New York: Columbia University Press.

――――　1970b　A Study of Customs Pertaining to Twins in Bali. *In Traditional Balinese Culture*. pp.3-56.

Berger, P.L. & T.Luckmann　1966(1977)　*The Social Construction of Reality: A Treatise in the Sociology of Knowledge*. New York: Doubleday & Company, Inc..（『日常生活の構成――アイデンティティと社会の弁証法』、山口節郎訳、新曜社。）

Bloch, Maurice　1977　The Past and the Present in the Present. *Man* (N.S.) 12:278-292.

――――　1986(1994)　*From Blessing to Violence: History and Ideology in the Circumcision Ritual of the Merina of Madagascar*. Cambridge: Cambridge University Press.（『祝福から暴力へ――儀礼における歴史とイデオロギー』、田辺繁治・秋津元輝訳、法政大学出版局。）

Boer, Fredrik E. De　1996　Two Modern Balinese Theatre Genres: Sendratari and Drama Gong. In Vickers (ed.) *Being Modern in Bali: Image and Change*. pp.158-178.

Boon, James 1977　*The Anthropological Romance of Bali,1597 -1972: Dynamic Perspectives in Marriage and Caste, Politics and Religion*. Cambridge: Cambridge University Press.

――――　1986　Between-the Wars Bali: Regarding the Relics. In Stocking, Jr. (ed.) *Malinowski, Rivers, Benedict and Others: Essays on Culture and Personality*. pp.218-247. Madison: The University of Wisconsin Press.

――――　1990　*Affinities and Extremes: Crisscrossing the Bittersweet Ethnology of East Indies*

参照文献

足立　明　1995　「経済２――開発現象と人類学」、米山俊直（編）『現代人類学を学ぶ人のために』pp.119-138. 世界思想社。

Aditjondro, George Junus　1995　Bali, Jakarta's Colony: Social and Ecological Impacts of Jakarta-Based Conglomerates in Bali's Tourism Industry. *Working Paper* 58-1-30. Perth: Asia Research Centre on Social, Political, and Economic Change, Murdoch University.

赤川　学　2001　「第二章　言説分析と構築主義」、上野千鶴子（編）『構築主義とは何か』 pp.63-83. 勁草書房。

Anderson, Benedict　1983　*Imagined Communities: Reflections on the Origin and Spread of Nationalism.* London: Verso Editions.（『想像の共同体――ナショナリズムの起源と流行』、白石　隆・白石さや訳、リブロポート。）

――――　1990　*Language and Power: Exploring Political Cultures in Indonesia.* Ithaca and London: Cornell University Press.（『言葉と権力――インドネシアの政治文化探求』、中島成久訳、日本エディタースクール出版部。）

Auge, Marc　1977(1995)　*Pouvoirs de vie, pouvoirs de mort: Introduction a une anthropologie de la repression.* Paris: Flammarion.（『国家なき全体主義――権力とイデオロギーの基礎理論』、竹沢尚一郎訳、勁草書房。）

綾部恒雄（編）　1984　『文化人類学１５の理論』、中央公論社。

綾部恒雄・永積　昭（編）　1995　『もっと知りたいインドネシア』第２版、弘文堂。

Baal, van et al (ed.)　1969　*Bali: Further Studies in Life, Thought, and Ritual.* The Hague: W. van Hoeve Ltd.

Bagus, I Gusti Ngurah　1971(1980)　Kebudayaan Bali. In Koentjaraningrat (ed.) *Manusia dan Kebudayaan di Indonesia.* pp.286-306. Jakarta: Penerbit Djambatan.（「バリの文化」、『インドネシア諸民族と文化』pp.341-363. 加藤　剛・土屋健治・白石　隆訳、めこん。）

――――　2004　The Parisada Hindu Dharma Indonesia in a society in transformation: the emergence of conflicts amidst differences and demands. In M.Ramstedt (ed.)　*Hinduism in Modern Indonesia: A minority religion between local, national, and global interests.* pp.84-92.

Bakan, Michael B.　1999　*Music of Death and Life Creation: Experiences in the World of Balinese Gamelan Beleganjur.* Chicago and London: University of Chicago Press.

Bakker, Frederik Lambertus　1993　*The Struggle of the Hindu Balinese Intellectuals: Developments in Modern Hindu Thinking in Independent Indonesia.* Amsterdam: VU University Press.

Bandem, I Made & Fredrik de Boer　1981　*Kaja and Kelod: Balinese Dance in Transition.* Kuala Lumpur: Oxford University Press.

ら

り

る

れ

ろ

わ

ひ

ふ

と

な

に

ね

は

せ

そ

た

ち

つ

て

か

き

く

索引

［著者略歴］
吉田竹也（よしだ・たけや）
1963年、三重県四日市市生まれ。94年、南山大学大学院文学研究科文化人類学専攻博士後期課程満期退学。現在、南山大学人文学部人類文化学科助教授。
おもな著書に、『変貌する社会——文化人類学からのアプローチ』（共著、ミネルヴァ書房、1997年）、『文化人類学への誘い』（共著、みらい、2000年）、『文化人類学を再考する』（共著、青弓社、2001年）がある。

装幀／夫馬デザイン事務所

バリ宗教と人類学——解釈学的認識の冒険

2005年3月8日　第1刷発行　　（定価はカバーに表示してあります）

著　者　　吉田竹也
発行者　　稲垣喜代志

発行所　名古屋市中区上前津 2-9-14　久野ビル
振替 00880-5-5616　電話 052-331-0008
http://www.fubaisha.com/
風媒社

乱丁・落丁本はお取り替えいたします。
＊印刷・製本／モリモト印刷
ISBN4-8331-0528-4